庭审中心主义
“以审判为中心”的现实路径

耿振善　魏景峰／著

JUDICIAL TRIAL CENTRISM
THE PRACTICAL PATH OF TRIAL-CENTEREDNESS

法律出版社
LAW PRESS · CHINA
北京

图书在版编目（CIP）数据

庭审中心主义：“以审判为中心”的现实路径 / 耿振善，魏景峰著. -- 北京：法律出版社，2025.
ISBN 978-7-5244-0503-0

Ⅰ. D925.04

中国国家版本馆 CIP 数据核字第 20252K1T62 号

庭审中心主义:“以审判为中心”的现实路径
TINGSHEN ZHONGXIN ZHUYI:“YI SHENPAN WEI ZHONGXIN”DE XIANSHI LUJING

耿振善　魏景峰 著

策划编辑 肖　越
责任编辑 肖　越
装帧设计 鲍龙卉

出版发行 法律出版社
编辑统筹 法商出版分社
责任校对 王　皓
责任印制 胡晓雅
经　　销 新华书店

开本 710 毫米×1000 毫米　1/16
印张 19.25　**字数** 285 千
版本 2025 年 8 月第 1 版
印次 2025 年 8 月第 1 次印刷
印刷 河北虎彩印刷有限公司

地址:北京市丰台区莲花池西里 7 号(100073)
网址:www.lawpress.com.cn
投稿邮箱:info@lawpress.com.cn
举报盗版邮箱:jbwq@lawpress.com.cn
销售电话:010-83938349
客服电话:010-83938350
咨询电话:010-63939796

书号:ISBN 978-7-5244-0503-0
定价:78.00 元

序

由耿振善博士、魏景峰律师合著的《庭审中心主义:“以审判为中心”的现实路径》一书即将由法律出版社出版,我很为他们感到高兴。

公平正义是人类社会所追求的首要价值目标,是法治的生命线,更是司法的灵魂。党的十八大以来,习近平总书记反复强调“要努力让人民群众在每一个司法案件中感受到公平正义”,并且明确要求“所有司法机关都要紧紧围绕这个目标来改进工作,重点解决影响司法公正和制约司法能力的深层次问题”。为了纠正刑事诉讼中长期存在的审判依赖侦查卷宗、庭审虚化等问题,解决“侦查中心主义”带来的实践偏离,《中共中央关于全面推进依法治国若干重大问题的决定》提出推进以审判为中心的诉讼制度改革,发挥第一审程序,尤其是庭审在刑事诉讼中的决定性地位。为了落实好这一改革,2016 年“两高三部”联合出台了《关于推进以审判为中心的刑事诉讼制度改革的意见》。2017 年最高人民法院又出台了“三项规程”,就庭前会议、非法证据排除、法庭调查进行了完善。然而,以审判为中心的刑事诉讼制度改革进展并不乐观,其不仅未能在 2018 年《刑事诉讼法》修改时获得立法的认可,在司法实践中也逐渐“静默”,而且还面临着侦查中心主义、公诉中心主义和监察中心主义的多重挑战。随着《刑事诉讼法》再修改被纳入立法规划,确立以审判为中心,发挥庭审在事实认定、证据采信和法律适用中的作用,同时消除认罪认罚从宽制度与以审判为中心的抵牾,已经成为完善第一审程序的关键。

推进以审判为中心的刑事诉讼制度改革,是破除侦查中心主义、实现庭审实质化、提升司法权威的需要,也是保障司法公正,促进社会公平正义的必由之路。以审判为中心要求在刑事诉讼中以审判阶段为中心。被告人的刑事责任问题只能在审判阶段决定,侦查机关和检察机关在侦查、起诉等程序中对于犯罪嫌疑人、被告人罪责的认定仅具有程序上的意义,对外不产生有罪的法律效果。以审判为中心还要求庭审实质化并起决定性作用。审判阶段本身是一个复杂的过程,其活动是多样的,既包括庭前的准备、法庭的审判,还包括各种庭下的审判活动。以审判为中心强调把开庭审判(庭审)作为审判流程中的决定性环节,实现庭审对于审前、审后程序的统领作用。可以说,庭审是审判中心的中心,也可以表述为庭审中心。庭审中心是进一步落实审判中心的关键性环节,审判中心是通过庭审中心实现的。庭审中心要求与定罪量刑相关的各类证据,无论是言词证据还是实物证据,都要在庭审的“聚光灯”下充分展现,保证诉讼双方在法庭上充分举证、质证、互相辩驳、发表意见,进而使法官辨明证据真伪,独立地形成心证,作出事实认定准确、法律适用正确的公正裁判。正如《中共中央关于全面推进依法治国若干重大问题的决定》所指出的:“保证庭审在查明事实、认定证据、保护诉权、公正裁判中发挥决定性作用。”

实践中,需要进一步在刑事审判尤其是第一审程序中落实以审判为中心,打破侦查中心主义和逮捕中心主义的弊端,解决第一审程序中存在的先定后审、庭审虚化、控辩力量失衡等问题,完善与之相关的庭前会议制度、辩护制度、证人鉴定人出庭制度、非法证据排除制度、当庭宣判制度、裁判说理制度、认罪认罚从宽制度等制度规则。

耿振善博士自保研进入中国政法大学刑事诉讼法学专业以来,一直关注和研究刑事诉讼法的修改和司法体制改革,在博士期间又挂职地方检察院检察长助理。扎实的理论功底和丰富的实践经验,让他对推进以审判为中心的刑事诉讼制度改革有着深刻的理解与认识。魏景峰律师曾从事公诉工作多年,后转型做律师,先后办理了数百起刑事案件,其中不乏重大、疑难、复杂案件,对司法实践中存在的问题具有亲历性,形成了系统的思考。魏景峰律师将这些年的思考汇总在本书中,可以说是用实践反哺理论。

《庭审中心主义:“以审判为中心”的现实路径》一书是两位作者在长期研究与实践的基础上,对如何切实推进以审判为中心的刑事诉讼制度改革进行的系统的思考与建言。本书理论与实践结合,角度务实,内容丰富,体系完整,值得推荐。希望他们今后持续进取永不懈怠,为促进社会公平正义作出自己的贡献。

是为序。

陈光中

2024 年 11 月 6 日

目　录 Contents

引　言

2013年，对于中国的法院系统以及中国的审判制度史来讲，注定是一个值得铭记的年份。这一年，多起冤错案被平反纠正①，一批有广泛社会影响力的案件相继开庭审理②，一系列的法律事件让公众的目光聚集到了法院身上，随着关注而来的有社会公众对法院审判工作的肯定、对法院工作进步的认可，同时也有质疑和批评。在媒体曝光出来的冤错案中，一条条鲜活的生命因为司法不公而骤然枯萎，令人扼腕叹息，法院系统也面临巨大的舆论压力。如果说司法是维护社会公正的最后一道闸门，那么审判就是这道闸门的一把大锁。审判不公甚至流于形式，司法的公正之门就会形同虚设，任由冤屈横行。曝光出来的这些冤错案不只审判环节出了问题，侦查、起诉阶段都存在问题，但作为最后的把关程序，审判确实没有起到应有的作用。原因有多方面，比如惩罚犯罪为主的诉讼理念、过于强势的侦查权力、流于形式的庭审等，这其中最重要的原因就是我国现今的刑事诉讼模式没有实现审判中心主义，审判不是整个刑事诉讼活动的中心，更多是对侦查、公诉的确认和协作。而作为审判程序核心的庭审，则是“外强中干”，徒有其表。司法实践中庭审虚化，其实质作用得不到真正发挥而流于形式，本应明察秋毫、惩恶扬善、保障人权的庭审却带有更多的作秀色彩。

随着新一轮司法改革的启动，司法公正、人权保障、现实社会公平正义成为司法活动的重要目的，而如何实现这些目的就成为我国司法改革的重点。在借鉴域外成熟司法经验和总结我国以往刑事诉讼问题的基础上，改革者认识到，只有遵循司法规律，建构科学的刑事诉讼模式和审判制度，才能有效解决冤错案问题，实现社会公平正义。在2013年10月14日召开的第六次全国刑事审

① 如安徽张高平案、浙江张氏叔侄案、河南李怀亮案、浙江田伟冬案等。

② 如刘志军案、王书金案、薄熙来案、夏俊峰案等。

判工作会议提出：审判案件应当以庭审为中心，事实证据调查在法庭，定罪量刑辩论在法庭，裁判结果形成于法庭，要求全面落实直接言词原则、严格执行非法证据排除制度。这一提法被法学界解读为"庭审中心主义"确立的标志。以此次会议为起点，我国法院系统拉开了新的审判制度改革的序幕，而庭审中心主义则成为审判制度改革的方向，学界和实务界对此纷纷予以关注，短时间内撰写了大量的文章探讨此话题。随着司法改革的不断深入，改革者对于司法规律有了更深入的掌握，认识到要解决刑事诉讼中的顽疾，不仅要改革审判制度，还需要从整体上对刑事诉讼结构进行调整，这样才能从根本上梳理机制，促进刑事诉讼活动的顺利进行，从而实现司法公正，树立司法权威。2014 年 10 月 23 日，党的十八届四中全会上通过的《中共中央关于全面推进依法治国若干重大问题的决定》指出："推进以审判为中心的诉讼制度改革，确保侦查、审查起诉的案件事实证据经得起法律的检验。全面贯彻证据裁判规则，严格依法收集、固定、保存、审查、运用证据，完善证人、鉴定人出庭制度，保证庭审在查明事实、认定证据、保护诉权、公正裁判中发挥决定性作用。"①自此，在刑事诉讼中推进审判中心主义的落实成为更深层次的诉讼制度改革。2015 年 3 月 13 日，时任最高人民法院院长周强在最高人民法院工作报告中提出，要积极推进以审判为中心的诉讼制度改革，再一次申明了要建立审判中心主义的诉讼格局，这标志着我国的刑事诉讼模式逐渐向审判中心主义过渡。2016 年 10 月 11 日由最高人民法院、最高人民检察院、公安部、国家安全部、司法部（以下简称"两高三部"）联合印发《关于推进以审判为中心的刑事诉讼制度改革的意见》，这是推进以审判为中心的刑事诉讼制度改革的重要政策文件，涵盖了侦查、起诉、审判、辩护、法律援助、司法鉴定等多个领域、多个环节。其要点包括强调未经人民法院依法判决，对任何人都不得确定有罪。人民法院、人民检察院和公安机关办理刑事案件，应当分工负责，互相配合，互相制约，保证准确、及时地查明犯罪事实，正确应用法律，惩罚犯罪分子，保障无罪的人不受刑事追究。严格按照法律规定的证据裁判要求，没有证据不得认定犯罪事实。侦查机关、人民检察

① 《中共中央关于全面推进依法治国若干重大问题的决定》，载人民网，http://politics.people.com.cn/n/2014/1029/c1001-25926932.html。

院应当按照裁判的要求和标准收集、固定、审查、运用证据，人民法院应当按照法定程序认定证据，依法作出裁判。对庭前会议程序、法庭调查程序、证人出庭制度、法庭辩论规则、当庭宣判制度等庭审相关环节进行了详细规定和完善。2017 年，最高人民法院制定发布《关于全面推进以审判为中心的刑事诉讼制度改革的实施意见》，又出台《人民法院办理刑事案件庭前会议规程（试行）》《人民法院办理刑事案件排除非法证据规程（试行）》和《人民法院办理刑事案件第一审普通程序法庭调查规程（试行）》（合称《三项规程》，前两项规程已废止）并部署试点工作。2018 年，《刑事诉讼法》修正，确立了认罪认罚从宽制度，该制度对庭审的中心地位提出了新的挑战和调整要求。认罪认罚从宽减少了部分案件的庭审环节，将庭前程序中的认罪作为审理的重要依据，这在一定程度上削弱了庭审的全面性和证据质证的完整性。2019 年，认罪认罚从宽制度的实施为“以审判为中心”提供了新的视角，减少了部分案件的庭审环节，但也引发了庭审质疑。2019 年 10 月，最高人民法院出台的《人民法院关于适用认罪认罚从宽制度的指导意见》进一步明确了认罪认罚案件的处理程序，这一指导意见旨在规范认罪认罚从宽制度的实施，保障被告人的合法权益，同时提高刑事诉讼效率。为解决二审开庭率低的问题，最高人民法院、最高人民检察院、公安部、司法部联合印发《关于开展促进提高刑事案件二审开庭率专项工作的通知》，自 2023 年 9 月 1 日起实行。2024 年 9 月，最高人民法院颁布《办理刑事案件庭前会议规程》和《办理刑事案件排除非法证据规程》，分别从庭审的准备阶段和证据的合法性审查两个方面，推动这一理念的落实。

刑事诉讼中，审判中心主义体现了诉讼规律，很好地调整了侦查、公诉和审判的关系，是发现案件真实的最佳诉讼模式。现代法治国家也都把审判中心主义作为刑事诉讼的实然模式，我国的刑事诉讼改革也必然会遵循此规律。但是，由于我国长期存在的具有本国特色的诉讼模式根深蒂固，实现审判中心主义不会一蹴而就，而要循序渐进，从最根本、最关键的制度建设入手，以制度建设倒逼诉讼改革。审判程序的最核心环节就是庭审，在目前我国的审判形势下，对庭审制度进行改革完善，建立庭审中心主义是快速、高效实现审判中心主义的最佳选择，也是符合我国国情的必然路径。而对于辩护律师而言，应当准确把握和理解以审判为中心的精神，充分运用新政策对律师辩护权的保障制度，依法、依规、依责辩护。

第一章　庭审中心主义概述

第一节　庭审中心主义之辨析

一、庭审中心主义的含义

对于庭审中心主义，有观点认为，在我国，庭审中心主义早在20世纪八九十年代就被学界提出并讨论，学界试图通过审判方式的改革来使审判脱离泛行政化的藩篱，主张控辩双方质证、辩论以及法官裁判都要在法庭上进行，让法官成为法院的中心，让法庭成为诉讼程序的中心。[①] 根据此观点，现在提出的庭审中心主义并不是一个新概念，而是承继于以前比较成熟的理论，在此基础上结合最新的庭审活动内容而重提的庭审制度改革目标。也有学者并没有从历史的角度去发掘庭审中心主义，而是直接从提出庭审中心主义的会议文件里找出对庭审中心主义的定义，如有学者认为："审判案件以庭审为中心，事实证据调查在法庭，定罪量刑辩论在法庭，裁判结果形成于法庭，全面落实直接言词原则，严格执行非法证据排除制度。"[②]这种观点与前种观点实质上相同，都是主张庭审是审判的中心，对案件的质证、辩论、认证都要在法庭上完成。

笔者认为，对案件的审理是审判的生命所在，而庭审是审判程序的核心，案件只有经过庭审审理，证据只有在庭审中经过控辩双方质证，判决只有根据庭审中质证过的证据作出，之前的一切刑事诉讼活动才达到了目的。因为刑事诉讼的根本目的就是查明案件事实，实现诉讼公正，庭审是实现这种实体目的和

---

① 参见蒋惠岭：《重提"庭审中心主义"》，载《人民法院报》2014年4月18日，第5版。

② 顾永忠：《试论庭审中心主义》，载《法律适用》2014年第12期。

程序目的的最佳途径。所以审判是刑事诉讼程序的中心，而庭审是审判程序的中心，这便是庭审中心主义。庭审中心主义是对庭审活动的内容与原则的规定，也是对法院审判案件的要求，还是对刑事诉讼活动准则的要求。

根据庭审中心主义的要求，庭审时需要做到以下几个方面。

(一)一审是所有审判程序的中心

审理案件的形式不仅限于庭审，还存在调查讯问式审理，如我国的二审不开庭审理、死刑复核程序的案件审理等。在所有的审判程序中，一审庭审应当是最为重要的审理形式，其他的程序都要以一审庭审的结果为基础。一审庭审对案件的事实和证据进行最初的调查和辩论，法官距离案件真实的距离最近，物证的保存最完整，证人的记忆最清晰，此时的庭审能够最大限度地还原案件事实。而二审和以后的再审程序，审理案件的条件都无法与一审相提并论，应当以一审庭审对案件事实和证据的判决为基础，所以一审应当是所有审判程序的中心。

(二)在一审程序中，庭审是所有审判活动的中心

一审程序包括庭前审查、庭前会议等庭前准备程序，还包括庭审，以及送达裁判文书等庭后程序，在这些不同的阶段性程序中，庭审居于中心地位，庭前的诉讼活动都是为庭审做的准备，如庭前会议对于有关庭审的程序性问题的解决，是为了让庭审能够顺利无拖延地进行。而庭审后的送达裁判文书等行为又是对庭审结果的后续执行，是为了落实庭审结果。庭审作为中间的决定性环节，对于庭审前程序和庭审后程序起着统摄作用，这也是庭审中心主义的应有之义。二审开庭率低一直饱受诟病，对此最高人民法院、最高人民检察院、公安部、司法部联合印发《关于开展促进提高刑事案件二审开庭率专项工作的通知》，决定自2023年9月1日起，开展为期一年的促进提高刑事案件二审开庭率专项工作。为落实该专项工作，最高人民法院第一时间召开全国法院视频会议进行部署，进一步完善监督指导机制，将刑事案件二审开庭率列为法院审判质量管理指标体系考核的重要指标，每月通报各地法院二审开庭率情况，加大对开庭率较低法院的条线指导，选取好的经验做法加以推广。各地法院深入分

析并努力消减影响当地二审开庭率的不利因素,加强审判管理,强化开庭配套资源保障,坚持开庭数量与质量并重,通过加强二审开庭工作,进一步发挥庭审在查明事实、认定数据、保护诉权、公正裁判等各环节的重要作用,审判质量得到明显提升。据央视网 2024 年 3 月 1 日消息,根据最高人民法院提供的数据,2023 年,全国法院刑事案件二审开庭率为 33.76%,较 2022 年同期提高 16.48 个百分点。[①]

(三)证据调查、辩论、裁判都要在法庭上进行

所谓“事实证据调查在法庭,定罪量刑辩论在法庭,裁判结果形成于法庭”,是指庭审中,要对案件事实和证据进行充分的调查,证据是认定案件事实的基础,没有经过庭审质证的证据不能作为裁判的依据;对与被告人定罪量刑有关的事实和证据,控辩双方可以进行辩论,以发现疑点,排除合理怀疑,帮助法官形成自由心证;法官对于案件事实的认定只能根据自己亲身参加庭审而见识到的证据和听取控辩双方的辩论,而不能靠在庭下查阅案卷材料,也不能凭着自己的经验凭空臆断,没有参加庭审的法官更不能替代作出判决,杜绝“审者不判、判者不审”,做到“审者下判、判者参审”。

(四)贯彻直接言词原则和非法证据排除规则

直接言词原则是对法官审理案件的要求,一方面要求法官亲自不间断地参加审理,主持证据调查,听取法庭辩论;另一方面对于当事人以及其他诉讼参与人来讲,庭审中要用口头方式陈述意见,接受质询,除法定情形外,不得采用其他方式替代,如证人通常都要出庭作证,而不能提交书面证词。证人提交书面证词表面上并不违反前述的“证据调查在法庭”,但是却损害了被告人的质证权,不能保证证人证言的真实性,会使证据调查和辩论的效果大打折扣,甚至流于形式。非法证据排除规则是规范证据能力的一项重要证据规则,对于防范虚假证据,遏制刑讯逼供有着重要的意义。对于口供的过度依赖容易导致侦查人

① 参见《全国法院刑事案件二审开庭率稳步提升》,载中国法院网,https://www.chinacourt.org/article/detail/2024/03/id/7839738.shtml。

员滥用权力，侵犯被告人的合法权益而强迫被告人作有罪供述，损害了程序正义和实体正义。在庭审中贯彻非法证据排除规则，既能通过排除非法证据而制约非法侦查，规范侦查行为，又能防范虚假证据进入法庭污染审判而产生冤错案。

二、庭审中心主义与其他概念之比较

除庭审中心主义外，我国刑事诉讼理论中还存在着侦查中心主义、案卷笔录中心主义以及审判中心主义等概念，它们与庭审中心主义有何区别和联系呢？

（一）庭审中心主义与侦查中心主义、案卷笔录中心主义

对于侦查中心主义与案卷笔录中心主义，有观点认为二者是同义概念，大致意思是相同的，是对我国刑事诉讼现状的一种理论描述，是指在我国的司法实践中，侦查机关收集的证据材料对于起诉和审判起着非常重要的作用，事实上处于刑事诉讼的中心地位，侦查控制了公诉和审判。① 在侦查中心主义或者案卷笔录中心主义下，侦查机关的侦查行为得不到制约，口供成为非常重要的证据形式，被追诉人的辩护权也得不到有效保障，侦查机关的侦查案卷具有天然的证明力，审查起诉和审判只是对侦查案卷的传导。特别是在审判中，辩护律师的辩护作用不大，侦查案卷是法官定罪量刑的主要甚至唯一依据，法官不依靠庭审作出裁判，而是在庭下翻阅案卷。因此有人将这样的诉讼现象称为“流水作业体制”，戏称“公安机关是做饭的，检察机关是端饭的，审判机关是吃饭的”②。侦查中心主义是一种与审判中心主义相排斥的诉讼关系模式。而有观点认为侦查本位主义③是一种与审判中心主义相对的侦控审关系模式，在侦查本位主义下，案件在侦查阶段就已经查明，起诉和审判是对侦查结果的二次确认，侦查是刑事诉讼的核心，法庭审判应以侦查阶段的案卷为基础。案卷笔

① 参见顾永忠：《试论庭审中心主义》，载《法律适用》2014 年第 12 期。

② 顾永忠：《试论庭审中心主义》，载《法律适用》2014 年第 12 期。

③ 侦查本位主义其实就是侦查中心主义，只是不同学者对同种司法现状的不同叫法。

录中心主义则是侦查本位主义衍生出的一种刑事审判模式,与审判中心主义衍生的庭审中心主义相对。① 在案卷笔录中心主义下,侦查案卷是诉讼程序的结点与核心,裁判者开庭前就可以接触案卷;法庭通过宣读案卷进行调查,案卷被视为具有高度证明力;案卷笔录是定罪的主要依据。②

无论侦查中心主义和案卷笔录中心主义是同位阶的概念,还是不同位阶的上下级概念,二者都强调侦查是刑事诉讼程序的核心,侦查阶段形成的侦查案卷笔录具有高度的证明力,是法官对案件裁判的依据。这导致侦查权力过大,侦查行为不受制约,侦查机关可以通过非法手段获取证据特别是口供,被告人的辩护权弱小,容易造成冤错案,我国以往的诉讼模式就可以总结为这种模式。审判中心主义或者说庭审中心主义与此相反,是要确立审判在刑事诉讼程序中的中心地位,侦查机关的案卷笔录作为指控犯罪的证据要在法庭上经过控辩双方质证后才能作为定案的依据,不具有天然的证明力,法官作出判决的途径主要是参加庭审,依据调查过的证据和法庭辩论意见而非庭下阅卷,是一种科学的诉讼模式或者刑事审判模式,是我国刑事诉讼改革的方向。

(二)庭审中心主义和审判中心主义

从字义上看,庭审中心主义和审判中心主义非常相似,只有一字之差,但二者并不等同,是表述不同对象和层次的两个概念,二者之间又有着紧密的联系。

1. 审判中心主义的含义

审判中心主义的概念要比庭审中心主义出现得早。对于何为审判中心主义,有学者认为,审判中心主义是指"审判(尤其是第一审法庭审判)是决定国家对于特定的个人有无刑罚权以及刑罚权范围的最重要阶段,未经审判,任何人不得被认为是罪犯,更不得被迫承受罪犯的待遇"③。根据此观点,审判中心主义包含两方面含义:一是审判程序是整个刑事程序的中心;二是第一审法庭

① 参见胡铭:《刑事司法改革视野下的庭审中心主义》,载《中国刑事诉讼法学研究会2014年年会论文集》,第136页。

② 参见陈瑞华:《案卷笔录中心主义——对中国刑事审判方式的重新考察》,载《法学研究》2006年第4期。

③ 孙长永:《审判中心主义及其对刑事程序的影响》,载《现代法学》1999年第4期。

审判是全部审判程序的中心。[①] 此观点其实把审判中心主义等同于庭审中心主义。还有观点认为，审判中心主义是指“整个刑事诉讼过程都应以审判为中心，所有司法机关和法律人员都应以审判为目的，为审判服务”[②]。此观点和第一种观点的第一方面相似，都认为审判在整个刑事诉讼结构中处于中心位置。还有学者认为，审判中心主义包含着三方面的含义：在刑事诉讼中，只有经过审判才能确定被告人的刑事责任；审判不仅决定诉讼结果，还制约审前程序；审判机关对被告人定罪量刑必须通过审判的方式作出。[③] 相较于前两种观点，此观点从动态的过程分析了侦查、公诉和审判的关系，与第二种观点相似，主要从诉讼结构的角度界定审判中心主义。

相比较来说，笔者更赞同第三种观点。“审判”是一个广义的词汇，在刑事诉讼法中，审判指的是对所有刑事案件进行审理的程序总称，它是一个与侦查、公诉同位阶的诉讼阶段。在我国的刑事诉讼法体例中，审判作为侦查、提起公诉后的独立一编，包括审判组织、一审程序、二审程序、死刑复核程序以及再审程序，显然立法者是把审判作为一种大范围的程序性概念而不是等同于“庭审”，庭审只是单个审判程序如一审程序的一个环节。再者，在国外，无论是大陆法系国家还是英美法系国家，都把审判中心主义作为刑事诉讼的基本原则来建构本国的刑事诉讼模式。所以审判中心主义应当是一项调整侦查、起诉和审判关系的诉讼原则，它的调整对象是刑事诉讼模式。

2. 庭审中心主义与审判中心主义的关系

庭审中心主义与审判中心主义既有区别又有联系。有观点认为，庭审中心主义是对法院审理案件提出的基本要求，而审判中心主义是现代法治国家实行的一项基本诉讼原则；庭审中心主义是“解决审判机关内部如何进行审判活动进而对被告人定罪判刑以及决定其他有关诉讼事项的活动原则”，而审判中心主义是“解决刑事诉讼过程中审判活动与侦查、起诉、刑罚执行活动的外部关系，强调审判活动对于其他诉讼活动居于中心地位和决定作用”。该观点还认为二者存在紧密联系，审判中心主义通过庭审中心主义实现，没有以庭审中心

① 参见孙长永：《审判中心主义及其对刑事程序的影响》，载《现代法学》1999 年第 4 期。

② 冯英菊：《审判中心观与刑事证据规则的构建》，载《法学杂志》2003 年第 5 期。

③ 参见顾永忠：《试论庭审中心主义》，载《法律适用》2014 年第 12 期。

为基础的审判活动就不会确立审判中心，审判的权威性和正当性也无从谈起。随着我国司法改革的深入，未来会走向审判中心主义。① 也有观点认为，庭审中心主义是审判中心主义的下位概念，审判中心主义包含庭审中心主义，审判中心主义不是从诉讼阶段的角度来讲，而是从诉讼职能的角度来讲。审判中心主义突出审判职能，强调审判权威，调整侦查诉讼审判三种刑事司法职权的配置。庭审中心只是审判中心的过渡，庭审中心的发展方向是审判中心。② 还有观点认为，庭审中心主义和审判中心主义虽略有区别，但本质相同，以庭审为中心就不能以庭前为中心，不能以法外调查为中心，要把问题解决在法庭上。还有观点认为，庭审中心主义主要看庭审对侦查的制约关系，庭审能够影响侦查，能够纠正侦查中的错误，才是真正的庭审中心主义，否则就是一种"有害的乐观"。③

笔者认为，庭审中心主义是调整所有审判程序之间以及单个审判程序内部阶段的原则，一审庭审是所有审判程序的中心，一审后所有审判程序的再审理都以一审庭审为基础；在单个审判程序内部，庭审是庭审前程序和庭审后程序的中心。而审判中心主义是刑事诉讼结构或者是刑事诉讼模式的基本原则，调整的是侦查、公诉和审判三个诉讼程序，侦查、控诉和审判三个诉讼职能以及侦控审三种诉讼职权之间的关系，审判程序、审判职能、审判权是各自对应的关系群里的中心。审判中心主义是庭审中心主义的前提和基础，刑事诉讼不以审判为中心，就谈不上庭审的中心作用和地位；而庭审中心主义是审判中心主义的实现途径，只有坚持庭审中心主义，审判中心主义才能得到实实在在的落实。尤其是在现今中国，长期固有的刑事诉讼模式非常坚固，短期内要实现根本性的转变不太现实，只有先从实际出发，实现庭审中心主义，加强庭审的实质性作用，逐渐地改变刑事诉讼的传统观念和制度，才能达到最终改变诉讼结构的目的。所以，庭审中心主义是实现我国诉讼结构或者诉讼模式向审判中心主义迈

---

① 参见顾永忠：《试论庭审中心主义》，载《法律适用》2014 年第 12 期。

② 参见郑未媚等：《法治中国视野下的刑事程序建设——中国刑事诉讼法学研究会 2014 年年会综述》，载中国法学创新网 2014 年 11 月 13 日，https://www.chinalaw.org.cn/portal/article/index/id/24647/cid/308.html。

③ 参见孙长永：《审判中心主义及其对刑事程序的影响》，载《现代法学》1999 年第 4 期。

进的路径之选。

第二节　庭审中心主义的正当性分析

庭审中心主义作为衍生于审判中心主义的一种刑事审判模式，其正当性来源于审判中心主义的支持、庭审具有的功能以及庭审中心主义本身具有的诉讼价值。

一、审判中心主义和庭审中心主义的法律渊源

我国并没有明确规定审判是刑事诉讼的中心的法律条文，但分析相关的条文，仍能从中体会立法者的意图，形成审判中心的原则体系。

（一）宪法

我国《宪法》对于诉讼的规定，集中在第三章国家机构中的第八节人民法院和人民检察院，此节对于法院和检察院的性质、组成形式、与人大的关系等作出了规定，与审判中心主义有关的规定有以下几项：

第 128 条规定法院是我国的审判机关①，这是对法院的职能定位，也是对法院的职权划分。法院在诉讼中承担着审判职能，享有审判权，法院的工作就是审判案件。对于公权力，法不授权不可为，法院不能行使审判以外的其他职权，如侦查、起诉等。同样，其他机关也不能行使专属于法院的审判职权，否则就是违法无效。这是审判中心主义的基础，更是庭审中心主义的基础，两者都突出了法院在诉讼中的不可替代性。

第 131 条规定了法院依法独立行使审判权，任何个人和组织都无权干涉法院的审判活动。② 法院进行审判活动时只遵循法律规定，依法安排审判的日期、诉讼事项的裁定、诉讼文书的送达等，不受外界的干预。庭审时，具体代表

---

① 参见《宪法》第 128 条规定："中华人民共和国人民法院是国家的审判机关。"

② 参见《宪法》第 131 条规定："人民法院依照法律规定独立行使审判权，不受行政机关、社会团体和个人的干涉。"

法院行使审判权的合议庭也只依照法律规定主持法庭调查、法庭辩论,依据证据作出判决,不受控辩双方的干预,也不受法庭外的干预。同时,任何人和组织不能代替合议庭进行审判,侦查机关、公诉机关也不可以。

《宪法》第 140 条规定了公安机关、检察院、法院三机关的关系,分工负责,互相配合,互相制约。[①] 分工负责就是三机关分别行使侦查、起诉、审判职能,不错位,不越位;互相配合是我国刑事诉讼惩罚犯罪的诉讼目的的体现;互相制约则是强调三机关的诉讼活动不是单独无联系的,侦查要配合公诉收集证据,公诉要以审判为目的审查证据,审判要以公诉的范围为审理对象,对进入法庭的证据进行质证、认证,不合法的证据要依法排除,又形成对侦查和公诉的制约。三机关的互相制约中,最有意义的是审判机关对侦查机关和检察机关的制约,这契合了审判中心主义的精神,审判机关通过对证据的质证、认证和排除制约侦查机关、检察机关的诉讼活动,实现审判权对侦查权和公诉权的制约,审判程序对侦查程序和公诉程序的制约。而对证据的质证、认证和排除则是通过庭审进行,所以,这又进一步要求庭审对于审前程序的制约。

(二)刑事诉讼法

刑事诉讼法被称为“小宪法”“动态的宪法”,是规范国家刑事诉讼活动的最重要的基本法。相较于宪法的规定比较抽象、原则,我国刑事诉讼法规定了刑事诉讼的一系列原则、制度以及程序。刑事诉讼法的一些条文也体现了审判中心主义和庭审中心主义的精神。

《刑事诉讼法》第 3 条规定了公安机关、检察院、法院三机关的具体职权[②],是对宪法相关条文的总结细化。此条具体规定了三机关的职权,同时也给三机关各自划定了权限,为审判中心奠定了职能基础。

《刑事诉讼法》第 5 条和第 7 条分别与《宪法》第 131 条和第 140 条对应,

---

① 参见《宪法》第 140 条规定:“人民法院、人民检察院和公安机关办理刑事案件,应当分工负责,互相配合,互相制约,以保证准确有效地执行法律。”

② 参见《刑事诉讼法》第 3 条第 1 款规定:“对刑事案件的侦查、拘留、执行逮捕、预审,由公安机关负责。检察、批准逮捕、检察机关直接受理的案件的侦查、提起公诉,由人民检察院负责。审判由人民法院负责。除法律特别规定的以外,其他任何机关、团体和个人都无权行使这些权力。”

具体的意义不再赘述。

《刑事诉讼法》第12条[①]规定了人民法院的统一定罪权，也是对无罪推定原则的部分吸收。法院对任何人进行定罪的前提是依法判决，而“依法”就要求遵守法律对于判决形成机制的规定，那就是通过庭审。[②] 所以除了法定的例外情形，对任何人定罪都要通过审判程序，进行开庭审理，这就是审判中心主义和庭审中心主义的应有之义。

二、庭审的功能

对于庭审的功能，英国学者罗杰·科特威尔（Roger Cotterrell）如此阐述：“由于初审法庭无休止地处于债权人、债务人、业主、承租人、家庭、警察和罪犯所形成的社会生活激流的包围之中，因此把审判本身理解为不同社会现实之间的对抗，似乎是特别恰当的。在这样的背景下，法律意识形态努力把它的统治权威强加于所有来自法庭外部的各种社会关系、请求和愿望。”[③]也就是说，通过庭审来维持法律秩序，庭审具有化解纠纷、定分止争的作用。具体来说，庭审的功能主要包括以下两个方面。

（一）查明案件事实

查明案件事实是庭审最直接最根本的功能，虽然在侦查阶段就固定了犯罪嫌疑人，收集了犯罪嫌疑人犯罪的证据，并经起诉阶段审查，进一步确认了犯罪嫌疑人从事的犯罪事实，但是这些在法律的层面都是推测，不是确认，是国家的追诉机关代表国家对被告人的怀疑和指控，并不是案件事实。只有审判机关依法举行的庭审才是认定被告人是否犯罪，承担何种刑罚的唯一方式，庭审就担负了查明案件事实，确认被告人是否有罪的任务。庭审通过证据调查和法庭辩论来去疑存真，发现案件事实。

---

① 参见《刑事诉讼法》第12条规定：“未经人民法院依法判决，对任何人都不得确定有罪。”

② 根据《刑事诉讼法》第186条规定，对于起诉书中有明确指控犯罪事实的，应当决定开庭审理。

③ ［英］罗杰·科特威尔：《法律社会学导论》，潘大松等译，华夏出版社1989年版，第257页。转引自龙宗智：《刑事庭审制度研究》，中国政法大学出版社2001年版，第19页。

证据调查就是控辩双方在法官的主持下将各自的证据提交给法庭，就证据所证明的案件事实作出说明并驳斥对方证据的过程。在大陆法系国家，庭审实行审问制，法官主导证据调查，让控辩双方依据顺序出示物证、书证以及传唤证人出庭，法官还可以讯问被告人，询问证人、被害人，选取专业的鉴定人来帮助自己对专业问题作出判断，从而确定能够证明被告人有罪或者无罪的证据，留作判决的基础。在英美法系国家，庭审实行对抗制，法官只是一个消极的中立者，庭审的进程由控辩双方的积极对抗推进，证据调查同样如此。对于证据尤其是证人作证，通过交叉询问制度不断地攻防，最大限度地找出证据的疑点，不断接近案件事实。

案件事实包括实体事实和程序事实，证据调查只是发现案件事实的第一个步骤，还需要法庭辩论来进一步滤清证据。证据调查是对证据进行的物理确认，即证据具有证明能力，能够证明案件事实，但何种证据能够证明何种犯罪行为、犯罪目的、犯罪情节以及证明的效力有多大，还需要控辩双方充分地发表意见说服法官或者陪审团来达到此目的。同时，一些证据虽然不能直接证明犯罪，但却可以用来证明被告人或者被害人的品格，间接来证明被害人从事犯罪行为的可疑性或者确定性。对于在诉讼中发生的一些程序性事实，控辩双方也可以辩论，全方位地还原案件事实。

（二）明确法律适用，凸显解决纠纷的公平性

查明案件事实后，对被告人该处以什么样的罪名和刑罚，就涉及法律的适用。证据调查阶段主要解决证据的可采性问题，而法庭辩论则解决证据的证明力以及法律适用问题。控方发表定罪量刑意见或者宣读公诉词，向法官或者陪审团阐明被告人触犯的罪名、应负的刑事责任以及法律依据；辩方对此进行反驳，从证据和法律适用的角度来辩护自己的刑事责任有无及大小。证据可以是不在场的证据，也可以是证明控方的证据不可信的证据。法律适用可以是未达到刑事责任年龄，存在法定不追究刑事责任的情形等。

如贝勒斯所言："法律程序的内在目的是查明真相与解决争执。"①社会纠

① ［美］迈克尔·D. 贝勒斯：《法律的原则——一个规范的分析》，张文显等译，中国大百科全书出版社1996年版，第37页。

纷解决机制多种多样，审判是最为公平的一种，纠纷的两造在中立的法官面前平等地出示证据、陈述意见。对于刑事案件，由法庭作出有罪或者无罪的判决，最后恢复受损害的社会关系。由于刑罚关系人的人身自由甚至生命，所以判决要慎重，要建立在科学合理的机制上，而控辩双方的力量平衡是保证判决正确的基础，否则一方过于强大就会摧毁法庭调查和辩论的实质意义。为了使控辩双方力量平衡，国家赋予天然弱势的辩方以权利保障，并实行审判公开，让公众监督审判活动，以这样一种看得见的公平的方式来保证庭审的权威性，让人们心悦诚服地接受判决、解决争执。

三、庭审中心主义的诉讼价值

（一）庭审中心主义与司法公正

司法公正是刑事诉讼以及人类社会的终极追求，司法公正包括实体公正和程序公正。实体公正是指诉讼的最终结果符合客观事实，适用实体法准确，判罚正确，刑罚妥当，当事人的权益得到了维护；程序公正是指法庭正确适用了程序法，各项诉讼程序无误，当事人以及公众的相关诉讼权利都得到了保障。

实体公正的实现主要有两个关键因素：真实的证据以及合格的法官。根据证据裁判原则，证据是对被告人定罪量刑的依据，如果证据虚假，就会污染发现真相的水源，不可能发现案件的真实，实体公正也就无从谈起。为了加强证据的可靠性，庭审中心主义设置了一系列的证据规则来过滤证据，如非法证据排除规则将通过非法手段获取的证据排除在庭审之外，不作为法官裁判的依据，就从源头上杜绝了证据尤其是口供的虚假性。同时，庭审中心主义又实行直接言词原则，保证法官的亲历性，让自始至终参加庭审的法官作出判决。

程序公正的实现主要体现在对控辩双方力量的平衡上，法庭对控辩双方的力量平衡，一方面在于法庭对侦查、起诉的制约。侦查、起诉的主要职能就是追诉犯罪，实现国家的刑罚权，而限于职权的有限，侦查机关和公诉机关只能把收集审查后的证据提交给审判机关，通过证据来支持自己的指控。审判机关如果认为侦查、公诉机关有违法的情况，可以不认定证据从而形成对两机关的制约，防止其滥用权力。另一方面,法庭通过保障辩方的诉讼权利提升其对抗能力,达到“平等武装”,形成一个等腰三角形的平衡模式。

(二)庭审中心主义与依法独立行使审判权独立、司法权威和司法效益

庭审中心主义要求加强法官的中立性和审理案件的能力,这就需要加强审判权的依法独立行使。庭审中心主义排斥案卷笔录中心主义,侦查机关制定的案卷笔录不具有天然的证明力,法官不能依靠庭下阅卷作出判决,这就减少了侦查机关对于审判的干扰。参加庭审的法官与作出判决的法官要一致,“让审理者裁判、由裁判者负责”,这一方面给法官制造了提高业务水平的压力,督促其认真审理,依法裁判;另一方面也能倒逼审判制度改革,杜绝以前司法实践中的“判而不审”现象,排除束缚审判权的诸多抓手,解放审判权。

司法的权威是保证被告人及社会公众接受判决的重要因素,司法权威的来源之一就是法官的中立以及审判权的依法独立行使。人们往往会相信一个无偏倚的客观的第三人的判断,即使他不是那么绝对正确,形式表现出来的公正有时会比实质公正更重要。在现代社会,每一起刑事案件都会耗费一定量的司法资源,尤其是特别重大的案件。在司法资源一定的情况下,案件处理的速度越快,花费的经济成本越低,司法的效益就会越高。国家提高司法效益的途径就是案件简繁分流以及力图减少上诉,但对于当事人来讲,诉讼公正才是最重要的,其对结果或者程序不满意就会寻求上诉救济。让当事人减少上诉的根本方法就是增强司法的权威,使其自觉接受判决,所以增强司法权威也是提高诉讼效益的重要手段,而实行庭审中心主义能够增强司法权威进而提高诉讼效益。

(三)庭审中心主义与诉讼民主和权力制约

诉讼民主的一个重要体现就是司法公开,在现代刑事诉讼中,司法公开的最重要的实质性阶段就是审判阶段,公众通过亲身旁听庭审或者依靠报道获知庭审的信息,对诉讼进行实时的监督,这是侦查和起诉阶段都不具有的价值。侦查和起诉阶段由于封闭性很强,公众几乎无法参与其中,只有在最终的审判阶段,才能对之前的诉讼活动进行总体的了解。庭审的公开有助于审判在阳光

下进行,保障案件的公正审理。这里应当注意,公众有权参与庭审并不等于公众的意见可以影响到案件的判决。法官在审理案件时,应当忠实于法律和良心,依据庭审中接触到的证据来形成内心确信,不要受到舆论的干扰。这点对于一向重视民意的我国来讲尤其重要,实践中,一些案件的审理受到的舆论影响太大,对法官作出客观的裁判形成了很大的压力,最终反而损害了诉讼民主,演变为"多数人的软暴力"。

任何权力,如果不受到制约,最终都会走向被滥用的危险之地。诉讼民主的表面形式是吸纳公众参与进来实现对审判的监督,而其本质意图在于通过公众的监督来实现对司法权力的制约,保证司法权力在正轨上行驶,以人民权力制约司法权力,西方的陪审团制度以及我国的人民陪审员制度都是这种思想的体现。对此,法国思想家托克维尔评价说:"实行陪审制度就可把人民本身,或至少把一部分公民提到法官的地位,这实际上就是把陪审制度,把领导社会的权力置于人民或一部分公民之手。"在整个诉讼过程中,只有审判阶段能将这种机制发挥到位,陪审团或者人民陪审员参加庭审,对被告人作出罪名或者刑罚的判决,使人民成为自己的审判者。所以,庭审中心主义是诉讼民主和权力制约的重要保障,同时,实现诉讼民主和权力制约又要求刑事诉讼以审判为中心、审判程序以庭审为中心。

第二章　庭审中心主义的理论基础

第一节　集中审理原则

一、集中审理原则的含义和价值

集中审理原则,学理上又称作"不中断审理原则",是指"法院开庭审理案件,应在不更换审判人员的条件下连续进行,不得中断审理的诉讼原则"①。集中审理原则要求庭审要持续不间断地进行,除了必要的暂停时间(如休息、休庭等客观原因导致的审理中断),审理应当一气呵成。

一般认为,集中审理原则包括以下几方面的内容:

第一,对于案件的审理,实行专属原则。这是指一个刑事案件的审理由一个审判组织专门全程负责。在案件开始审理后,截至审理结束,不得再让此审判组织审理其他的案件,以保证审判组织成员能够专心致志地审理案件,形成连贯、完整、无缝隙的内心确信,最大程度地确保案件的审理质量。

第二,对于审判组织,即合议庭、独任法官和陪审员,实行不可更换原则。一个案件确定好审判组织后,此审判组织的成员原则上不能再进行更换,除非出现法定的情形。更换原审判组织的成员,要优先选择在场听审的其他候补审判员;如果没有,更换新的审判员后要重新开始审理程序。② 这也是直接原则的要求之一。审判组织的稳定性是审理稳定性的前提,对证据、控辩双方意见的审查判断都是由审判组织成员根据自己的观察和经验作出的,而客观、公正

---

① 中国大百科总编辑委员会编:《中国大百科全书》(法学卷),中国大百科全书出版社1984年版,第29页。

② 参见蔡墩铭主编:《两岸比较刑事诉讼法》,台中,五南图书出版公司1996年版,第321页。

的心证需要法官自始至终都在庭审现场听审。如果确实由不可抗力的因素导致法官不能继续审理,那么重新被委任的法官也应当遵循之前的审理原则,重新对证据、意见等进行审查,而不能仅仅依靠先前已有的结论作出判断,因为那些都不是法官自己的确信。

第三,重要的审理活动应当在法庭上公开进行,尤其是有关定罪量刑的证据调查和法庭辩论要在法庭上集中进行。证据调查和法庭辩论是最为关键的审理活动,决定着法官对于被告人罪责的确认,是整个审理活动以及诉讼活动的核心。证据调查时,控辩双方要出庭,以提交自己的证据,接受对方的质证;法庭辩论时,控辩双方要对证据以及罪责情况发表自己的意见,反驳对方的意见。

第四,整个庭审活动,要尽量不间断地进行,迅速地作出裁判。这一方面是为了防止庭审的拖沓导致法官心证的减弱而影响裁判的质量,另一方面也是为了迅速确定被告人的罪责而实现迅速审判,提升诉讼效率。当然,实践中的情况并不可能完全理想,在遇到客观的不能审理的情况时,也需要暂时中断审理,这就是集中审理的例外,包括中止审理和延期审理。中止审理是指出现了某种障碍而需要将审理暂时停止,障碍消失后,再继续审理。延期审理是指"是指在遇有法定事由时,法院已经确定的开庭期日或者正在进行的开庭审理无法继续进行,而顺延至另一个期日进行审理"①。

刑事诉讼的起初,集中审理原则的重要程度也由于诉讼模式的不同而不同。集中审理原则发端于英美法系国家,由于陪审团制度要求一定数量的陪审员,召集起来需要耗费不少的时间和财力,所以快速、集中审理就变得重要。大陆法系国家不存在陪审制,审判缺乏集中性,法官还同时审理多个案件,就单个案件而言,往往是分散的间隔审理。"法院就起诉案件,应本其职权调查证据,发现真实,而为公正的裁判,既非以公判为中心,亦不采公判集中主义。故法院既得于审判期日前为准备审判,而讯问被告及收集或调查证据;在审判期日前所收集之诉讼资料,亦非得不为证据。且侦查、因采纠问方式,事前并未与被告准备之机会,为使被告在审判中得为适当之准备,自不以记载审理为必要。是

① 赵琳琳:《论刑事审判集中审理原则》,载《华南农业大学学报(社会科学版)》2006年第3期。

审判期日，亦得为相当之间隔。"[①]由于缺乏集中审理，大陆法系国家的诉讼效率以及审理的公正性受到了怀疑，集中审理原则逐渐被重视并得到遵循。另外，集中审理原则还与其他的诉讼原则有着密切的联系，如迅速审判原则，两者都致力于审理的迅速不拖延，集中审理原则要求证据调查和法庭辩论在一定的时间内完成就契合了迅速审判原则。但两者并不等同，"集中审理只是在普遍的快速原则下对开庭审理所规定的一个特别原则，或者说关于审判应当无间断连续进行的规定，只是体现迅速原则的一个适当范例"[②]。集中审理原则还促进直接言词原则的实现，集中审理原则要求证据调查和法庭辩论在法庭上集中进行，就使得法官能够在密集的时间里对于案件产生不中断的新鲜认识，进而即时形成心证，而不是断断续续的零散的片段的连接。同时，集中审理原则还有助于审判公开的落实。集中一段时间对案件进行审理，能够让公众有可能集中对案件进行旁听监督，这正是审判公开的意义之所在。如果案件审理拖拖拉拉，公众的热情会随着时间的延长而逐渐消退，对案件失去兴趣，这就摧毁了审判公开的基础——由公众对审理进行监督。

集中审理原则作为一项基础性的诉讼原则，蕴含了丰富的诉讼价值，主要有以下几个方面。

第一，集中审理原则与诉讼公正。公正是诉讼的生命，诉讼公正包括实体公正与程序公正。实体公正要求诉讼结果公正客观，符合案件真实。程序公正是一种过程的公正，是在程序的运行过程中体现出的正义。对于实体公正，集中审理原则通过自身对审理的要求，以及对于诸如审判公开原则、迅速审判原则等的促进，让法庭审理迅速、公正、有效地进行，最大程度地保证法官发现案件真实，作出客观的裁判。"在此审理密集原则下，可促使法官在对其审理诉讼客体之内容记忆尚清晰时，即行判决，一方面可及早结案，另方面亦可以免因中断后，续行审理时，因为法官对于诉讼客体已是记忆模糊，而未能作出公平合

① 陈朴生：《刑事诉讼法实务》，台北，海天印刷厂有限公司1994年版，第86页。

② [德]约阿希姆·赫尔曼：《德国刑事诉讼法典》，李昌珂译，中国政法大学出版社1995年版，第14页。

理之判决。"①对于程序公正,集中审理原则要求尽可能及时快速地在庭上作出裁判,防止庭外的因素干扰法官,使法官能够根据自己的内心确信作出裁判。

第二,集中审理原则与诉讼效率。诉讼效率是诉讼活动的另一个诉讼目的,也在一定程度上促进着诉讼公正。正所谓迟来的正义非正义。诉讼效率要求在诉讼时间上要尽可能快速地终结案件,恢复社会秩序;在诉讼成本上要尽可能以最小的成本换取最大的效益。集中审理原则恰好就满足了以上要求,一方面,集中审理原则要求案件必须在进行充分准备的前提下才能审理,案件在一个或者若干个开庭日内审理完毕,从而使案件在确定的短期内得到解决,定分止争。另一方面,由于对案件进行了充分的准备,有一部分案件并不会进入庭审环节,会被撤诉或者和解,从而减少了诉讼的成本。"在集中审理要求下,尽可能地在一个期日,找齐所有当事人、证人、证物,而将案件一次审理终结,当然比就相同的证据方法分开在数个庭期进行,节省诉讼资源,被告、辩护人、检察官不必奔波于途,旷费时日地等待开庭,法官不必就相同案件在每次开庭前重复阅卷,诉讼资源的运用当然较有效率。"②

第三,集中审理原则与保障人权。集中审理原则要求控辩双方在法庭上集中进行证据的展示和辩论,防止法官单方面接触证据而形成偏见,这就为被告人有效行使辩护权创造了条件,有助于控辩平等,进而从根本上防止诉讼失衡、权力侵害权利。同时,集中审理原则使被告人能够早日解脱被羁押的状态,缩短其法律后果不明确的状态期间,让他们尽早对自己的生活作出安排,减轻其心理痛苦。对于无罪的被告人,使其尽快恢复人身自由和社会声誉,这一切都是保障人权的体现。

二、集中审理原则与庭审中心主义

作为法庭审理的重要诉讼原则,集中审理原则对法庭审理提出了诸项要求,这些要求从两大方面促进了庭审中心主义的实现。

---

① 林山田:《刑事诉讼程序之基本原则》,载中国政法大学刑诉法教研室编:《程序法论》,中国政法大学教务处1993年版,第360页。

② 林钰雄:《刑事诉讼法(下册)》,中国人民大学出版2005年版,第150—151页。

一方面,集中审理原则有利于庭审中心主义的实质化。庭审中心主义也要求证据调查、法庭辩论和裁判生成集中在法庭上进行,“事实证据调查在法庭,定罪量刑辩论在法庭,裁判结果形成于法庭。”法庭作为审理的最重要场所,是刑事证明活动的最理想之地。庭审中心主义要求刑事证明活动在法庭上进行,对于证明活动的场所进行了限制,但对于进行时间却没有作出更进一步的要求。集中审理原则弥补了此处,要求对于在法庭上进行的审理活动,特别是证据调查、法庭辩论和裁判都要尽量在一个或者若干个开庭日内完成,这就更加使庭审变为审判的核心。控辩双方都要为此做精心的准备,为了使庭审效果更加明显和实质化,法庭对于控辩双方尤其是辩方的权利保障会加重,作为可能要承受刑罚后果的被告人,其当然会竭尽全力与控方对抗,谋求诉讼利益。当控辩双方积极地交锋时,庭审的作用自然就会得到提升。

另一方面,如前所述,集中审理原则也同时促使其他诉讼原则,如审判公开、直接言词原则的实现,而这些原则又都是庭审中心主义的重要理论支撑,与庭审中心主义有着密切联系,在某些方面与庭审中心主义相一致。如直接言词原则对于法官亲历性的要求与集中审理原则的要求一致,审判公开原则的监督实效还要依靠集中审理原则的真正实现。所以,集中审理原则是庭审中心主义对审理主体的要求,也是庭审中心主义在时间维度上的体现。同时,集中审理原则与庭审中心主义都体现出促进诉讼公正、保障人权的诉讼价值,从而实现了诉讼价值的统一。

第二节　直接言词原则

一、直接言词原则的含义

直接言词原则(Mündlichkeit und Unmittelbarkeit)是大陆法系国家刑事诉讼的一项基本原则,起源于19世纪的德国,当时的德国实行纠问式诉讼模式,书面、间接审理大行其道,需要移送法院的书面材料繁多且会出现丢失,法官也不能询问证人等,诉讼的效率和客观性欠佳。对此,德国学者费尔巴哈在1821

年首次提出直接言词原则理论，1877年《德意志帝国刑事诉讼法》将其立法确立。

直接言词原则是直接审理原则（Unmittel-barkeitsprinzip）和言词原则（Mündlichkeitsprinzip）的合称。直接审理原则，是指法官在审理案件中直接听取当事人提供证据、质证和辩论，以此作出裁判。直接审理原则与间接原则相对应，强调法官要亲自参加庭审审查证据。在德国刑事诉讼理论中，直接审理原则包括形式的直接审理（die for-melle Unmittlebarkeit）和实质的直接审理（die materielle Unmittlebarkeit）。形式的直接审理是对审理程序的规范，主要规制法官以何种方式参加诉讼。一是要求法官必须亲身参加诉讼，亲自听取证言，亲自观察证人等，不得以审阅书面材料和听取各种转述替代；二是要求法官审查证据时，不得让他人代理，不得从之前的法官处获取证据的审查结论，法官形成内心确信必须是基于自己的判断，也即在一个完整连续的诉讼中，法官必须是同一、直接的法官，如审理过程中更换法官，则需要重新启动证据调查程序。有德国学者将此称作"主体的直接审理原则"（Unmittelbarkeit in subjektiver Hinsicht）或"证据调查的直接审理原则"（Unmittelbarkeit der Beweiserhebung）。[①] 实质的直接审理主要是对证据的规范，规制庭审时证据的形式和证明力。要求法官在形成内心确信的过程中，要在案件主要事实的基础上审查判断证据，针对同一证明对象，要尽量使用原始证据。直接审理原则不可避免地要求法官用口头方式参加诉讼，但其并不等同于言词原则。言词原则又称口头原则，与书面审理原则相对，是指法官庭审过程中审查证据要采用口头言词方式。言词原则禁止法官依靠书面材料和他人转述审查证据，只能以口头言词直接交流，没有经过口头言词方式审查过的证据，不能作为证据采纳，不得成为判决依据；法官也不能借助侦查中对证据的结论，得以独立调查作出证据意见，形成内心确信。

概括来讲，直接言词原则对诉讼程序有以下要求：法官必须亲自实质性地

---

① See Michael Stüber: Die Entwicklung des Prinzips der Unmittelbarkeit im deutschen Strafverfahren, Frankfurt am Main, Peter Lang, 2005, 45, fn. 135. Hans Bennecke and Ernst Beling: Lehrbuch des Deutschen Reichs—Strafprozessrechts, Breslau, Schletter, 1900, 249. 转引自李文伟：《论德国刑事诉讼中直接言词原则的理论范畴》，载《山东社会科学》2013年第2期。

参加庭审;法官对证据的审查必须在庭审中完成;法官审查证据必须以口头言词的方式进行;控辩双方、证人、鉴定人等必须出庭;卷宗的内容以及审判程序外的资料不得作为法官形成内心确信的依据;庭审中途更换法官需重新进行证据审查;要尽量地采用原始、第一手证据;法官得以对庭审保持全神贯注地投入;法官只能根据庭审中审查的证据形成内心确信,作出裁判。

二、直接言词原则的诉讼价值

(一)直接言词原则与案件真实

实行直接言词原则最重要的目的就是让法官最大程度直接审查证据,发现案件真实。在之前的书面间接审理中,法官翻阅提交到法院的一系列书面材料,不和证人、被告人等进行面对面的交流,无法从这些人的言词语速、面部表情、神态眼神等方面感知案情和证据。况且控方会将有利于自己的证据材料提交给法院,对被告人有利的证据很难进入法官的视野。所谓兼听则明,法官耳边充斥着控方的喋喋细语,作出客观判断极为困难。直接言词原则明确要求法官亲自实质性地参加庭审并在庭审现场以口头形式审查各方证据,保证了法官能够听到、看到控辩双方的意见和论争,在双方对抗的现场摸清案件的脉络,发现案件真实。

(二)直接言词原则与诉讼公正

诉讼公正包括实体公正与程序公正。实体公正的前提是法官必须处于中立超然、不偏不倚的位置。书面间接审理中法官能够提前预览案卷材料,内心容易形成预判,法庭审理就会流于形式,意义不大。书面审理形式严重依赖侦查机关的侦查能力,侦查阶段的结果左右了整个诉讼的最终走向,形成了“侦查中心主义”。在“侦查中心主义”中,追诉能力与辩护能力对比悬殊,被告人一方的辩护权很难得到保障,双方的力量差导致诉讼程序也失去公正。直接言词原则要求法官在庭审前不能接触控诉材料,大大降低了法官形成预判的可能,保证了法官的中立性,只有法官实现了中立,控辩双方才有平等对抗的基础。直接言词原则将“侦查中心主义”变为“审判中心主义”，对控辩双方的力量比进行了法律上的调整，使双方在法官的主持下在一个平等的环境中进行交锋。

（三）直接言词原则与诉讼效率

诉讼效率一方面要求诉讼的进程不拖延，要尽可能快，另一方面要求诉讼产出和诉讼成本比尽可能大。直接言词原则要求证人、鉴定人等出庭，确实在一定程度上比书面间接审理耗费更多诉讼时间，但从整体来看，还是要比书面间接审理的效率高。直接言词审理中，证人、鉴定人等的出庭陈述在法庭上经质证后可以直接作为确定的证据，无须再在庭下调查。法官中立性的加强、控辩双方的力量平衡以及口头式的证据调查等都有利于案件真实的发现，作出的判决的权威性和准确性大大加强，被告人感受到了审判的公正性后对判决信服也会促使被告人接受判决进而减少上诉，在整体上就缩短了不必要的环节，减少了诉讼成本，提高了诉讼效率。

三、直接言词原则与庭审中心主义

直接言词原则的一些要求与庭审中心主义的要求一致，具体体现在以下方面。

（一）当庭审查质证证据

直接言词原则要求法官必须亲身参加庭审，询问证人、鉴定人，讯问被告人，主持控辩双方的法庭辩论，在庭审中完成对证据的审查判断，法官审查证据必须以口头言词的方式进行。对于控辩双方来说，如想获得诉讼利益，必须到法庭上向法官陈述案情，发表法律意见，同对方辩论，展示于己有利的证据，驳斥对方的证据，控辩双方的交锋都只在庭审中进行。这样的要求不仅从诉讼技术上使庭审法庭成为最重要甚至唯一的诉讼竞技场，且在诉讼模式上也使审判（主要是对案件事实的审理，通常是一审）成为诉讼的中心，这与庭审中心主义的要求相契合。庭审中心主义的一个重点就是将庭审作为审理案件的中心，事实证据调查在法庭,定罪量刑辩论在法庭,上述要求必须通过直接言词原则来实现。可以说,直接言词原则的全面落实客观上造就了庭审中心主义,庭审中心主义是直接言词原则在审判阶段的投影。

(二)当庭形成内心确信,作出裁判结果

直接言词原则要求法官全神贯注地投入庭审,法官只能根据庭审中审查的证据形成内心确信,作出裁判。法官通过庭审,听取控辩双方的陈述、辩论,观察各方的神情姿态,对案情事实和证据有了鲜活和直观的认识,以此为基础形成内心确信可谓最公正最顺理成章,庭审的目的自然也得以实现。如若对庭审置若罔闻,对提交到庭上的证据视而不见,企图从庭外的证据找寻裁判的灵感和依据,不仅使庭审的作用荡然无存,而且对于庭审所要解决的中心问题——案件真实无疑是南辕北辙了。庭审中心主义要求法官当庭形成内心确信,作出裁判结果,无非也是发现这一做法的积极意义:首先,依据心理学,理性的自然人根据眼前发生的事项即时作出的判断往往是偏差最小的,如果在事项发生后一段时间再作出判断,会因为记忆、感觉、认知等因素的干扰偏离事项的本原。其次,当庭作出的裁判与证据的距离最近,不仅最接近案件真实,还能体现程序公正。如果法官依赖庭外的证据作出裁判,一方面,这些证据没有经过当庭质证,真实性存疑;另一方面,法官在一定程度上变成了侦查官,其中立性难免会打折扣。法官当庭作出裁判也是程序公正的体现,控辩双方辩论、质证后,就能当庭看到法官对此的回应,尤其是能消除被告人对诸如暗箱操作之类的忧虑,增强其对司法的信服,平心静气地接受裁判,减少因心理上觉得受到了不公正的对待而上诉的概率。

第三节　证据裁判原则

一、证据裁判原则的含义与价值

证据裁判原则又称证据裁判主义,是指对案件事实的认定必须以证据为根

据，没有证据不能认定案件事实。[1] 案件事实即待证事实，包括与定罪量刑有关的事实，证据则是经法庭调查质证过的证据。一些大陆法系国家对此原则有明文规定，如《德国刑事诉讼法典》第 261 条规定："对证据调查的结果，由法庭根据在审理的全过程中建立起来的内心确信而决定。"《法国刑事诉讼法典》第 427 条规定"除法律另有规定外，罪行可通过各种证据予以确定，法官根据其内心确信判决案件。法官只能以提交审理并经双方辩论的证据为依据作出判决"。《日本刑事诉讼法》第 317 条规定"认定事实应当根据证据"[2]，则是对这一原则最为经典和直接的法律表述。

证据裁判原则伴随自由心证而生，在此之前，欧洲大陆国家实行法定证据制度，法律预先设定各种证据的证明力和证据规则，法官不能自由自主认定证据，只能依据法律机械地对证据的证明力进行类似加减法的运算。法定证据制度"鉴于以法律规定证据之价值，有一定之证据，即得为一定事实之认定，即所谓形式的法定证据主义，于发现实体的真实上较为困难，使裁判流于形式"[3]，这一致命的缺陷导致其最终被自由心证所取代。1808 年，《法国刑事诉讼法》确立自由心证，随后被其他大陆法系国家所借鉴，1865 年、1877 年意大利和德国先后确立了自由心证原则。1890 年《日本刑事诉讼法》也规定"各种凭证由审判官判定"。随后荷兰、瑞士、比利时、奥地利、西班牙等欧洲国家也确立了此原则。[4] 自由心证破除了法律对法官审查证据的束缚，赋予了法官的自由裁量权，鼓励法官充分发挥个人能动性，依据自己的专业知识和诉讼经验决定证据的取舍和证明力大小。

作为证据法中的帝王原则，证据裁判原则的价值在于以下三方面。

（一）证据裁判原则与案件真实

发现案件真实是刑事诉讼的目的之一。最初人类生产力水平很低的时候，

---

① 参见闵春雷：《证据裁判原则的新展开》，载《法学论坛》2010 年第 4 期。

② 参见《德国刑事诉讼法典》第 261 条、《法国刑事诉讼法典》第 427 条、《日本刑事诉讼法》第 317 条。

③ 陈朴生：《刑事证据法》，台北，三民书局 1979 年版，第 547 页。

④ 参见《法国刑事诉讼法典》，余叔通、谢朝华译，中国政法大学出版社 1997 年版，序言第 9 页。

只能借助神灵的启示。随着科学技术的不断发展,人类将探索真相的视角转向自身,法定证据时代允许刑讯逼供,以严刑拷打获取被告人内心的秘密。虽然比神灵的启示准确真实,但棰楚之下,何求而不得?如贝卡里亚所言:"痛苦的影响可以增加到这种地步:它占据了人的整个感觉,给受折磨者留下的唯一自由只是选择眼前摆脱惩罚最短的捷径,这时候,犯人的这种回答是必然的,就像在火与水的考验中所出现的情况一样。有感性的无辜者以为认了罪就可以不再受折磨,因而称自己为罪犯。罪犯与无辜者间的任何差别,都被意图查明差别的统一方式所消灭了。"①刑讯逼供合法的诉讼时代少了些许愚昧无知的惶恐,却弥漫着野蛮残暴的血腥,许多被告人耐不住痛苦的折磨而被屈打成招,含冤认罪,导致最后获得的真相只是"虚假的事实",这恰恰背离了刑讯逼供的初衷,达不到刑事诉讼的目的。

证据裁判原则通过理性和证据的真实性保证了法官最大程度获取案件真实的可能性。首先,证据裁判原则强调了发现案件真实的唯一途径——证据。证据是案件的参与者与见证者,虽不能开口说话,其本身记载了案件的信息,从这些信息中可以推论出案件事实。这样就在客观事实与案件事实之间建立了一个媒介,这个媒介不是虚无缥缈的神灵,也不是任由宰割、意志薄弱的人,而是客观冷静、与案件有关联的证据。从认识的逻辑来讲,这一证明途径无疑是最为理性、最符合自然规律的,证据的理性保证了获得案件真实的可靠性。其次,各种证据规则的设立为正确运用证据提供了保障。既然证据是发现案件真实的唯一途径,正确运用证据就成为重中之重。确立证据裁判原则的大陆法系国家和英美法系国家为此确立了纷繁庞杂的证据规则,如传闻证据规则、非法证据排除规则、最佳证据规则、意见证据规则、口供补强规则等。传闻证据规则禁止将他人的陈述转述到法庭上,杜绝道听途说带来的虚假性;非法证据排除规则重点阻止通过非法取证,尤其是刑讯逼供获取的口供,保证证据的真实性;最佳证据规则要求除特定情形外,在诉讼中要提供文书、录音或者照片的原件,促使当事人拿出真实性最大的文书证据;意见证据规则禁止普通证人在陈述自己亲身经历的事实之外再陈述自己的意见或推论,以此阻断证人因自陷其中而

---

① [意]切萨雷·贝卡里亚:《论犯罪与刑罚》,黄风译,中国法制出版社2002年版,第41页。

作错误判断的可能性和难以对意见证据进行交叉询问而存在的漏洞；口供补强规则通过对证明力较弱的特定证据进行补强增强其可靠性，进而担保证据的真实性。以上各种证据规则对证据进入法庭设置了重重关卡，排除可能引起危险的证据，从发现案件真实的源头之证据开始，扫清通往真相之路的荆棘。

（二）证据裁判原则与正义

"正义是社会的首要价值，正像真理是思想体系的首要价值一样。"①司法正义包括实体正义和程序正义，而证据裁判原则兼具实体正义和程序正义，并能保障两种正义的实现。

证据裁判原则对运用证据设立了一系列实体法上的权利义务，如证明对象、证明责任、证明标准等，以此规范诉讼各方的证据行为。证明对象即为案件的待证事实，主要是刑法上的犯罪构成要件和刑罚。除此之外，还有一些无须证明的事实，即免证事实，免证事实通常包括推定事实与众所周知的事实。证明责任解决各方应该承担的举证义务以及举证不能时要担负的后果。证据裁判原则充分遵从无罪推定的精神，将证明责任分配给力量强大的控诉方，由控诉方承担控诉不能所带来的诉讼风险，这是正义的诉讼价值观念的闪耀。承担证明责任的一方证明到何种程度才算是完成证明责任，法官相信到何种程度才可以确定被告人有罪，这是证明标准所要解决的问题。证明标准包括"内心确信"和"排除合理怀疑"两种，至于精确到什么程度才算是达到这两种标准并没有一个清晰了然的描述，总体上可以归纳为确定无疑。这在心理认知上是非常高的标准，只有这样才能保证被告人不被轻易草率地定罪。证据裁判原则对程序正义的保障，是通过排除不具备证据能力的证据进入法庭和精心设计证据调查程序来完成的。正义要以被看得见的方式实现，如果以非正义实现正义，最终的结果也必将是非正义。证据裁判原则排除不具备证据能力的证据的重要手段就是确立非法证据排除规则，一方面保证证据的可靠性，另一方面保障被告人的人权。就证据调查程序而言，大陆法系国家和英美法系国家的设计不尽相同。大陆法系国家的证据调查主要由法官主导在法庭上进行，法官亲自参加

---

① ［美］约翰·罗尔斯：《正义论》，何怀宏等译，中国社会科学出版社2003年版，第3页。

调查,审查证据,询问证人、鉴定人,讯问被告人。法官在庭外也有一定的自主调查权,以弥补法庭证据调查程序的些许单调性。英美法系国家将证据调查的主要任务交给了控辩双方,双方通过交叉询问针锋相对,在不断地相互质疑、辩论中还原事实,法官更像是一场辩论赛的主持人,决定一些程序性的事项。

(三)证据裁判原则与经济效益

“法的价值,并不仅限于秩序、公平和个人自由这三种。许多法律规范首先是以实用性、以获得最大效益为基础的。简言之,即使个人付出的代价减少到最低的限度。”①法律追求真实和正义,也要追求效益,如果不计投入地追求正义,有限的社会资源也会耗尽,正义也将终不得之。证据裁判原则也考虑并体现了此价值。例如对证据相关性的规定,诉讼中的证据在数量上是纷繁的,并不是所有的证据都有必要进入法庭进行质证,把那些与案件事实有关且相关性大的证据筛选出来,不仅能够使当事人有的放矢地挑选对己有利的证据减少当事人的诉累,而且能够使法官在最短的时间内抓住事情的脉络,抽丝剥茧,尽快地作出裁判。又如对免证事实的规定,自然社会中反复固定发生的一些事件及其衍生可以作为一种确定的事实被接受,并且已经被反复证明。后来的人类也是每天都在重复着之前人类发生过的事情,不承认经验的存在而强求对每件历史事件都作证明,只是徒增其累。免证事实的规定就是对这种经验的总结认可,避免了大量不必要的证明,节省了诉讼时间和成本。

二、证据裁判原则与庭审中心主义

证据裁判原则的落实需要满足特定的因素,这些因素又与庭审中心主义的要求不谋而合。概括来说,主要包括以下因素。

(一)证据裁判原则的时间要求

刑事诉讼中,无论是侦查机关的收集证据还是审判机关的审查证据都是运

① [美]彼得·斯坦、约翰·香德:《西方社会的法律价值》,王献平译,中国人民公安出版社1990年版,第2页。

用证据的活动，证据裁判原则要求法官认定案件事实必须依据证据，法官运用证据只能发生在审判阶段，而要达到内心确信或者排除合理怀疑，法官必须出庭，听取控辩双方的陈述，且证据裁判原则要求认定的案件事实是与定罪量刑有关的待证事实，是实体事实，对实体事实的审理主要发生在一审程序。庭审中心主义也将一审作为整个审判活动的中心，在我国虽然二审也审理实体事实，但就对案件的查明来讲，一审的基础作用和最关键地位是显而易见的。一审是发挥证据裁判原则作用的集中阶段，也是庭审中心主义的应有之义。

（二）证据裁判原则的地点要求

社会的发展导致刑事案件不断增多，而诉讼资源则是有限的。为了应对这一矛盾，各国增设了简易程序，对普通的审判程序作了必要的简化。在简易程序中，证据的运用变得简单，这似乎预示着证据裁判原则几无用武之地。应该看到，适用简易程序的案件都是事实清楚，控辩双方对证据没有异议的，如果对证据有异议，还需要使用普通审判程序。既然一审是证据裁判原则的时间要求，举行一审的地点即法庭当然是证据裁判原则的地点要求，一审时间与地点的结合就是庭审。庭审中心主义的外在物化空间就是一审法庭，在此建筑空间内，呈现着刑事诉讼的演绎。

（三）证据裁判原则的主体要求

证据裁判原则的主体包括认定证据的法官、承担证明责任的控方、可能受到刑事惩罚的辩方以及依照法律规定而参与诉讼的证人、鉴定人等。在庭审中，由控方向法官宣读指控内容并展示支持控诉的证据以说服法官，辩方为了摆脱刑事惩罚而驳斥控方的指控同样也出示自己的证据影响法官，证人、鉴定人等则是控辩双方交锋的另一砝码。法官也并非消极地接受意见，为了获得内心确信排除合理怀疑，也可主动发问、调查消解心中的疑惑，这与庭审中心主义的主体一致。

（四）证据裁判原则的规则要求

证据裁判原则只是强调证据作为发现案件真实的唯一途径，如何运用证据则需要由证据规则予以规范。人类在浩瀚的诉讼长河中总结出了适用不同证据的经验，然后再将这些经验梳理规范，演变为证据规则为诉讼服务。对于法官，虽然其接受了专业的法学教育和培养，然而有限的学习时间并不能保证其能够解决所有在大千生活中出现的鲜活多变的案件，面对诸多证据如何才能去粗取精、去伪存真，证据规则就成为法官的助手。控辩双方都想在诉讼中争取利益，实现自己的职能目的或免受刑罚，真正的较量要在法庭上进行，而证据就是决定胜负的武器。什么样的武器能够带上战场，证据规则给予了指导和限定。与此相同，庭审中心主义也依赖各种证据规则，离开证据规则，庭审无法开展，诉讼就会混乱。

第四节　控审分离原则

一、控审分离原则的含义和价值

控审分离原则，是指控诉职能与审判职能分别由不同的机关承担，没有控诉就没有审判。在国家形态最初萌生的奴隶社会，国家的管控能力不强，往往将社会上发生的纠纷或者刑事案件看作是私人之间的事务，并不积极主动干预，而是将追诉的权力赋予私人，由其自主决定，国家只是消极被动的仲裁者。所以奴隶社会的控诉和审判是分开的，是一种控审分离，但这种控审分离建立在私人追诉的基础上。此时国家层面上还没有形成专门的刑事侦查权、追诉权、审判权的观念。到了封建社会，生产力的提高大大增强了国家的控制能力，国家的触角开始延伸到社会管理的各个领域，关系社会稳定的司法领域自然成为国家关注的重点。同时，国家发现刑事纠纷并不简单是私人之间的恩怨和报复，其对社会公共关系的冲击不可小觑。私人的力量毕竟薄弱，要完成对罪犯的追诉并非易事，国家有必要和能力从私人手里接管追诉权。但封建社会实行纠问式诉讼模式，司法权高度集中，国家完全占有侦查权、追诉权和审判权，且三种权力合而为一，司法权异化为行政权，国家同时行使控审职能，导致职责混乱，被告人的权利被牺牲，沦为被追诉的工具。德国法学家拉德布鲁赫对此评论道:“纠问程序的功绩在于使人们认识到追究犯罪并非受害人的私事,而是国家的职责。其严重错误则在于将追究犯罪的任务交给法官,从而使法官与当事人合为一体。”①封建社会纠问式诉讼模式下的控审不分,虽然提高了刑事案件的侦查能力,弥补了之前私人追诉的不足,但刑事职能的混淆、集中不可能产生中立的法官,也催生了众多冤错案,被告人在诉讼程序中很难奢谈人权。资产阶级革命在西方胜利之后,资产阶级将司法权从行政权中分离出来,作为同行政权平起平坐的单独力量,由专门的司法机关执掌,以保证司法权的中立。在司法权内部,将追诉权与审判权分开,由不同的机关享有并承担不同的职能,检察院承担追诉职能提起控诉,法官承担审判职能,检察院不向法院提起控诉,法院不能主动发起追诉,即为”不告不理”,且法院的审理范围要在检察院的控诉范围内。至此,现代意义上的控审分离得以确立,成为刑事诉讼的基本要求之一。国际刑事司法准则和不少国家地区的法律都对此有所体现,世界刑法学协会第十五届代表大会《关于刑事诉讼法中的人权问题的决议》第 4 条宣称:“在审理和判决时,无罪推定原则要求法官对诉讼双方公正不倚。为了使这种公正确实存在,必须严格区分起诉职能与审判职能。因此负责判决的法官必须是未参与预审的法官。最可取的办法是负责判决的法官不应与接受对嫌疑人的起诉的法官为同一人。”第 7 条又规定:“在确定刑罚时,法庭不得将被告人未经审判正式和认定的其他罪行考虑在内。”②《德国刑事诉讼法典》第 155 条第 1 款规定:“法院的调查与裁判,只能延伸到起诉书中写明的行为和以诉讼指控的人员。”③我国《澳门特别行政区刑事诉讼法典》第 340 条第 1 款规定:“如在听证过程中得出结果,使人有依据怀疑发生一些事实,其系在起诉书中未描述,又或无起诉时,在控诉书中未描述,而对起诉书或控诉书中所描述之事实构成实质变更者,则主持审判之法官将该等事实告知检察院,该告知之效力等同于提出检举,以便检察院就新事实进行追诉;在正进行之诉讼程序之判罪上,不

① [德]拉德布鲁赫:《法学导论》,米健、朱林译,中国大百科全书出版社 1997 年版,第 121 页。

② 世界刑法学协会第十五届代表大会《关于刑事诉讼法中的人权问题的决议》。转引自谢佑平、万毅:《刑事控审分离原则的法理探析》,载《西南师范大学学报(人文社会科学版)》2002 年第 3 期。

③ 《德国刑事诉讼法典》,李昌珂译,中国政法大学出版社 1995 年版,第 107 页。

得考虑该等事实。”①

控审分离原则包含两层内容,第一层内容是职能分工不同。控诉职能和审判职能分别由不同的机关承担。具体来说,由侦查机关和公诉机关享有控诉权,法院享有审判权。在我国,公安机关和检察院的自侦部门行使侦查权,检察院行使公诉权,法院行使审判权。职能分工的不同不仅包括行使权力的不同,也包括机关设置、人员任职上的不同,公安机关的人员不能同时兼任检察机关或法院的职务,反之亦然。第二层内容就是不告不理,这是控审分离原则的核心内容。不告不理,是指刑事审判程序在启动上必须以承担控诉职能的检察院提起控诉为前提,法官无权自行受理刑事案件,必须等待检察院提起公诉,检察院不提起控诉,法院就不能展开审判。② 在程序上,如法谚所讲“没有诉讼就没有法官”,必须有控诉机关向审判机关提出控诉,审判机关才能启动审判程序,法官不得主动追究公民的刑事责任。而在实体上,必须坚持诉审同一,即法院的审理对象必须与公诉机关的指控对象相同。法院审理的被告人必须是公诉机关指控的被告人,法院审理的犯罪事实必须是公诉机关指控的犯罪事实,法院不能擅自变更审判的范围。“作为国家利益的代表,司法机关在刑事诉讼过程中要通过行使司法权保障刑罚权行使”,“国家放弃自己的义务将不仅是一种放任行为,而且是一种犯罪行为”③。

现代国家的政治制度普遍采用三权分立,立法权、司法权和行政权由不同机关享有,相互独立又相互制约,这样能使性质不同的权力在各自的轨道上运行,不被某一机关滥用,进而公民的人权才有可能不被侵害,控审分离原则就是这种理念的体现。控诉权是一种行政权力,审判权是一种司法权力,理应分属不同的机关。权力如不被约束就有被滥用的危险,控诉机关追诉犯罪的天然基因使其权力具有很大的张力,如再赋予其审判权,无疑是将牢笼的钥匙交于其手,届时法律规定的公民权利就会变得如同纸张一样脆弱。控审分离使司法权能有效地约束侦查权和公诉权,侦查机关对犯罪嫌疑人采取强制措施要接受司

---

① 《澳门刑事诉讼法典》,法律出版社1997年版,第264页。

② 参见谢佑平、万毅:《刑事控审分离原则的法理探析》,载《西南师范大学学报(人文社会科学版)》2002年第3期。

③ 《马克思恩格斯全集》(第1卷),人民出版社1956年版,第169页。

法的审查，不能随意羁押；公诉机关虽然能指控犯罪嫌疑人的罪行，但最终是否定罪量刑，审判机关拥有决定权。反之，审判机关也不能随意对被告人进行处置。首先，没有公诉机关的指控，审判机关不能开启审判程序；其次，审理的范围必须在公诉机关的指控范围内；最后，公诉机关拥有抗诉权，对自认为不合适的审判活动进行抗诉，请求上级审判机关纠正。这样就能达到良性的诉讼制约，保证权力的合法运行。

世人皆渴望公正。刑事诉讼涉及人的财产、人身自由甚至生命，更应重视公正的价值，所以有“公正性乃是诉讼的生命”①一说。诉讼公正包含程序公正和实体公正，程序公正源于正当程序说，要求国家追诉犯罪要遵守法定的正当程序，不能肆意妄为。程序公正表现为追诉犯罪程序的公开性、中立性和平等参与性，而中立性则是程序公正的基础。“法官中立是程序公正乃至诉讼公正实现过程中最基本也是最重要的因素。”②程序的中立性则包含以下要义：一是任何人不能作为自己案件的法官；二是结果中不应包含纠纷解决者个人的利益；三是纠纷解决者不应有支持或反对某一方的偏见。③ 控审分离使审判权成为一种消极性、中立性的权力，以上方面都得以保证，实现了程序公正。当程序公正了，通向刑事诉讼的终极目标——实体公正也就成为现实。“程序的公正是正确选择和适用法律，从而也是体现法律正义的根本保障。首先，程序公正可以排除在选择和适用法律过程中的不当偏向。……其次，公正的程序本身就意味着它具有一整套能够保障法律准确适用的措施和手段，并且由此能够形成保障法律准确适用的常规机制。”④控审不分，控诉的主体和审判主体同一，出现了选手即裁判的情形，裁判时就会产生预断，期望其秉公无私裁判实是奢望。控审分离则符合认识规律，由控辩双方向法官展示证据，法官只专心负责审查证据作出裁判，就能做到兼听不偏信，客观全面地查明案件事实。英国著名法官戴维林男爵对此做了形象的描述：“英国人认为获得真相的最好方法是让各方寻找能够证实真相的各种事实，然后双方展示他们所获得的所有材料……两

① 顾培东：《社会冲突与诉讼机制》，四川人民出版社 1991 年版，第 34 页。
② 陈桂明：《诉讼公正与程序保障：民事诉讼程序之优化》，中国法制出版社 1996 年版，第 13 页。
③ 参见[美]马丁·P. 戈尔丁：《法律哲学》，齐海滨译，三联出版社 1987 年版，第 240 页。
④ 陈桂明：《诉讼公正与程序保障：民事诉讼程序之优化》，中国法制出版社 1996 年版，第 13 页。

个带有偏见的寻找者从田地的两端开始寻找,他们漏掉的东西要比一个公正无私的寻找者从地中间开始寻找所漏掉的东西少得多。”①

二、控审分离原则与庭审中心主义

控审分离原则是庭审中心主义成立的前提。考察封建社会纠问式诉讼模式可以发现,控审不分导致侦查中心主义,诉讼的活动围绕侦查展开,审判沦为侦查的附属程序,审判是对侦查结果的确认,带有浓重的侦查色彩。这种模式下,法官主要扮演追诉者、证据收集者的角色,承担惩罚犯罪的职责,发现犯罪即可展开侦查审判。被告人只是诉讼的工具,被告人的口供是最重要的证据,称作“证据之王”。为获取口供,刑讯逼供变得合法,审判时缺少对证据的审查质证环节,实行有罪推定,被告人的辩护权无从谈起,只能供认罪行。这与庭审中心主义的要求相去甚远。庭审中心主义的基础是审判中心,侦查、公诉活动都要围绕着审判展开,法官只是证据的认定者,控辩双方向法庭提交证据。侦查机关收集证据的行为一定要合法,严禁刑讯逼供,否则得来的口供将会被当作非法证据予以排除。审判要遵循无罪推定原则,不能强迫被告人认罪,被告人的辩护权得到充分的保障。庭审真正起到了审证据、审事实、定判决的作用,不再是可有可无的。

庭审中心主义是控审分离原则的最佳表现形式。控审分离并不是机械地要求控诉和审判职能由不同的机关承担,也不单单是形式上的案件在不同的机关间简单传递,而是要形成一个实质的控审分离、控辩对抗、审判居中的诉讼构造。当今世界,无论是部分大陆法系国家的职权主义模式还是英美法系国家的当事人主义模式,在诉讼结构模式的外形上都呈等腰三角形结构,控辩双方和法官形成一个“三角组合”,法官居于三角形的顶端,控辩双方分居底端的两方,法官与控辩双方保持相等的距离,不偏不倚地进行裁判。除此构造类型之外,还存在着一种“线性结构”的模式,这种诉讼模式是将诉讼视为一种“双方

---

① [英]迈克·麦考韦利:《对抗制的价值和审前刑事诉讼程序》,载英国文化委员会编:《英国法律周专辑中英法律介绍》,法律出版社、博慧出版社 1999 年版。

组合”，一方是作为整体的国家司法机关，另一方为被告人（包括犯罪嫌疑人），诉讼活动的基本内容是司法机关积极地推进司法活动。[①] 线性结构模式过分强调惩罚犯罪而注重司法机关之间的配合，一方面弱化了被告人（包括犯罪嫌疑人）一方的诉讼地位，另一方面也弱化了审判在诉讼活动中的作用。早期有学者批判我国的刑事诉讼结构总体上是以线形结构为基础[②]，经过十几年的司法改造，我国的诉讼模式逐渐科学化，已不能再用线性结构来形容，但距离等腰三角形的模式还有一定的距离和障碍，如三机关分工负责，互相配合，互相制约的诉讼原则还在坚持，一体化的形式还存在（如公安机关负责人的回避由同级人民检察院检察委员会决定），检察院酌定不起诉的类实体性处理等。庭审中心主义就是要构建一个等腰三角形模式的审判方式，使控审分离原则实质化。

第五节　司法最终解决原则

一、司法最终解决原则的含义

司法最终解决原则，是指法院在依法独立行使审判权的过程中，对刑事、民事、行政等法律关系享有最终审查、最终评断、最终裁判的权力。其具体含义主要包括：(1)法院是一个国家定分止争的最权威的机关，社会关系之间的纠纷都可以通过法院审判解决，法院的判决效力具有终局性和最高性，任何机关和个人都必须遵守；(2)国家其他机关、社会团体主管的纠纷，无法彻底解决时，都由人民法院主管[③]；(3)法院和其他机关对纠纷的管辖发生竞合时，由法院主管；(4)一件纠纷涉及多个法律关系时，如果有法律关系归法院主管，此纠纷就由法院通过审判方式解决。

所谓司法，“最广义的司法应当包括检察、审判和律师的法律服务在内”，

① 参见徐静村主编：《刑事诉讼法学》，法律出版社1997年版，第90页。

② 参见袁海勇：《线性结构基础上之双三角结构：对我国刑事诉讼结构之再认识》，载《西南政法大学学报》2002年第4期。

③ 参见常怡主编：《民事诉讼法学》，中国政法大学出版社1999年版，第93页。

“通常意义上的司法包括检察和审判”,而“最狭义的司法仅指法院的审判”。[①] 司法最终解决原则中的“司法”应该是指法院的审判。就法院而言,有行政意义上的法院机关,也有诉讼意义上的审判组织。[②] 法院机关即广义上的法院;审判组织则是狭义上的法院,包括具体行使裁判权的法官和合议庭。[③] 所以,法院的审判也可以理解为法官的审判或者合议庭的审判。为了体现自然正义,司法通过组建一个三方结构解决纠纷。“对于各种不同的文化而言,无论何时,当两个人之间发生了靠他们自己无法解决的争议时,根据常识的一个解决方法是召集第三方以帮助达成一个解决方案。这一简单的三方结构的社会发明在时间和空间上都如此普遍地存在着以至于我们发现几乎没有一个社会不使用它。”[④]“为了达到争议解决的目的的三方结构是法院的基本社会逻辑。”其原理是“Where there is a right there is a remedy”(有权利必有救济),根据契约,国家对公民承担保护义务,在公民的权利受到损害、社会关系遭到破坏的时候,国家需要对公民进行权利救济,保护社会正义,就必须赋予纠纷可诉性以保证国家的追究机制能够启动。追究机制不仅能够启动,还要尽量将纠纷消解,不再让纠纷的残余影响社会关系,因此就需要中立专业的人士并赋予他们权威。但处理的结果总不会保证每一方都满意,为了减少可能的不服,就需要提高当事人的参与度,增强程序的透明性。追究机制的运行耗资不菲,不可能无限地进行下去,国家就强制地规定当司法程序进行到某种程度后即视为纠纷的解决,当事人必须接受司法裁决,此为司法的终局性。

与最初和传统的私力报复和双方协商相比,司法这种解决纠纷的形式更富有理性、权威性和强制性,其具有以下价值:(1)与社会上其他的特别的官僚机构不同,法院能够作出公正的、独立的、在技术上是正确的裁决;(2)具有相关专业知识以及表达和执行法律能力的专业人士;(3)公正的、周知的官方法律,此法律能适用于当事人,并依据限定的法律文本进行解释;(4)考虑到了实质

---

① 于晓青:《司法的特质与理念》,载《现代法学》2003 年第 2 期。

② 参见[德]罗森贝克、施瓦布、戈特瓦尔德:《德国民事诉讼法》(上册),李大雪译,中国法制出版社 2007 年版,第 114 页。

③ 参见陈计男:《民事诉讼法论》(上),台北,三民书局 2006 年版,第 27 页。

④ [美]马丁·夏皮罗:《法院:比较法上和政治学上的分析》,张生、李彤译,中国政法大学出版社 2005 年版,第 2 页。

正义与程序正义的公正的程序，因为正当程序是法治的关键因素；(5)国家权力，以及能够迫使当事人接收此权力的法院。①

二、司法最终解决原则和庭审中心主义

如前所述，司法最终解决实则是法院最终解决，具体说是法官或合议庭通过审判最终解决；庭审中心主义是司法最终解决原则在刑事诉讼领域落实的现实途径，两者都通过满足程序公正的诸项要求而实现统一。程序公正是人们对司法解决纠纷机制提出来的程序价值期待，又细化为不同的标准，根据美国学者戈尔丁的划分，程序公正的标准有：(1)中立性。任何人不能裁判自己的案件，裁判者不得在裁决中寻求个人利益，裁判者不能有好恶偏倚。(2)冲突的劝导。平等对待当事人，告知其程序注意事项；裁判者应当听取当事人的证据和辩论；裁判者听取一方意见时，对方应在场；当事人对另一方的证据和意见有回应的权利。(3)裁决。裁决以证据和辩论为依据，裁决需理性。② 对于中立性的保障，有的国家仅仅赋予法院独立行使审判权，有的国家则将司法权与行政权和立法权并行，在法律、人事、财政等方面保证法官独立行使审判权。对于冲突的劝导和裁决的标准要求则是庭审中心主义的应有之义，也是司法最终解决原则中司法权得以运行的程序保障。

需要指出，司法最终解决原则注重的是相较于其他纠纷解决机制、审判程序对纠纷的解决作用，强调审判的整体性，审判程序不只有一审，还有二审甚至三审；而庭审中心主义则是注重一审的作用，强调一审在整个审判程序中的重要性。另外，司法最终解决原则也注重司法权的终局性，司法权的终局性表现在两方面：一是裁决效力的最高性。审判机关作出的已经生效的裁决，只有审判机关才能依法改判，其他任何机关和个人必须遵守，无权更改。其他的纠纷解决机制，如仲裁、和解、行政决定等作出的决定的效力在法定情形下，都可以

① See Simon Roberts & Michael Palmer, *Dispute Process: ADR and the Primary Forms of Decision Making*, 2nd ed., New York, Cambridge University Press, 2005, p. 10 – 11.

② 参见[美]戈尔丁：《法律哲学》，齐海滨译，三联书店1987年版，第240—241页。

被审判机关重新审查予以更改或撤销。在诸多权力中,司法权才是效力最高的权力,是“权力中的权力”,很多国家存在的司法审查或合宪性审查即是明证。对此,有学者曾言:西方的司法最终权,既不是由宪法或哪个普通立法的某个条文明确规定的,也不是在十年八载中形成的,而是在长期的法治思想不断发展,在法治实践尤其是合宪性审查实践的不断进步中形成的,如今已被认为毫无疑问:法院给人定罪、处理民事纠纷;法院审查、裁决行政行为是否合宪合法;法院审查、裁决议会的立法是否违宪。而除了法院自身或另一个法院,其他任何国家机关都无权审查、撤销法院的裁决。① 二是裁决效力的终局性。这是指某纠纷的裁决作出并确定后,受裁决影响的人不能再因此纠纷而受到第二次裁决,在刑事诉讼中称作禁止双重危险原则,这是判决既判力的体现,而庭审中心主义并不包含这两方面的内容。

第六节　审判公开原则

一、审判公开原则的含义和价值

审判公开原则,是指法院对案件的审理除法定情形外,均应公开进行,允许公众知晓和了解审判情况。审判公开原则是针对封建社会的秘密审判和司法专断而产生的,17、18 世纪的欧洲国家实行纠问式诉讼模式,秘密羁押、刑讯逼供、秘密审判盛行,普通民众在黑暗司法的桎梏下苦不堪言。意大利著名法学家贝卡里亚在其传世之作《论犯罪与刑罚》中对此进行了猛烈的抨击并提倡应该在刑事诉讼中增强司法的透明性和公开性,让司法的进程展露在民众监督的阳光下,其提出:“审判应当公开,犯罪的证据应当公开,以便使或许是社会唯一制约‘端’的舆论能够约束强力和欲望。”②

资产阶级革命胜利后,审判公开就作为反对封建专制的一项制度在司法领域中推广。1791 年,《美国宪法第六修正案》规定,在一切刑事诉讼中,被告有

---

① 参见宋炉安:《司法最终权——行政诉讼引发的思考》,载《行政法学研究》1999 年第 4 期。

② [意]切萨雷·贝卡里亚:《论犯罪与刑罚》,黄风译,中国法制出版社 2002 年版,第 23 页。

权享有由犯罪发生地的州和地区的公正陪审团予以迅速和公开的审理。[①] 这是国家立法层面上第一次确认审判公开原则。美国联邦最高法院认为，审判公开是“为了防止政府利用司法程序对公民加以迫害……公开审判的结果是整个审判过程直接受到公众舆论的监督，从而可以有效地限制司法人员滥用权力”[②]并“确保证人证言的真实、可信，因为公开审判可以使证人明确认识到，一旦作伪证，立即就会被发现”[③]。不过，如果“法庭在诉讼的某个阶段根据显示的适当理由，如涉及年轻女性的强奸案件中过于渲染的情节，可以决定不许公众旁听，或限制某些人旁听。一般说来，被告人的亲友不在禁止旁听之列”[④]。这是审判公开原则的例外。在这之后，英国、德国、法国、意大利、日本等国也相继确立了审判公开原则。英国法律规定，刑事案件的审判一般要公开，可以进行新闻报道。关系国家秘密的案件审判不能公开，有关商业秘密或儿童就强奸、猥亵罪作证时，非必要的人（法官、当事人以及律师，善意的记者以外的人）一律离庭。性犯罪案件的审判也可以不公开。[⑤]《德国法院组织法》第 169 条规定：“在法庭上进行的程序，包括宣布判决和判令，都是公开的。无线电和电视传送以及为后来传播其内容用的录音和拍片，均不允许。”[⑥]德国不公开审判的案件范围包括关系国家安全、社会秩序的案件，涉及个人隐私的案件，涉及职业秘密的案件，未满 16 周岁的少年刑事案件以及如公开审判可能危及证人人身安全的案件。在法国，审判公开原则适用于违警罪法庭、轻罪法庭和重罪法庭审理的刑事案件，《法国刑事诉讼法典》第 306 条规定重罪法庭审理案件要公开，但“公开对社会秩序或者道德风俗存有危害的除外。在此种情况下，法庭应当作出裁决，当庭宣布。但是，审判长可以禁止未成年人或部分未成年人

① 参见中国人民大学法律系国家法教研室、资料室编：《中外宪法选编》，人民出版社 1982 年版，第 228 页。

② 李义冠：《美国刑事审判制度》，法律出版社 1999 年版，第 89 页。

③ 宋英辉等：《外国刑事诉讼法》，法律出版社 2006 年版，第 167、168 页。

④ 《美国刑事诉讼简介》，载《美国联邦刑事诉讼规则和证据规则》，卞建林译，中国政法大学出版社 1996 年版，第 3 页。

⑤ 参见王运生、严军兴：《英国刑事司法与替刑制度》，中国法制出版社 1999 年版，第 47 页。

⑥ 北京政法学院诉讼法教研室编辑：《刑事诉讼参考资料》第 2 辑（下册），中国政法大学出版社 1980 年版，第 181 页。

旁听"，不过"对案件的实质判决，任何时候均应公开宣布"①。第400条规定轻罪法庭"庭审一律公开，但是，法庭如果认定公开审判对社会秩序有害或者有碍善良风俗，可以作出决定，在公开庭上宣布禁止旁听，并在判决中载明"，"对案件实质所作的判决，一律公开宣示"②。第535、306条的规定也适用于违警罪法庭。上述法庭"自开庭时起，禁止使用任何录音和放音设备、电视或电影摄影机以及照相机，否则罚款三百至十二万法郎"③。在审判公开思想的发源地意大利，法律对审判公开的规定极为详细，《意大利刑事诉讼法典》第471条规定："(1)庭审是公开的，否则无效。(2)未满18岁的人，受到防范处分管束的人和处于醉酒状态、中毒状态或精神失常状态的人不得进入法庭。(3)如果上述人员作为证人必须参加庭审，在无须其继续存在时被立即带离。(4)携带武器的人不允许出席庭审，但公安部队的属员除外；携带足以造成干扰的物品的人也不得出席庭审。对庭审造成干扰的人将依照庭长的命令被逐出法庭，在庭长不在时，公诉人可下达此命令，同时禁止该人参加以后的诉讼活动。(5)为维护秩序，在特殊情况下，庭长决定将进入法庭的人数限制在一定的范围以内。(6)本条提到的处置以口头方式作出，无须任何手续。"④对于不公开审理，第472条规定也作了规定，主要包括可能损害善良风俗、危害国家利益、侵害当事人隐私、损害公共卫生、危害证人或被告人安全、法官要讯问未成年人。⑤ 在混合主义的日本，《日本宪法》第82条规定"法院的审讯及判决在公开法庭进行。如经全体法官一致决定，认为有碍公共秩序和善良风俗时，法院得进行不公开审理。但对政治犯、有关出版犯罪或涉及本宪法第三章所保障的国民权利问题的案件，一般必须公开审讯。"⑥"不过，为了维护法庭秩序而将旁听人数限定于旁听席位允许的范围内，检查旁听人的服装及持有物品，禁止携带危险物品入内，违者禁止旁听等，并不违反审判公开主义。未经法院许可，不得在公审庭上

---

① 《法国刑事诉讼法典》，余叔通、谢朝华译，中国政法大学出版社1997年版，第123页。

② 宋英辉等：《外国刑事诉讼法》，法律出版社2006年版，第148页。

③ 《法国刑事诉讼法典》，余叔通、谢朝华译，中国政法大学出版社1997年版，第123页。

④ 《意大利刑事诉讼法典》，黄风译，中国政法大学出版社1994年版，第170页。

⑤ 参见《意大利刑事诉讼法典》，黄风译，中国政法大学出版社1994年版，第170页。

⑥ 《日本国宪法》，载中国人民大学法律系国家法教研室、资料室编：《中外宪法选编》，人民出版社1982年版，第184页。

拍照、录音、录像、播音,也不违反审判公开主义。另外,没有例外规定,判决应当一律公开。”①这是日本刑事案件不公开审判的情形。

虽然审判公开原则在不少国家都予以确立,但成为国际性的刑事标准还是在第二次世界大战(以下简称“二战”)后。法西斯任意逮捕、秘密审判、秘密执行的暴行给各国人民以警醒,让人们认识到审判公开的重要性。1948 年 12 月 10 日,联合国大会提出了旨在保障基本人权的国际文件——《世界人权宣言》,其中第 10 条宣示:“人人完全平等地有权由一个独立而无偏倚的法庭进行公正的和公开的审讯,以确定他的权利和义务并判定对他提出的任何刑事指控。”②为进一步推进世界各国的司法民主进程,联合国大会又在 1966 年 2 月 16 日通过了《公民权利和政治权利国际公约》,该公约第 14 条第 1 款再次强调“人人在法院或法庭之前,悉属平等。任何人受刑事控告或因其权利义务涉讼须予判定时,应有权受独立无私之法定管辖法庭公正公开审问。”③该款还规定了不公开审理的情形,包括“法院得因民主社会之风化、公共秩序或国家安全关系,或于保护当事人私生活有此必要时,或因情形特殊公开审判势必影响司法而在其认为绝对必要之限度内,禁止新闻界及公众旁听审判程序之全部或一部;但除保护少年有此必要,或事关婚姻争执或子女监护问题外,刑事民事之判决应一律公开宣示”④。以此为基础,审判公开的国际标准逐渐得以确立。

参考各国或国际刑事司法准则的内容,审判公开主要包含两层含义,一是诉讼程序上的公开,也称形式公开,是指刑事案件的审理过程要向当事人以及社会公众公开。按照诉讼的时间先后,审判公开可以分为审前公开、庭审公开和审后公开。审前公开指开庭审理前准备程序的公开,如审判组织、开庭公告、庭前会议等;庭审公开指法庭审理的公开,一方面要求当事人出庭参加诉讼,另一方面允许社会公众旁听案件审理,法庭调查、法庭辩论、被告人最后陈述等环

① 宋英辉等:《外国刑事诉讼法》,法律出版社 2006 年版,第 592、593 页。

② 《世界人权宣言》,载百度百科,https://baike. baidu. com/item/% E4% B8% 96% E7% 95% 8C% E4% BA% BA% E6% 9D% 83% E5% AE% A3% E8% A8% 80/438255? fr = ge_ala。.

③ 《公民权利及政治权利国际公约》,载联合国官方中文网站,https://www. un. org/zh/documents/treaty/A-RES-2200-XXI-2,最后访问日期:2025 年 3 月 28 日。

④ 《公民权利及政治权利国际公约》,载联合国官方中文网站,https://www. un. org/zh/documents/treaty/A-RES-2200-XXI-2,最后访问日期:2025 年 3 月 28 日。

节都要公开；审后公开指公开宣判，无论是否开庭审理，最后的判决都要公开。二是审判内容公开，即实体公开，审判的核心内容是证据和判决理由，除法定不能公开的内容外，审判活动的内容，尤其是证据和判决理由必须向当事人和社会公众公开。人民法院的判决必须建立在经过庭审中双方当事人公开辩论、公开质证的证据，以及公开查明的事实的基础之上，即证据公开。这才是审判公开的实质要义。①

审判公开有利于约束政府公权力，保障人民的知情权，防止司法专横和腐败。如孟德斯鸠所说，一切有权力的人都容易滥用权力，这是万古不易的一条经验。有权力的人们使用权力一直到有界限的地方才休止。国家权力来自人民，人民将权力委托给政府行使，政府不得违背人民的意志行事。但人民不可能每时每刻都监督政府的行为，权力本身又具有天然的张力，这就需要将政府行为和信息予以公开，以防止权力滥用。司法权是公权力之一，审判活动也是国家活动，对司法权和审判活动进行监督也是民主政治的一部分。审判公开能够让社会公众看到并监督法官的审判，知晓案情，了解证据，减少法官暗箱操作的可能性，使权力运行在阳光下。审判公开还有助于保障其他诉讼原则和规则的落实，实现诉讼公正。正义要以看得见的方式实现，而无公开则无正义。刑事诉讼规定了一系列的诉讼原则和规则以保证程序的公正性，如直接言词原则、交叉询问规则、辩论规则等。直接言词原则要求法官必须亲身出庭，听取控辩双方的口头陈述、辩论，以此为内心确信排除合理怀疑的基础。交叉询问规则是指控辩双方在庭审法官的主持下依次向对方当事人或证人发问，以找出对方证据的不合理之处支持自己的诉讼主张。辩论规则则是控辩双方在法庭上就与定罪量刑有关的事实和证据相互质证、相互反驳的庭审活动。以上原则和规则的落实都有赖于审判向双方公开，在封建社会纠问式诉讼模式下，这些原则和规则都没有生存的土壤，所以也就没有得以实行。如德国学者拉德布鲁赫所说："所有这些原则，归根到底需要公开性，尤其是新闻和议会的监督予以保障。现代刑事程序重新采用了为纠问程序所抛弃的中世纪刑事诉讼程序的公

---

① 参见杨浙京、程新生：《论审判公开原则》，载《人民司法》1994年第4期。

开性。司法的公开性不应仅仅为了监督。”①

二、审判公开原则与庭审中心主义

审判公开原则是庭审中心主义的前提。从时间上来讲,审判公开包含了审前公开、庭审公开和审后公开,庭审中心主义就是审判公开原则在法庭审理阶段的体现。审判公开原则要求公开时间具有连续性和不间断性,案件进入庭审阶段后,要按照法定程序连贯地进行,以维持程序的稳定性和规则性,这一点与庭审中心主义的要求一致。从内容上来讲,审判公开原则要求公开庭审过程中的一切活动,包括程序性和实体性的活动。程序性的活动,诸如法官宣布开庭、宣读法庭纪律、向当事人双方宣告诉讼权利等;实体性的活动包括法庭调查、法庭辩论、宣读判决等与被告人定罪量刑有实质性关系的诉讼活动,尤其是证据的质证、认证、案件事实的认定和判决理由必须公开,保证对被告人的定罪量刑处于公共监督的阳光下,而这一点正是庭审中心主义的内核所在。从公开的对象上来讲,审判公开原则要求诉讼程序向包括当事人在内的社会公众公开,除了一些公开后可能会对某些正当利益造成损害的情形外,任一社会公众都有权利了解诉讼程序,庭审中心主义则是审判公开原则的最有力呈现。在侦查、起诉阶段,为了保障犯罪嫌疑人权利、方便证据的查找和固定,向社会公众的公开程度理所当然地有所限制。进入庭审阶段,以上活动都已进行完毕,没有再保密的必要,这时就要允许社会公众全程直观地了解案件审理情况。案件向社会公众的公开才是真正的公开,是保证当事人权利的一项重要手段。

第七节 程序法定原则

一、程序法定原则的含义和价值

刑事诉讼中的程序法定原则又称程序合法性原则,是指刑事诉讼的进行必

① [德]拉德布鲁赫:《法学导论》,米健、朱林译,中国大百科全书出版社1997年版。

须遵守法定的程序规则,刑事程序的各项规定只能由国家法律作出无程序则无处罚,未遵守明定的程序规则而进行的各种诉讼行为产生各种相应的程序违法后果与制裁。[①] 程序法定原则具有形式意义和实质意义两项内容。形式意义上的程序法定原则,是指国家发动刑事诉讼,惩罚犯罪必须在法律明确授权下,严格遵循法律规定的程序、条件和方法进行,即国家进行刑事诉讼活动的外在行为必须合法化。“只有法律才能确定负责审判犯罪人的机关以及它们的权限,确定这些法院应当遵守什么样的程序才能对犯罪人宣告无罪或者作出有罪判决。所有这一切,都要由立法者细致具体地作出规定。”[②]实质意义上的程序法定原则,是指国家进行刑事诉讼的行为不仅具备合法性,还应当具备正当性,刑事诉讼程序必须为正当程序。正当程序作为一条重要的法治观念与宪法原则,起源于英国的“自然正义”,本意是指国家要追究犯罪就要采用合法正式的起诉,并且保证被告人能够受到陪审裁判,随着该理念不断延伸,扩展至在剥夺个人权益时必须告知其理由并保障其有陈述及被聆听的权利。对此,英国的丹宁勋爵曾言:“我所说的经‘法律的正当程序’,系指法律为了保持日常司法工作的纯洁性而认可的各种方法;促使审判和调查公正地进行,逮捕和搜查适当地采用,法律援助顺利地取得,以及消除不必要的延误,等等。”[③]《美国宪法第十四修正案》规定:“无论何州,不得制定或实行剥夺合众国公民之特权及豁免的法律;未经正当法律程序,不得剥夺任何人的生命、自由和财产;不得在其管辖范围之内否定任何人享有平等的法律保护。”[④]

程序法定原则包含程序主体法定、程序客体法定和程序行为法定三方面。程序主体法定,是指法律对刑事诉讼主体的权力和权利都有明确的规定,因此程序主体法定分为权力主体法定和权利主体法定。权力主体是指在刑事诉讼中享有公权力的主体,包括侦查、起诉和审判机关。法律对权力主体的职能进行明确的划分,可以明晰案件的管辖,防止权力主体对案件的推诿或争夺,从而

① 参见陈卫东主编:《模范刑事诉讼法典》,中国人民大学出版社 2005 年版,第 132 页。

② [法]卡斯东·斯特法尼等:《法国刑事诉讼法精义》(上册),罗结珍译,中国政法大学出版社 1999 年版,第 10 页。

③ [英]丹宁:《法律的正当程序》,李克强等译,法律出版社 1999 年版。

④ 转引自万毅、林喜芬:《现代刑事诉讼法的“帝王”原则:程序法定原则重述》,载《当代法学》2006 年第 1 期。

确保案件程序的公正启动。“刑事诉讼必须依照法定程序进行，虽然约束的是所有的诉讼主体，既包括国家专门机关也包括诉讼参与人，但国家专门机关必须依照法定程序进行刑事诉讼尤其应当加以强调，因为诉讼参与人违法活动尚有国家专门机关依法制裁，如果国家专门机关及其人员不严格依法进行诉讼活动，则谁又能遏制？其危害程度，也非其他诉讼主体所能相比也。”[①]遏制公权力不仅需要事先划出权力的行使范围，还要赋予权力的受体以权利来对抗权力，权利主体法定就是应有之义。刑事诉讼中的权利主体主要是被追诉人，其承担辩护职能，要实现控辩平等对抗，保障其权益，必须明确权利，达到和公权力平等武装之能力。程序客体法定，是指刑事诉讼行为指向的对象即证据必须由法定主体经过法定程序以法定的方法收集、保存、移送、质证、认证等；案件事实必须由法定主体经过法定程序以法定的证据证明。这其实就涉及证据制度和证明制度，与证据裁判原则的要求相一致。程序行为法定，是指程序主体在行使其权力或权利时必须遵循法律规定，应是合法行为。程序行为法定是连接程序主体法定和程序客体法定的纽带。“整个刑事程序就是关于每一个诉讼行为的有机的、系统的规定，而整个刑事诉讼的过程，也就是所有诉讼主体按照一定的要求实施每一个诉讼行为的过程。”[②]程序行为法定又分为行为条件法定、行为范围法定和行为期限法定。行为条件法定，是指程序主体在从事某种诉讼行为时要满足法定条件，不得违法行之；而在发生某些法定情形时，行为主体必须行使某些行为，如刑事案件符合立案标准，侦查机关就得立案侦查，不得逃避。行为范围法定，是指程序主体行使的程序要在法律规定的范围内，可以行使何种程序，不可以行使何种程序，如何行使程序都必须按照法律规定，不得自设程序或违反程序。行为范围法定主要意图规范公权力的行使，使公权力能在法制的约束下不去恣意侵犯犯罪嫌疑人、被告人或其他公民的权利。

程序法定原则是随着国家形态的出现和发展而兴起的。原始社会中，纠纷的主要解决方式是私力救济，即使有公力救济，也是家族部落内部形态且范围有限，与国家形态的公力救济不可同日而语。“国家产生之后所建立的刑事诉

① 张建伟：《刑事诉讼法通义》，清华大学出版社 2007 年版，第 13 页。
② 锁正杰：《刑事程序的法哲学原理》，中国人民公安大学出版社 2002 年版，第 64 页。

讼机制是一种针对犯罪行为的公力救济机制,它意味着对于国家定性为犯罪的社会纠纷,国家动用公共资源和公共力量加以解决,而排除了——至少是对大部分的犯罪行为一个人通过一己或家族势力加以解决。”①国家开始以法律的形式将社会纠纷纳入公共事务层面,即出现了程序法定的萌芽。最初的法制并非稳定牢固的,其毕竟处于帝王的意愿之下,随着帝王的个人意志和统治阶层的利益分配而不断变化,法律附属下的程序也随之变换,与真正意义上的程序法定还存在着距离。随着王朝的更迭,司法的力量逐渐得到重视,法治的理念也不断勃兴,法律的稳定性和正当性成为维护统治的关键。适当限制公权力,实现程序的稳固连贯就成为司法治理的追求,形式意义上的程序法定为统治者所青睐。一个重要的标志就是国家全面接手纠纷解决,私力救济的空间越来越小,最后被公力救济全面取代。社会司法的发展,“一个总体趋势是,国家权力介入犯罪处理的程度日益加深,自力救济渐趋萎缩,迨至近现代,伴随着国家司法权的逐步强化,刑事诉讼这种公力救济最终成为最具权威的,也是最为主要的解决犯罪这一纠纷的法律途径,自力救济逐渐被否定或取代”②。

程序法定原则是现代刑事诉讼的“帝王”原则,其彰显了诉讼公正、人权保障与诉讼效率的价值。

首先,诉讼公正。公正是诉讼的灵魂,程序法定原则是通过以程序公正保证实体公正来实现诉讼公正的。诉讼公正应包括实体公正和程序公正。实体公正是诉讼最终结果的公正,主要指案件的判决符合客观事实,对被告人的处罚实现罪责刑相适应,这是诉讼公正最重要的部分,诉讼主体无一不追求实体公正。可实体公正并不一定会实现,案件发生后,客观环境的改变以及人们有限的认识能力都阻碍着实体公正的实现。程序公正则通过程序的科学有序进行来最大程度地消除客观及主观因素可能给实体发现带来的不利因素,这就是程序公正的独立价值。程序法定原则就是程序公正的保证,进而保证实体公正,最终实现诉讼公正。

其次,人权保障。程序法定原则通过以下两方面保障人权。一是限制公权

---

① 田心刚:《刑事诉讼中的国家权力与程序》,中国人民公安大学出版社2008年版,第21页。

② 田心刚:《刑事诉讼中的国家权力与程序》,中国人民公安大学出版社2008年版,第24页。

力。程序法定原则为公权力的行使设置了一系列的条件、范围、期限等，违反规定则行为无效甚至违法，使公权力能在监督下合法运行，侦查权力能够合法侦查，不滥捕滥押，不非法取证；公诉权力能够合法公诉，不滥诉不诉；审判权能合法审判，不错判不判。二是赋予被告人平等对抗的权利。单纯限制公权力并不能从根本上保障人权，只有赋予被告人同等对抗的权利，与公权力在诉讼过程中能够相互攻防，势均力敌，才有可能不受公权力的摆布，全面客观地发现案件事实。要使被告人享有同等对抗的能力，一方面要先在立法上规定被告人的实体性和程序性权利，这是平等对抗的前提；另一方面要在实际的诉讼过程中充分保障被告人诉讼权利的正常行使，如不得强迫自证其罪权、辩护权、最后陈述权等，这是立法规定的落实。这样一来，“一方面，程序法定原则要求法律实施官员严格遵循法律规定的程序，以避免其在执法中剥夺或者限制法律预先设定的犯罪嫌疑人、被告人及其他参与人的权利；另一方面，程序法定原则既可以保证每个公民受到同等待遇，防止由于法律实施官员任意创制程序规则给当事人等带来不公正，也可以保障诉讼参与人更好地行使权利，维护自己的合法权益”①。

最后，诉讼效率。诉讼效率意味着在诉讼中要利用最少的成本和最少的时间来取得最优的诉讼结果。决定诉讼效率的三大因素为人员状况、运行时间、诉讼结果的可接受性。人员状况，是指参加诉讼的各方人员对顺利推进诉讼进程所起的作用，如侦查人员的侦查能力、公诉人员的公诉能力、审判人员的审判能力、辩护律师的辩护能力、被告人的认罪态度等。这些因素综合在一起能够左右诉讼进程的快慢，从而影响诉讼效率。运行时间，是指诉讼从开始到结束持续的时间长短，它是衡量诉讼效率最直接的指标，时间越短，效率就越高。尤其是在刑事案件不断涌现的现代社会，大量的案件与有限的时间形成了鲜明的矛盾。笔者曾就职于基层检察院，该院的业务相比较来说并不是很多，但是每年公诉科的案件也达到了五六百件，公诉人员的工作压力非常大。诉讼结果的可接受性，是指控辩双方对审判结果是否会上诉、抗诉、申诉等，一审后双方都

---

① 宋英辉、罗海敏：《程序法定原则与我国刑事诉讼法的修改》，载《燕山大学学报（哲学社会科学版）》2005 年第 1 期。

没有异议，裁判得以有效执行是最理想的结果，但是实践中除了一些案件性质轻微、证据事实清楚的案件外，多数案件会进入二审程序，这显然不利于诉讼效率的提高。程序法定原则通过将程序法定化、制式化而让诉讼进程充满预定性和确定性，侦查、起诉、审判只能按照预定的过程进行，而不会随着个人意志随意更改，也不能随意在其中添加任何附带的程序。再者，程序法定原则通过实现诉讼公正和在程序中保障人权，增强了诉讼的权威性，客观上有利于当事人接受诉讼结果，减少上诉的可能性，从而缩短诉讼时间，达到提高效率的目的。

二、程序法定原则与庭审中心主义

程序法定原则通过程序客体法定、行为条件法定以及行为范围法定来加强庭审中心主义。

首先，程序客体法定。程序客体法定要求诉讼中证据的案件事实都要经过法定程序的检验。证据在侦查、起诉和审判阶段有着不同的程序要求。在侦查阶段，侦查机关收集、固定、保存、移交证据都要保护证据的客观性、真实性，不得非法取证，不得有选择性地挑选对己有利的证据。在起诉阶段，公诉机关要客观全面地审查、移交证据。在审判阶段，要求法官庭前尽量少接触证据以免造成预判，而在庭审中组织控辩双方对证据进行质证辩论，进而审查采认证据。同样，对于案件事实，也要求法官在庭审阶段以证据的采认结果为依据来认定。除此之外，程序客体法定还要求证明责任、证明标准等一系列的证明制度匹配，这些都主要在庭审阶段发挥作用。

其次，行为条件法定。行为条件法定是程序行为法定的一种。程序行为条件法定要求在满足某种法定条件时，程序主体必须从事某些行为或者有权要求从事某些行为。当被告人被起诉至法院时，被告人就享有要求公开审判的权利，除非有法定情形，法院不得拒绝。被告人在庭审中可以行使辩护权、与对方证人对质权、对证据进行质证权、最后陈述权等，也有要求快速审判以及公开宣判理由的权利，这些权利都是庭审阶段被告人享有的实体性权利，与被告人的定罪量刑息息相关。

最后，行为范围法定。行为范围法定也是程序行为法定的一种，它要求程序主体的行为都要在法定的范围内，不得超出或者自设程序，以维护程序的确定性和稳定性。庭审活动是刑事诉讼法规定的审判阶段的一种法定行为，任何进入审判阶段的程序主体都要依照规定参加这种行为，而不得再自行设定其他活动。庭审中的证明活动也是法定程序，程序主体同样不得绕开证明活动，而应在此范围内充分行使自己的权力（权利），追求自己的诉讼利益。

第三章　刑事诉讼模式及审判方式的历史演变

第一节　神明裁判

一、神明裁判概述

神明裁判又叫神判、神断，也有人从证据的角度将其称作神示证据制度。[①]神明裁判，是指古代社会中出现的以“神”的名义裁断纠纷，解决社会冲突的矛盾处理机制。神明裁判普遍存在于世界各地，原始社会末期，随着人类氏族社会的形成，个人之间、部落之间都不可避免地会发生冲突，如何和平地解决这些冲突就成为一道难题。囿于生产力水平低下，对于超出当时认识能力的事物和现象，人类感到恐惧，转而求向信仰的“神灵”，以期通过神的暗示来帮助人类作出裁断。在人类的意识中，神是公平正义的，能够惩恶扬善，会通过一定的现象来证实真伪，指出纠纷中应该接受惩罚的一方。奴隶制国家产生后，对一些现象与规律有了更加科学理性的认识，一些纠纷已经可以不用借助神灵来解决，但是奴隶主或者统治者为了维护自己的统治利益，也仍然鼓吹并坚持用神灵迷信的方式来愚弄民众，导致神明裁判存在时间大大延长，一直到封建社会早期还能见到。

---

① 国内不少学者称其为“神示证据制度”，但也有学者认为这是一种审判制度。如西南政法大学徐静村教授认为这不是一种证据制度，而是一种审判制度。也就是说，在遇到疑难案件时由神明作出裁判，是一种神明裁判的审判方式，而非一种单纯的证据制度。类似的观点也可见瞿同祖在《中国法律与中国社会》中的阐述：“神判法是各民族原始时代所通用的一种方法。当一嫌疑犯不能以人类的智慧断定他是否真实犯罪时，便不得不乞助于神灵。最简单的方法是测验他能否逃过一危险，出死入生。”

(一)神明裁判的方式

1. 中国古代的神明裁判

中国的法制历史悠久,学界对中国法律制度起源期的争论集中在三个时期:黄帝时代说、尧舜禹时代说和夏代说。① 不管如何,中古代在原始社会后期或者奴隶社会之前就已经出现了法律制度。神明裁判初期,由于生产力低下,纠纷的数量并不是很多,神明裁判的裁判方法也有限。随着奴隶制国家的形成,各个领域的纠纷日益增多,裁决的方法也随之增多,尤其是在夏、商、周朝代,各种有特点的裁判方式不断出现。

中国最早的神判方法为用獬豸辨曲直。獬豸又称解廌或解豸,是中国古代神话传说中的神兽,体形大者如牛,小者如羊,类似麒麟,全身长着浓密黝黑的毛,双目明亮有神,额上通常长一角,俗称独角兽。獬豸善辨曲直,见人争斗即以角触不直者,因而也被称为"直辨兽""触邪"。当人们发生冲突或纠纷的时候,独角兽能用角指向无理的一方,甚至可以将罪该万死的人用角抵死,令犯法者不寒而栗。皋陶曾饲养獬豸,用其帮助自己分辨善恶,断案决狱。汉代学者杨孚在其专著《异物志》中对獬豸如此描述:"性别曲直。见人斗,触不直者。闻人争,咋不正者。"东汉思想家王充在《论衡》中记载了皋陶用獬豸治狱的传说:獬豸乃"一角之羊也,性知有罪。皋陶治狱,其罪疑者,令羊触之,有罪则触,无罪则不触。故皋陶敬羊"②。关于用獬豸断案的例子,《墨子》也有记载。《墨子·明鬼下》载道:"昔者齐庄君之臣,有所谓王里国、中里徼者,此二子者,讼三年而狱不断。齐君由谦杀之,恐不辜;犹谦释之,恐失有罪。乃使之人共一羊,盟齐之神社。二子许诺。于是掘穴,刭羊而漉其血。读王里国之辞,既已终矣,读中里徼之辞,未半也,羊起而触之,折其脚,祧神之而敲之,殪之盟所。当

① 我国历史上流传已久的司法鼻祖皋陶就是处在尧舜禹时期,任士师、大理官,即司法长官,是我国历史上第一个大法官。他制法作狱,帮助尧舜禹推行"五刑""五教"。《春秋·元命里》载:"尧得皋陶,聘为大理,舜时为士师。"《虞书·尚书》载:"帝舜三年。帝曰:皋陶,蛮夷猾夏,寇贼奸宄,汝作士,五刑有服,五服三就,五流有宅,五宅三居,惟明克允!"具体参见张兆凯主编:《中国古代司法制度史》,岳麓书社2005年版,第160—162页。

② 李学军:《司法鼻祖话皋陶》,载法治安徽网,http://wap.fzahw.com/news/2020/07/10/c_51178.htm。

是时，齐人从者莫不见，远者莫不闻，著在齐之《春秋》。"[①]意即齐国齐庄公有两个大臣，分别叫作王里国、中里徼。这两个大臣有一桩诉讼进行了三年都没有裁决出结果。齐庄公很为难，如果把两人都杀掉，恐错杀无辜；如果把两人都放掉，又恐让犯罪的人逃脱。左右为难之下，齐庄公就找了一只神羊（獬豸）辨别是非。这两个大臣同意了，就在神社盟诅，当着神羊的面分别陈述。王里国陈述完后，神羊没有反应，当中里徼陈述了还不到一半时，神羊忽然跳起来，用脚抵触他。齐庄公据此判断中里徼犯罪，将其处死在神社。当时在现场的人都看到了此事，这件事被迅速传开，进而整个齐国都知道了。这是一起典型的用獬豸进行神判的案例。后代的《后汉书》《五杂组》等都有对獬豸的记载。

夏朝作为我国第一个奴隶制国家，对其法律制度的记载并不是很详细清楚，只有一些笼统的描述和推测。如《左传·昭公六年》所记："夏有乱政，而作禹刑。"《尚书·大传》中有"夏刑三千条"的说法，至于其神判制度究竟是何状况则只能从一些资料的记载中探知一二。《山海经·海内南经》有关于夏朝的一些记录："夏后启之臣曰孟涂，司神于巴。巴人二讼于孟涂之所，其衣有血者执之，是请生，居山上，在丹山西。丹山在丹阳南，丹阳，居属也。"这段话的大概意思是，夏启有一个大臣叫孟涂，孟涂执掌巴地的神灵之事。有人到孟涂的住所去进行诉讼，孟涂就把其中衣服显露有血迹的人抓了起来，这个人请求孟涂放了他，孟涂就赦免了他，让他居住在大巫山上，而大巫山就在丹山西边。这里提到了一种血迹神判的神判方式，是指用一定的方法让进行诉讼的人身上露出血迹，谁身上先出血，谁就败诉。这种神判方式非常少见，古籍中只有夏朝有零星记载。但在我国少数民族佤族地区，血迹神判比较常见。如《太平御览》卷廿八六记载："扶南人若户中亡器物者，即以米一升诣神庙乞神见盗者。以米著神足下，明白取米呼户中，奴婢分令啮之。盗者口中出血，米完不碎。不盗者入口即败。从曰南至缴外悉尔。"这里面的血迹神判是令人嚼米出血，以此判断罪犯。关于这种方法，《中华风俗志》也有记载："倮倮族不信佛教，因有之宗教，若巫师然。……遗失宝器什物，穷收不得，巫师则驰使四方，召集土人，每人与黑米一把，限一定时间，令置口中啮碎吐出，米中见血者，即指行窃人，故不

① 孙诒让：《墨子间诂·诸子集成》，中华书局1954年版。

幸有血点时,实陷于无实之罪也。”我国云南佤族地区流行的血迹神判,有三种判断方法:一是摩掌,即在巫师主持下,被盗者与嫌疑人双方磨掌,以出血者为理曲;二是打头,双方各持一木棍互击头部,被击伤出血者为败诉方;三是扎手,由证人用竹针刺双方手缘,刺入即拔出,血晚出或不出者为胜诉方。①

到了商朝,最重要的神判方式就是占卜。关于占卜,《说文》道:“占,视兆也,从卜口。”占卜在商朝的各项国家管理活动中都占有非常重要的作用,商朝凡事都占卜,且种类甚多,计有:粟卜、蠡卜、鸡卜、虎卜、鸟卜、樗蒲卜、十二棋卜、竹卜、牛骨卜、灼骨卜、羊胛卜、镜卜、响卜等,而以龟卜及易卜为要。②《说文》又道:“卜,灼剥龟也,象炙龟之形。”商朝进行龟卜时,把龟甲在火上烧炙,让龟甲裂开显现纹路,再根据纹路判定凶吉。“占卜前很重要的准备工作就是整治龟甲兽骨,将龟甲上残留的肉渣皮筋等除去,如果不经整治则该龟甲是烧炙不出焦纹来的。待龟甲干燥后用特制的青铜在上面钻出一定数目和一定间隔的小圆孔,以备占卜时用火柱烧炙,使甲骨上呈现裂纹。”③商朝在进行司法审判时主要用龟卜。

到了周朝,占卜不再是神判的主要方式,神判主要采用盟誓。盟誓是指人们以神灵的名义订立约守,如不遵守将会受到神灵的惩罚。周朝采用盟誓与其政治需要和政权形式有关,周朝以宗法分封制为基础,为了让外姓诸侯后裔及家族效忠于皇室,就在分封土地的同时利用盟誓为威慑来加固诸侯的衷心。如《国语·晋语》记载:“昔成王盟诸侯于岐阳,楚为荆蛮,置茅,设望表,与鲜卑守燎,故不与盟。”具体到审判上,盟誓下的表现形式则为对天发誓、对神发誓以及杀畜发誓等。对天发誓是指有纠纷的双方在证人的见证下,向天说出自己的主张,否则就要受到上天的惩罚,遭受报应。对神发誓与之类似,但双方不是向天空,而是向以具体的人造器物或者自然现象发誓,以此表明自己的主张。对神发誓可以用口头形式,也可以用书面形式。杀牲发誓则是指以宰杀牲畜家禽

① 参见杜文忠:《神判起源考略》,载《思想战线》2002 年第 6 期。
② 参见杜文忠:《神判起源考略》,载《思想战线》2002 年第 6 期。
③ 常新枝:《商代女杰——妇好》,载《成都教育学院学报》2005 年第 3 期。

的方式来证明自己。[①]

以上只是三朝常见的主要神判方式,除此之外,还有其他诸种方式。例如捞沸判,是指将油或者水烧至沸腾[②],把东西扔进里面,让当事人赤手去捞,看是否有烫伤,以此作为裁决的依据。这也是一种历史悠久,比较常见的神判方式,在我国的少数民族地区流行。明代《南诏野史》记载有云南古代民族“有争者,告天,沸汤投物,以手捉之,曲则糜烂,直者无恙”。清代余庆远的《维西见闻录》也记载了彝族使用此种方法的情形:“负约则延巫祝,置膏于釜,烈火熬沸对誓,置手膏内,不沃烂者为受诬;失物亦以此法明焉”。又如热铁神判,是指把金属块烧红,放置在当事人身上,看当事人双方受伤情况判定其有无过错。这是一种比较残忍但使用也很广泛的神判方式,《大唐西域记》对此记载道:“火乃烧铁,罪人踞上,复使足蹈,既遣掌按,又令舌舐,虚无所损,实有所伤。懦弱之人,不堪炎炽,捧未开华,散之向焰,虚则华发,实则华焦。”热铁神判的早期有手捧和脚踩两种方式,后来又发展出了向人手中滴铅液、洒锡水,甚至让人骑到烧热的铜马上,看是否烫伤。再如动物神判,是指选取一些动物,依据动物是否给当事人造成一定的后果为依据来断定是非。动物神判主要有两种方式,一种是把当事人置于比较凶猛的动物群中,看其是否被吃掉。《梁书》有记载:“扶南国……于城沟中养鳄鱼,门外圈猛兽,有罪者,以喂猛兽及鳄鱼,鱼兽不食为无罪,三日放之。”一种是让没有危险的动物相斗,以动物的胜负来决定当事人的胜负。《黔苗图说》记载道:“黑脚苗,在台拱地方。……有事以螺蛳二个置水盆内,观其相斗,以卜吉凶。”这里就是以螺蛳相斗的结果作为当事人胜负的依据。除以上方式外,在我国边疆地区或少数民族地区存在的神判方式还有煮米、量米、嚼米、潜水、击头、扎手、磨掌、洒血酒、喝血酒等。

2. 国外的神明审判方式

在社会生产力都很低下的时代,人们对自然的认识都是模糊充满恐惧的,国外的神判方式和中国古代的神判方式有很多相似之处,但也存在着差别。在

---

① 如景泰《云南图经志书》卷五中这样写道:“笃信巫鬼,……凡有争讼不告官,必杀鸡狗誓于神,以求平其曲直。”云南省大理州的一些少数民族,常用砍鸡剁狗的方式来解决争执。

② 烧的东西可以是油、水、油水混合物等,还可以是黄蜡。向锅中投入的物体也是多样的,鸡蛋、石头、戒指、虎牙等。

古代欧洲，神判方式主要有三大类：第一类是神明裁判法。此种方法借助神以指明是非曲直，通常采取水审、火审、铁审、卜筮、抽签等形式。第二类是宣誓，这是一种借助于神的力量来实行的心理强制方法。第三类是决斗，争讼双方以决斗的胜负判定是非。胜者胜诉，败者败诉。[①] 以下介绍其中几种主要的神判方式。

（1）水审。水审是指让当事人接受水的考验以判定是非曲直。水审分为冷水审和热水审，冷水审是将当事人投入河水中，看当事人双方沉没，如沉下去就是有罪，没有沉下去就无罪。古代日耳曼人的冷水审就是典型，绑住当事人的膝盖，用绳子系住其腰部，放入水中，按照头发的长度把绳子打一个结，如果身体沉入水中的长度足以使绳结没入水中，则当事人无罪，否则有罪。这样的理由是洗礼教派的水是圣洁的，不能容纳虚假之人。[②] 热水审类似于我国的捞沸判，将水烧开，丢东西进去，让当事人伸手捞物，然后包扎好手臂，过段时间后通过伤口是否痊愈来判定当事人有罪无罪。如果伤口痊愈则无罪，如果伤口溃烂则有罪。

（2）火审。火审和我国的热铁神判相似，不同的是西方的火审通常都有神父或者牧师等神职人员主持的祈祷或者弥撒等仪式。如英国古代，“以热铁9枚，参差其间隔，置于一直线地上，是被判者隐目跣足，通行其上。若蹈不着铁或着之而火不伤，则为无罪”[③]。《摩奴法典》第八章主要涉及法官的任务、民法与刑法的内容，第114条规定：“可使他（法官）要考验的人以捧火或叫他潜入水中，或使他分别接触其每个独生子的头部……”第115条规定：“火不烧其人的人水不使其浮在水面上的人，灾祸不迅即突然袭击的人，应该被视为宣誓真诚的人。”[④]古伊朗著名英雄史诗《王书》也有关于此种方法的描述。

（3）宣誓。宣誓，也叫诅誓、神誓，让当事人对神灵发誓，如果有一方不敢发誓或者在发誓的过程中精神状态有异样（犹豫、支吾、慌乱等）就可判定一方

---

① 参见汪建成：《证据制度之历史演变》，载《烟台大学学报（哲学社会科学版）》1988年第1期。

② 参见何家弘：《从司法证明模式的历史沿革看中国证据制度改革的方向》，载《法学家》2005年第4期。

③ ［日］穗积陈重：《法律进化论（法源论）》，黄尊三等译，中国政法出版社2003年版。

④ ［法］《摩奴法典》，迭朗善、马香雪转译，商务印书馆1982年版，第179—180页。

有罪。如5世纪西欧墨洛温王朝《萨利克法典》规定，当事人双方应当在法庭上严格按照形式和姿势对神宣誓并进行陈述，如果一方出现宣誓形式或者姿势错误，或者在陈述时变现口吃等"有罪征象"，法庭就可判其败诉。9世纪英国还对宣誓用语进行了规定，在盗窃财物的案件中，控告人的宣誓用语是："我在上帝面前宣誓指控他就是盗窃我财物的人。这既不是出于仇恨、嫉妒或其他非法目的，也不是基于不实传言或信念。"而被告人的宣誓用语则是："我在上帝面前宣誓，对于他对我的指控，我在行为和意图上都是无罪的。"①

(4)决斗。决斗盛行于中世纪欧洲，不仅在司法领域。在决斗中胜利的当事人胜诉，失败的败诉。在决斗前还要进行宣誓，如果有一方在宣誓的时候读错了誓词，就直接被宣判为失败，不必再进行决斗，这被认为是神的旨意。

此外，西欧还出现过一种类似于我国血迹神判的方式——触审，是指让涉嫌杀人的嫌疑人触摸被害人的尸体，如果尸体出血，则嫌疑人就为杀人者。有记载："根于杀害者接近被害者之尸时，尸身出血之信念而生，此信念存于各人种之间，斯拉夫人、条顿人即通行之。"②西方著名史诗《尼勃龙根之歌》就记载了此种方法。传说英国查理一世也用此方法作出过判决。

二、神明裁判的特点和意义

(一)神明裁判的特点

古代的神明裁判是与当时的生产力水平密不可分的，在对诸多自然现象无法解释的情况下，转而寻求宗教和神灵，将人与人之间的关系披上了神的色彩。出现纠纷时，就求助于神灵，按照神的意志去处理矛盾。神明裁判本质上是一种纠纷解决机制，契合了当时的生产力水平。其特点主要有：

1.神明裁判的权威性、终局性

这是神明裁判最重要也是赖以存在的基础。"这种判断不仅具有非常明确的裁决性，而且具有很高的权威性，故有学者把神判称为'最高的和最后的

---

① 杜文忠：《神判起源考略》，载《思想战线》2002年第6期。

② 杜文忠：《神判起源考略》，载《思想战线》2002年第6期。

判决手段’。”[①]基于这种权威性，社会中的人们才认可这一裁判方式，选择用这种方式来解决纠纷，逐渐使得判决的程序得以规范，效力得以明确。

2. 审判和惩罚一体

神明裁判的过程既是一个裁断的过程，又是一个惩罚的过程，而且这种惩罚是全面的，有罪无罪的当事人都要受到客观的惩罚。因为没有能力能够查明谁有罪谁无罪，只能机械地让双方当事人都接受查明的痛苦，而把最后的结果作为对无罪一方的安慰。

3. 文明与野蛮一体

神明裁判的很多方法都是以伤害人的身体甚至生命为代价的，如火审，无罪的人也要受这种残酷的煎熬，即使判决出了胜负，伤害也已经造成。但在当时，这又是一种比较文明的裁断方式，体现了公开、公平和公正的原始正义观。

4. 科学与愚昧一体

在今天看来，神明裁判很荒唐，没有任何科学依据。结果完全是随机的、不确定的，有很大的偶然性。但在当时，人们对神灵充满敬畏和崇拜，所以以神灵的威慑力为基础的裁判方式使得有罪的人在接受裁断时有所顾忌和畏惧，这种情绪能够反映在裁断过程中，如宣誓，所以也有一定的科学性。

5. 依靠自觉和社会舆论保障，无国家强制力

神明裁判的执行没有国家强制力作后盾，完全依靠当事人的自觉和社会舆论监督，也没有现在的公诉和私诉之分。当事人有了矛盾，就自行通过神明裁判方式分出胜负，自觉执行。

（二）神明裁判的意义

神明裁判作为一种纠纷解决机制，存在的时间并不算短，虽然以现代的眼光来看并没有多少可取之处，但对于当时社会的稳定起到了积极作用，为以后国家的司法审判奠定了基础。

---

① 邓敏文：《神判论》，贵州人民出版社1991年版，第117页。

1. 解决纠纷，维护社会稳定

这是神明裁判最直接的作用。原始社会存在着私力报复，但是这样的机制并不能彻底地化解矛盾，容易陷入反复的恶性循环，不利于社会的长远发展。认识到此弊端后，人们理性地选择了裁判的方式并认可它的权威性与终局性，结果一经作出，就接受并服从，避免了无休止的报复，维护了社会的稳定。

2. 体现了正义的诉讼理念

神明裁判并不受身份等社会因素的影响，一视同仁，当事人接受裁判的话都要接受相同的裁断方法，承受相同的考验与痛苦。裁判的过程也是公开的，虽然结果未必真正公正，但这是对公正的一种朴素追求，体现了最原始的正义诉讼观。

3. 为国家的司法审判奠定了基础

神明裁判不是简单的当事人双方的参与，还有裁断者、裁断场所、裁断程序等因素的加成。如学者所言："古老而奇特的神判外貌、以神的意志作为评判的标准，体现了早期社会原始初民法律文明的愿望；用来进行神判的场所——神庙成了最早的法庭；在神判过程中主持神判的祭师、头人便成了最早的法官；而非理性的、带有一定原始愚昧和落后的神判程序成了最早的审判的程式化内容。可见，古老而原始的神判这一纠纷解决机制具备了现代审判制度的最基本要素，可以说它是初具雏形的审判。"①这一切都为以后国家进行司法审判打下了坚实的基础，创造了丰富的储备。

第二节　弹劾式诉讼模式和审判

一、弹劾式诉讼模式概述

弹劾式诉讼又称"控告式诉讼"，盛行于奴隶制国家，实行"不告不理"。古代中国、埃及、印度、罗马、欧洲日耳曼法前期时代和英国的封建时期，都实行弹

① 叶英萍、李春光：《论神明裁判及其影响》，载《法学家》2007年第3期。

劾式诉讼模式。[1] 原始社会中的私人以及氏族部落产生冲突后,都依靠私力解决矛盾。这种方式并不能彻底有效地解决纠纷,反而有可能引起更大的矛盾,产生新一轮冲突。“复仇者在将仇人杀死后,往往意犹未足,一直到将仇人的亲属尽行杀死才泄恨而去。例如澳大利亚的库尔奈人(Kurnais)便如此,不仅以仇人的死为满足,还要将仇人的整个团体加以杀戮。巴西的印第安人的复仇包括仇人及仇人的家属。格灵人(Greens)报仇不仅是对于仇人的全家,甚至他的牲畜也不能逃生。中国也不乏这一类的例子。沈充为吴儒所杀,临死前和吴说:‘尔大义全我,我宗族必厚报;若必杀我,汝族灭矣。’其后充子劲果族灭吴氏。沈林子父为沈预所害,林子与兄报仇,预家男女无长幼悉屠之。”[2]经过时间的累积,人们认识到这种原始的复仇方式阻碍了氏族部落的发展,需要更加理性和平的方式来化解矛盾以保存发展的力量。于是部落之间就商定用物质而非暴力的方法来赔偿损害,如果出现争议时,就采用另外一种方式,这种方式最初就是弹劾式诉讼。

(一)弹劾式诉讼模式的特点

作为人类解决纠纷的最初的诉讼模式,弹劾式诉讼主要有以下特点:

1. 实行不告不理原则

弹劾式诉讼虽然有国家作为第三方参与,但第三方并不会主动启动诉讼,诉讼的启动完全取决于控诉人的指控,法官处于一个消极的地位。如5—8世纪,欧洲法兰克王国的刑事诉讼完全采取自诉原则,控告犯罪、通知被告人到庭受审等,都是被害人及其亲属的事情,取决于原告人的意愿和诉讼行为。[3] 同样,在案件的审理中,法官也不会积极地收集审查证据,发现案件真实,法官更像一个仲裁者,只是在听取当事人双方的陈述、辩论后,按照当时的审判结果,指出是非曲直。

---

① 参见谢佑平:《历史视野和文化语境下的刑事诉讼模式》,载《复旦学报(社会科学版)》2003年第4期。

② 瞿同祖:《瞿同祖法学论著集》,中国政法大学出版社1998年版,第77页。

③ 参见谢佑平:《历史视野和文化语境下的刑事诉讼模式》,载《复旦学报(社会科学版)》2003年第4期。

2. 原告和被告的地位平等，权利对等

弹劾式诉讼模式下，原告和被告的诉讼地位是平等的，享有对等的诉讼权利，并不存在强弱之分。原告向法官提交指控，并负责提交证据。被告负责对原告的指控和证据进行辩驳和提交自己的证据。原告和被告在法官面前可以进行辩论，分别陈述自己的理由和意见，法官则中立地在原告指控的范围内和双方提交的证据范围内履行职责。原告和被告都有举证的义务，都有接受当时审判方法的义务。

3. 司法与行政不分

弹劾式诉讼模式下的司法机关并不是专门的司法审判机关，还和行政机关重叠，司法职能和行政职能混合。例如，在我国的奴隶制王朝，君王是最高的行政长官，但君王同时也可以负责司法审判，当遇到特别重大的案件或者王臣之间的纠纷时，君王就是司法官。虽然下面也有司职审判的专门官员，但君王才是最高的司法官。在其他文明古国，如古埃及、古巴比伦，也存在此种情形。而且奴隶制时期的司法机关都很简陋，没有形成完整统一的系统。

（二）弹劾式诉讼模式的历史发展

弹劾式诉讼模式产生于奴隶制国家，在世界范围内的不同地区都存在，如古中国、古埃及、古罗马、古日耳曼、英国等。就法律体系和法律制度而言，古罗马的法律最为完备，其弹劾式诉讼模式颇具特色，以下就以古罗马的诉讼模式为分析对象阐述弹劾式诉讼模式的大致发展脉络。

古罗马的政治制度和法律制度对世界影响极大，19 世纪西欧最伟大的法学家耶林在《罗马法精神》中说："罗马帝国曾三次征服世界，第一次是以武力，第二次是以宗教（指基督教），第三次是以法律。武力因罗马帝国的灭亡而消亡，宗教随着人民思想觉悟的提高、科学的发展而缩小了影响力，唯有法律征服世界是最为持久的。"[①]而古罗马法律制度的重要组成部分是古罗马法，罗马法"是纯粹私有制占统治地位的社会生产条件和冲突的十分经典性的法律表现，

① 周枏：《罗马法原论》（上册），商务印书馆 1994 年版，第 13 页。

以至一切后来的法律都不能对它进行任何实质性的修改”[①]，这其中又以《十二铜表法》最为著名。西塞罗称其为“人类智慧的完美体现”，19 世纪英国著名的法律史学家梅因更是对其评价道：“世界上最著名的一个法律学制度从一部‘法典’开始，也随着它而结束。”[②]《十二铜表法》是古罗马的第一部成文法，是对之前古罗马时期习惯法的总结。古罗马经历了王政时期、共和时期和帝国时期，考察《十二铜表法》[③]可以发现，古罗马在王政时期和共和早期阶段的诉讼模式为弹劾式诉讼，实行不告不理，原告和被告的诉讼地位平等、诉讼权利对等，法官消极中立。该法规定遭受损害的人可以自行向法庭提出诉讼请求，推动诉讼的进行。[④] 当事人双方还可以和解，和解可以在原告提起诉讼前，也可以在诉讼后，还可以在法庭上提出。[⑤] 原告和被告自行收集证据，在法庭上出示并辩论。[⑥] 法官始终处于消极中立的地位，没有主动追究当事人责任和收集证据的职责，只需要严格按照法律的规定在法定期限内作出判决。[⑦]

随着历史向前推进，古罗马的生产力水平和政治制度也逐渐发生着改变，处于上层建筑的司法制度也随之变化，旧的诉讼模式已经跟不上社会发展的脚步，注定要被历史淘汰，如学者所说：“在任何一个国家，刑事诉讼的历史总是与政治状况的演变以及人们关于刑罚观念的发展密切相关的。……那些以满足受害方的要求为标志的刑罚越多，控告式诉讼程序即越有可能占据主导地位。然而，当认为刑罚作为一种执行法律的方式对于维护公共利益是必要的，这一观念日渐盛行，纠问式的方法即逐渐增多。此番评述的真实性在罗马刑事

---

① 中共中央马克思恩格斯列宁斯大林著作编译局：《马克思恩格斯全集》(第 21 卷)，人民出版社 2006 年版，第 454 页。

② [英]亨利·萨姆奈·梅因：《古代法》，沈景一译，商务印书馆 1996 年版，第 1 页。

③ 《世界著名法典汉译丛书》编委会编：《十二铜表法》，法律出版社 2000 年版。

④ 如该法第一表第 1 条规定：“若有人被传讯出庭受审，则被传讯人必须到庭。若被传讯人不到，则传讯人可于证人在场时，证实其传票，然后将他强制押送。”第 2 条又规定：“若被传人托词拒不到案或企图回避，则传讯人得拘捕之。”

⑤ 如第一表第 6 条规定：“谈判之事，则亦由原告人在出庭受讯时提出请求。”这里的谈判就是和解要求。第 7 条规定：“若当事人双方不能和解，则他们应在午前到市场或会议场进行诉讼。出庭双方应依次申辩自己案件。”

⑥ 如第二表第 3 条规定：“若原被告之一方证据不足，则它应到未出庭审讯之证人住宅的大门，在三天之内，大声向之吁请。”

⑦ 如第一表第 8 条规定：“到了午后，长官则对出庭受讯时出席一方的要求予以批准”。第 9 条则规定：“若双方均到庭受讯，则以日落时为诉讼之最晚时限”。

诉讼中表现得非常明显。"[①]在古罗马的王政时期和共和时期，司法诉讼虽然有国家权力的参与，但是主导诉讼的还是当事人双方，国家权力受到民众权利的极大制约，这可以从后面要介绍的如"两人审委会"、申诉以及陪审团等制度中看出。古罗马进入帝国时期后，国家权力在司法诉讼中的力量急剧扩张，民众的权利大大萎缩，这种私人民主式的诉讼模式也不可避免地面临消亡。在司法观念上，古罗马在王政时期和共和时期都普遍流行着诉讼只是当事人双方的私人事务，国家的触手不可以伸得太长的观念。诉讼更像是一种自治行为，与国家无关，况且当时的国力也极大限制了国家对民众私人事务的参与。因此，私人受到损害想获得救济，就必须依靠自己提起和推进诉讼，而不能把希望放在法官那里。到了帝国时期，权力的高度集中让统治者意识到司法权也是维护其统治的一种极其重要的权力，私人之间的纠纷不单能影响个人，处理不好还会扰乱社会秩序，冲击政权的稳定，统治者开始把诉讼纳入国家管理层面，用国家公权力解决纠纷，惩罚犯罪，以此维护统治。对于民众来说，私人的力量毕竟有限，客观存在的社会地位和社会力量有时又会让自力救济很难实现，而借助国家则可以实现这一目的，民众也开始接受把诉讼的启动权和推进权交给国家，由此国家和民众在观念上实现了统一，即诉讼是一项国家事务，国家有权力有义务追诉犯罪。弹劾式诉讼模式到此也寿终正寝。

二、弹劾式诉讼模式的审判方式

（一）古罗马的审判方式

在古罗马政权形成之前，其他国家的弹劾式诉讼模式已经存在甚至比较成熟，如公元前30世纪的古埃及。但因古罗马先进的成文法和独具特色的政治制度，其弹劾式诉讼模式具有很大的代表性。

尽管如学者所言："所有文明制度，都一致同意在对国家、对社会所犯的罪行和对个人所犯罪行之间，应该有所区别，这样区别的两类损害，我称为犯罪

---

① A. Esmein, *A History of Continental Criminal Procedure*, translated by John Simpson, Little Brown and Company, 1913, p. 13.

(climina)和不法行为(delicta)。"[①]但在古罗马的早期,国家和民众都把大多数的犯罪行为看作是对私人利益的损害,所以诉讼必须由个人提起,称为"私诉"。"它所采用的程序,主要是模仿私人生活中可能要作的一系列的行为,即人们在生活中发生了争执,但在后来不得不把他们的争执提交和解。高级官吏谨慎地效仿着临时被召唤来一个私人公断者的角色。"[②]《十二铜表法》将私诉纳入民事法律关系中,犯罪行为会产生"债"的法律后果,包括一些在今天看来是应负刑事责任的犯罪行为,如盗窃、故意伤害等。[③]

古罗马并不是将所有的犯罪行为都按照私诉处理,也把一些行为看作是对社会对国家的侵犯,采用公诉的形式处理。最早的这种行为是"敌对行为"(perduellio),而敌对行为的范围则存有争议。共和时期的敌对行为包括窥视王位罪、侵犯护民官罪、执法官在行使执法权和军事指挥中的过失行为、未经审判而杀死市民的行为、侵犯民众会议的行为等。[④] 在王政时期,公诉适用于破坏公共安宁的犯罪,这种犯罪的审理由国王主持,国王听审后与元老院进行磋商并宣判。国王也可以在宣布审理后派代表进行审理,这名代表一般出自元老院。到后来,国王又任命了特命代表、审判叛逆的两名委员,以及后来的常任代表作为"凶手缉捕使"。他们的主要任务是缉拿杀人凶手,在预审期间拘留被告,被告可以被保释。[⑤]

在共和时期早期,对于侮辱人格的犯罪和叛国罪由百人团民众会议审理,如果可能判处死刑,则由执政官起诉并审理。对于敌对行为,由敌对行为两人审委会负责审理,后来护民官也可以制裁敌对行为。审委会的成员由国王依案件加以任命,对于审委会的决定,被告可以向民众会议申诉,这时审委会会停止执行刑罚,而与被告进行二对一的决斗。如果审委会获胜,则执行刑罚。无论是决斗还是执行刑罚,都要在库利亚民众会议面前进行。随着神判方式的消

---

① [英]亨利·萨姆奈·梅因:《古代法》,沈景一译,商务印书馆1959年版,第208页。

② [英]亨利·萨姆奈·梅因:《古代法》,沈景一译,商务印书馆1959年版,第209页。

③ 如《十二铜表法》第八表第3条规定:"折断自由人的骨头的,处300阿斯的罚金;如被害人为奴隶,处150阿斯的罚金。"第八表第4条规定:"对人施行其他强暴行为的,处25阿斯的罚金。"参见《十二铜表法》,载百度百科,https://baike.baidu.com/item/十二铜表法/1106105。

④ 参见[意]朱塞佩·格罗素:《罗马法史》,黄风译,中国政法大学出版社1994年版,第133页。

⑤ 参见[德]特奥多尔·蒙森:《罗马史》(第1卷),李稼年译,商务印书馆1994年版,第135页。

失,决斗后来变成了由民众主持的辩论。随着百人团民众大会的发展,库利亚民众大会的作用自然而然地被百人团民众大会所取代。①

后来,针对官员的索贿行为,元老院委托一位裁判官组织一个由五位判还官(均从元老院议员中选出)组成的法庭进行审判,允许起诉者按照自己的意愿选择辩护人。在以后的几年中,出现了一些其他类似的诉讼,这样就产生了索贿罪刑事审判法庭。② 再后来,古罗马《索贿罪法》规定了专门负责索贿罪的审理法官,并规定应当建立一个陪审团。裁判官先从骑士中选出一份450名市民的名单,每个诉讼的控告人均应当从这份名单中挑选100人并将中选者的名单通知被控告者,后者从这100人之中选出50人组成陪审团。在索贿罪诉讼中,法官可以指派辩护人,市民居于显要位置,当事人双方可以委托演说家或者法律家辩护。③ 这种辩护制度又促进了公诉制度,在公诉制度下,原告要提出诉讼请求,法官受理后,便要组成陪审团进行辩论和收集证据。《塞尔维里法》规定,索贿罪必须进行两次辩论,中间可以休息一天。在诉讼结束时,法官收集陪审团成员的表决意见,但是他不参加表决。④ 有基于此,古罗马建立起了常设刑事法庭。

(二)其他国家或地区的审判方式

古罗马帝国周边盘踞着古日耳曼民族及其分支,古罗马帝国衰落后,这些民族迅速扩张,建立了国家。这些民族深受古罗马法的影响,建立国家后实行的司法制度也带有浓厚的古罗马色彩,在以后的演变中,又发展出了自己的特色。

古日耳曼也将多数的犯罪行为当作私人侵权行为,允许复仇。被害人可以选择接受赔偿而不复仇,双方需要订立协议,正式发誓不再复仇。如果加害者不履行协议,被害人一方可以向庶民法院起诉。对于犯罪行为,犯罪人要被逐

---

① 参见[德]特奥多尔·蒙森:《罗马史》(第1卷),李稼年译,商务印书馆1994年版,第134页。

② 参见任强:《罗马的公犯诉讼及其惩罚》,载《华东政法学院学报》2007年第1期。

③ 参见[美]约翰·H.威格摩尔:《世界法系概览》(上),何勤华等译,上海人民出版社2004年版,第319页。

④ 参见[美]约翰·H.威格摩尔:《世界法系概览》(上),何勤华等译,上海人民出版社2004年版,第270—271页。

出部落或者判处死刑。古日耳曼的审判组织有两种:部族大会和百户区大会。部族大会由全部自由民组成,百户区大会则由比较小的部落分区中的全部自由民组成。部族大会负责审判犯罪行为,百户区大会负责审判侵权行为。审判时,由原告一方传唤被告出庭,传唤要遵循特定的习惯用语,被告被正式传唤后,必须出庭,否则就认为其败诉,要被判处罚金或者驱逐。对于审判中的是非曲直判断,古日耳曼采用神判方式,采用宣誓、水审、火审、决斗等方式分出胜诉败诉。不同的是,在宣誓中,当被告否认指控后,原告的亲友可以宣誓,这被称为"辅助宣誓"。在对方当事人也能提供辅助宣誓人的情况下,提供辅助宣誓证言多的一方胜诉——后一方提供宣誓证言的数量必须是前方的一倍。决斗最初是在自由民之间进行,发展到后来,双方都可以雇佣职业的决斗者进行决斗。

在同一时期,与欧洲大陆隔海相望的不列颠岛也发生着剧烈的变化,注定成为未来世界法律版图中的一支重要势力。43 年,古罗马成功征服英国,在此统治了四百余年。统治期间,主要采用罗马法和当地的习惯法。由于古罗马在不列颠的统治集中在大城市及其附近,随着古罗马的衰落及撤退,罗马法对不列颠的影响并不大。随着盎格鲁—撒克逊人的进入,不列颠进入了盎格鲁—撒克逊时期,开启了英国法的时代。

盎格鲁—撒克逊时期的法律制度结合了盎格鲁—撒克逊人的习惯和不列颠当地的习惯,多数犯罪行为也被当作是侵权行为,认为复仇是合法行为,被害人一方可以得到赔偿金。在盎格鲁—撒克逊末期,存在着四类法院,即庄园法院、百户法院、郡法院与贤人会议。庄园法院处理轻微的纠纷;百户法院和郡法院可以处理民事与刑事案件;贤人会议专门审判贵族案件,属于中央法院,由民众大会演变而来,成员主要包括高级教士和大贵族,贤人会议的效力至高无上,即使是国王也要遵守。

各个法院的诉讼程序基本相同,原告受到损害时,可以向法官提出诉讼请求,法官决定审判的日期和地点,原告负责将被告传唤到庭。在庭上,原告应先宣誓自己的指控是真实的,然后进行陈述。被告针对原告的指控,也应先宣誓再陈述,如果被告不进行陈述或者沉默,则会被判为败诉,届时任何人都可以杀死被告。同古日耳曼的宣誓一样,盎格鲁—撒克逊时期的宣誓也可以辅助宣誓。判断有罪无罪的方式也是神判方式,包括铁火审、水审、食审等。如克里斯托弗·希伯特在《罪恶之源》中所描述的:“仪式开始之前,在教堂中间会点一把火,再由一名牧师端进来一大碗水和绑带。所有旁观者必须禁食,且在头天晚上与妻子分床,然后悄悄来到教堂,并在教堂里分成两排坐下来。碗里的水煮开时,除了水和面包、盐和草药外,已经三天没有进食,但每天还得参加弥撒活动的疑犯,就朝那堆火走去。牧师会将疑犯的双臂绑起来,旁观者就齐声颂祷,愿上帝将一切真情揭示出来。煮开的水底下是一块石头,如果这人只需经一次考验,则他只需将手浸及齐手腕深的开水就行;如果要经历三重考验,则需将手臂深入到沸水中,直到齐胳膊的地方,然后捞起那块石头。三天后,绑带要打开,如果有烫伤,则被视为有罪证据。”①这就是水审中的热水审。

第三节 纠问式诉讼模式和审判

一、纠问式诉讼模式概述

纠问式诉讼又叫“审问式诉讼”,是指在封建专制政体下,无论受害人是否提起控告,司法机关都可以根据职权主动进行追究和审判的诉讼模式。② 纠问式诉讼模式的萌芽于古罗马帝国时期,古罗马在王政时期、共和时期和帝国时期早期实行弹劾式诉讼模式,私人决定着诉讼的启动和推进,国家公权力不会主动追究犯罪。随着王权的加强,统治者意识到犯罪也是对社会秩序的破坏,也会影响自身的统治,为了打击犯罪,维护统治,国家介入对犯罪行为进行追究。在古罗马帝国时期,322 年,国王康士坦丁大帝颁布法令,废除了之前古罗马帝国实行已久的弹劾式诉讼模式,规定在受理案件后,法官通知被告出庭,被告如果违抗将会受到惩罚。在由元首管辖的行政区域里,行政长官要按照元首的意志进行审判,这标志着纠问式诉讼模式在古罗马帝国的开始。在帝国时期,古罗马有一种告密制度,受害者可以告知犯罪,也可以根据告密指控犯罪,

① [美]理查德·扎克斯:《西方文明的另类历史》,李斯译,海南出版社 2002 年版,第 102 页。
② 参见罗旭南:《纠问式诉讼概念探微》,载《海南大学学报(人文社会科学版)》2005 年第 2 期。

还会得到奖励，帝国的治安机构借此主动侦查。“罗马君主制时期，在普通审判之外，出现了‘非常审判’程序，非常审判的原则是纠问制。一方面，任何一个罗马市民均可以提出控告；另一方面，官员们通过自己所掌握的治安机构主动进行调查。根据君主制发展的一般进程，控告式诉讼制度逐渐衰退，纠问制诉讼制度则蓬勃发展。”①除了古罗马，德国、法国、中国等国家在封建社会时期都实行纠问式诉讼模式。

（一）纠问式诉讼模式的特点

1. 国家主动追究犯罪

弹劾式诉讼模式下，追究犯罪的责任由私人承担，国家并不干预。纠问式诉讼模式下，这一局面发生了逆转，国家只要发现了犯罪，不管是否有私人告诉，就能启动侦查审判。例如，我国唐代“有因风闻（访闻）及现行犯而开始纠问，此时并无原告，由裁判机关兼摄诉追”，“案者，谓风闻官人有罪，未有告言之状，而奉制案。此系关于官吏，但凡人犯因访闻而案问，可无疑问”②。

2. 行政与审判不分，法院职能多元化

纠问式诉讼模式下，行政权和审判权并没有清晰的界限，两者的性质混同，也没有专门区分行使行政权和审判权的机关，这一点在我国尤为明显。例如在古代，县衙既是行政机关又是司法机关，兼行行政和审判职能。而法院则承担起诉和审判之事，集侦查、起诉和审判于一体，到了后期，才出现了专门起诉的机关。例如，法国在 14 世纪设立了检察官，专司侦查和起诉，这是公诉制的雏形。

3. 被告人沦为诉讼客体

在弹劾式诉讼模式中，原告和被告的诉讼地位相同、诉讼权利对等，被告拥有同原告辩论、陈述自己主张和意见、提交证据等权利。但在纠问式诉讼模式下，实行有罪推定，被告一旦被认定为犯罪嫌疑人，在诉讼中只能招认罪状，成为侦查审判的对象，几乎没有任何诉讼权利可言，沦为了诉讼的客体。

① 熊秋红：《刑事辩护论》，法律出版社 1998 年版，第 30 页。

② 戴炎辉：《中国法制史》，台北，三民书局 1979 年版，第 161—163 页。

4. 刑讯逼供合法化

纠问式诉讼模式一个显著的特点是刑讯逼供合法化。刑讯逼供是法官收集证据、获取口供的主要手段,口供被视为最重要的证据形式,有“证据之王”之称。“实体法都具有本身特有的必要的诉讼形式,例如中国法里面一定有笞杖,和中世纪刑法的内容连在一起的诉讼形式一定是拷问。”①

(二)纠问式诉讼模式的历史发展

纠问式诉讼模式比较浓厚的两个地区是亚洲和欧洲,亚洲以中国为代表,欧洲则以法国和德国为代表。在中国,自秦朝建立统一国家开始,纠问式诉讼模式就随着封建王朝的更替一直延续,中间虽有变化,但总体上比较稳定。相较于中国,纠问式诉讼模式在欧洲的发展历程更为曲折,因为其与宗教密不可分,下文就以欧洲的纠问式诉讼模式发展为例,梳理其历史过程。

1. 教会法与纠问式诉讼模式

5 世纪,古罗马帝国衰落,世俗王权势微,罗马主教趁机扩大教会权力。教皇格里高利一世(Gregory)积极推行教会改革,组织城市保卫,大片吞占土地,揽集宗教和军政大权。到 6 世纪末期,“罗马主教已渐渐拥有了中世纪教皇享有的职能,在与君士坦丁堡牧首争夺教会首脑权的斗争中,他不再屈服于拜占庭皇帝而是与之分庭抗礼,中世纪教皇制的权威由此开始显现”②。教会还积极向外扩张,大力兴建修道院,增强教会产业,发展基督教义,这些措施使罗马教会占据了基督教会的领导位置,初步确立了教皇权威。8 世纪,“丕平献土”事件③后,西欧各国纷纷邀请教皇加冕,教会的势力又大大增长并在教会内部建立了教阶制。9—10 世纪,教会开始摆脱世俗王权的控制,教皇尼古拉二世召开的拉特兰会议使教会摆脱世俗权力,10 世纪的克吕尼运动确立了教皇政体。12 世纪末 13 世纪初,教皇英诺森三世将教会的权力推向了顶峰。英诺森

---

① [美]塞缪尔·沃克:《美国警察》,公共安全研究所外警研究室译,群众出版社 1989 年版,第 159 页。

② 胡健:《论奠定中世纪教皇制基础的格里高利一世改革》,载《湖南科技大学学报(社会科学版)》2006 年第 2 期。

③ 法兰克的丕平发动政变,推翻了墨洛温王朝,为了使他的王位合法化,丕平请罗马教皇为他加冕,并把意大利中部的地区送给教皇作为报酬。

三世大力推行改革,他认为:"教皇的权力是上帝直接授予的,因为教皇是耶稣基督的代理人,就连君主都应当位居其之下,并且他们的权力也应当由教皇授予。"[①]1215年,英诺森三世主持召开了第四次拉特兰会议,"整顿了教会纪律,为提高教会地位迈出重要一步"[②]。在此期间,教会还让法学家积极宣传"教权至上"的观念,影响人们的思想,为树立教会至上的权威服务。

中世纪,随着罗马帝国解体和日耳曼国家的建立,教会获得了独立的地位,建立起超越国家和地区的统一的组织体系,实现了教会和国家在政治和司法上的二元治理格局。"在格里高利七世之后,教会具备了近代国家绝大部分特征。"[③]随着基督教在西欧的广泛传播及强大,教会名下的产业也越来越多,教会人员、财产、机构等都需要管理,教会法和教会法庭便应运而生。同时,世俗王权下的法律和司法制度也在不断发展,出现了教会法和普通法并行、教会法庭和普通法庭并存的局面。

关于纠问式的发源,并没有一个确定的说法。"但是认可罗马帝国时期的依职权(ex officio)程序与法兰克王国的纠问式诉讼方式的影响是妥当的。所以,教会法中的纠问程序并不具有完全意义上的原创性,但是纠问式作为一种典型的制度或典型的形态无疑是在教会法中确立的。"[④]9世纪,教会法规定法官不能主动追究犯罪、进行指控。教皇英诺森三世时,以职权为基础的诉讼程序确立起来,"这种由法官作为控诉人的诉讼程序并不是在传承习惯,而是通过立法确立的。"[⑤]1215年,第四次拉特兰会议确立了教会的纠问式诉讼模式,法官真正变成了控诉者。

教会法规定了三种起诉方式:控告、告发和纠问。控告是由弹劾式诉讼流传下来的一种方式,由原告向法官指控被告,承担证明责任。这是一种私人寻求司法救济的途径。告发是由私人或者属于一种隶属于教会的叫作"秘密证人"的人向法官提出的指控。告发人不承担证明责任。"法官如果认为应当追

---

① 周一良、吴于廑主编:《世界通史(中古部分)》,人民出版社1973年版,第186页。

② 王军:《英诺森三世与中世纪"世界教会王国"的形成》,载《北方论丛》1999年第2期。

③ [美]哈罗德·J.伯尔曼:《法律与革命——西方法律传统的形成》,贺卫方等译,中国大百科全书出版社1993年版,第136页。

④ 汪海燕:《刑事诉讼模式的演进》,中国人民公安大学出版社2004年版,第67—68页。

⑤ 王军:《英诺森三世与中世纪"世界教会王国"的形成》,载《北方论丛》1999年第2期。

究被告发人的责任时,他就成为了起诉人依照职权提起诉讼。”[①]纠问就是由法官主动发起的指控,当法官认为某种犯罪是由确定的对象引起时,就可以启动程序,将犯罪嫌疑人拘捕起来,收集证据。法官集侦查、起诉和审判于一体。这是典型的纠问式诉讼。

2. 普通法与纠问式诉讼模式

教会法深深影响了普通法,使其向纠问式诉讼模式转变。到了13世纪,欧洲法院开始由国家指控犯罪。到了14世纪,这种诉讼模式已经有了深远的发展,但此时弹劾式诉讼依然存在,两个诉讼模式并存发挥作用。“对于在社区内所犯的一系列重罪,例如谋杀或者是烧毁房屋、财产,或者是在公路上打劫,掠夺教堂或船只,以及其他的重罪,法官就有义务让该社区的人就与此相关的事项发誓,男人、女人、小孩以及仆人,只要他能够起誓,命令他们说出发案时晚上或白天的他们所在地点。如果法官发现住在某个房子的人是变动的,法官就可以逮捕他;如果发现来自其他地方的人可疑,就有权根据习惯法对他提起诉讼。”“如果法官发现某个男人或女人由于暴力流血,他也可以而且应当提起诉讼。”[②]

普通法全面转向纠问式诉讼模式的重要标志就是14世纪检察制度的建立。检察官在弹劾式诉讼模式中就存在,但当时只是作为国王的代理人或者代表参加诉讼,代替国王管理特定的诉讼,收取罚款或者没收财产,并无权独立处理诉讼事务,也不能指控犯罪。教会法规定法官根据受害人的指控发动侦查,这种指控者的角色后来由检察官取而代之。在法国,12世纪末,国王为了自身利益,设置了代理人的职位。代理人不仅可以代理国王事务,还可以代理国王发动诉讼。13世纪中叶,代理人权限扩大,不仅能提起民事诉讼,还能在一定条件下发起刑事诉讼。14世纪,巴黎建立“巴利门”(parlement),正式设立检察官。检察官的职能之一就是以国家公诉人的身份追查犯罪,批准起诉,参加审讯并指导诉讼。[③]

---

① [美]哈罗德·J. 伯尔曼:《法律与革命——西方法律传统的形成》,贺卫方等译,中国大百科全书出版社1993年版,第136页。

② A. Esmein, *A History of Continental Criminal Procedure*, trans by John Simpson, Little Brown and Company, 1913, p. 105. 转引自汪海燕:《刑事诉讼模式的演进》,中国人民公安大学出版社2004年版,第79页。

③ 参见李洪欣:《法国检察制度初探》,载《外国法制史研究》1990年(辑刊),第283页。

在纠问式诉讼模式全面确立的过程中,普通法典或法令起到了至关重要的作用。德国1532年的《加洛林纳法典》规定了国家控诉的制度。纠问式程序适用于比较严重的犯罪案件,法官发现或者受理指控后,可以羁押犯罪嫌疑人,进行侦查,询问犯罪嫌疑人,其目的就是让犯罪嫌疑人认罪。[①] 法国1498年路易十二确立纠问式诉讼制度的敕令规定了刑事诉讼普通程序和特别程序,检察官和法官相互配合。根据犯罪信息逮捕并传唤犯罪嫌疑人,法官、执事、助理官有权讯问犯罪嫌疑人。如果有必要,可以慎重地动用刑讯。1539年的维莱科特雷敕令更带有纠问式诉讼的色彩。首先,检察官的职能扩大了,检察官既可以起诉又可以向法官提出调查申请参与调查。法官掌握的犯罪信息和调查资料要以书面形式转交给检察官,检察官根据资料作出判断,法官视案件情况决定是否传唤被告人出庭。其次,被告人的诉讼地位边缘化。法官询问被告人,如果被告人认罪,则会被转移给检察官。如果被告人不认罪,其可能面临被刑讯的危险,且其没有表达意见的权利。最后,高羁押率和秘密判决。除了比较轻微和适用普通程序的案件外,被告人可以取保,其他案件的被告人都要被羁押起来。法院的判决也并不公开,而是在法院的守卫室向被告人宣判。这样,被告人就沦为诉讼的客体和工具。法国1670年路易十四关于刑事法律的敕令则进一步强化了纠问式诉讼模式,使这一模式趋于成熟。该敕令从多方面对纠问式诉讼模式加以完善,如证人单独秘密作证的规定,对犯罪情报的监听,法官对被告人进行秘密讯问,禁止被告人获得辩护帮助,将刑讯分为一般刑讯和特别刑讯,可以对被告人进行无期限的调查等。

二、纠问式诉讼模式的审判

(一)古代中国的纠问式审判

纠问式诉讼模式的一个特点是刑讯合法化,由于法官司职侦查和审判,刑讯作为一种侦查手段又具有些许审判的性质,因此刑讯获取的口供就是对被告

---

① 参见[德]克劳斯·罗科信:《刑事诉讼法》,吴丽琪译,法律出版社2003年版,第619页。

人定罪的证据。刑讯可以是审判的一个前置程序,也可以是审判的一个内置程序,是审判程序不可分割的一个部分。有基于此,在介绍纠问式诉讼模式的审判程序时,本书将有代表性朝代的刑讯制度也作一介绍。

1. 刑讯制度

秦朝时的法律已经有了刑讯的规定。《秦简·封诊式·治狱》载道:“凡讯狱,比先尽听其言而书之,各展其辞,虽智其訑,毋庸辄诘。其辞已尽书而毋解,乃以诘者诘之。诘之有尽听书其解辞,有视其它毋解者以复诘之。诘之极而数訑,更言不服,其律当治谅者,乃治谅。治谅之必书曰:爰书:以某数更言,毋解辞,治讯某。”[①]这其中的意思是,对被告人审讯时,应让被告人供述并记录,对有疑问的问题可以发问。对于多次虚假供述、改变口供、不认罪,应当刑讯并记录原因。秦朝最著名的刑讯实例应是李斯案,李斯被赵高污蔑谋反入狱,受尽折磨,“赵高治斯,榜掠千余”,结果李斯屈打成招,最后被腰斩。秦朝的刑讯有法定条件,只有前述几种情况出现时才可以刑讯,且刑讯的对象只能是犯罪嫌疑人,不论身份贵贱。但对于刑讯的方法、程度及刑具等并没有作出详细规定,导致刑讯被滥用。

唐朝为中华法系集大成者,唐朝的刑讯实现了系统化和法律化,对以后的朝代影响很大,后朝的刑讯制度基本上都是沿袭唐朝。唐朝的刑讯有具体的原则和程序,“诸鞫狱者,皆须依所告状鞫之,若于本状之外,别求他罪者,以故入人罪论”[②]。意即必须按照罪状的范围审讯犯罪嫌疑人,而不得自行添加罪名。再者还要严格适用刑讯,《唐律·断狱》规定:“诸应讯囚者必先以情,审察辞理,反覆参验,犹未能决,事须讯问者,立案同判,然后拷讯,违者杖六十。”法官要认真审查犯罪嫌疑人的口供,不能确定真伪的,才允许使用刑讯。并且要在诉讼文书上注明刑讯原因,经过主管官员同意后,方能刑讯。刑讯时也有回避制度,如《唐六典·刑部》规定:“诸鞫狱官与被鞫人有亲属仇嫌者,皆听更之。”《唐令拾遗》记载:“拷囚及行决罚者,皆不得中易人。”审讯的官员如果同犯罪嫌疑人有亲属仇恨的,不能实施刑讯。负责刑讯的人不得中途更换。唐朝还规

---

① 睡虎地秦墓竹简整理小组编:《睡虎地秦墓竹简》,文物出版社1990年版,第147页。

② 《唐律·断狱》“依告状鞫狱”条。

定了不适用刑讯的情形,《唐律·断狱》规定:“若赃状露验,理不可疑,虽不承引,即据状断之。若事已经赦,虽须追究,并不合拷。”一是赃物已查获,证据和事情都清楚无疑,可直接定罪;二是虽犯罪但已经被赦免,不用刑讯。不适用刑讯的对象包括“诸应议、请、减,若年七十以上,十五以下及废疾者”及孕妇、产妇和有疮病的囚犯,即不能对享有“议”“请”“减”特权的权贵和亲属等刑讯,还不能对七十岁以上十五岁以下的人刑讯,也不能对一肢残废、腰脊骨折断、智力障碍、哑巴、侏儒等“废疾”者,以及孕妇、产妇、有疾病的犯罪嫌疑人刑讯。① 在对刑具和刑讯部位上,唐朝作了明确统一的规定。唐朝刑讯的工具统一为“讯杖”,“诸杖皆削去节目。长三尺五寸,讯囚杖大头径三分二厘、小头二分二厘”②。对于刑讯的位置,规定:“决笞者腿、臀分受,决杖者背、腿、臀分受,须数等。拷讯者亦同。笞以下愿背、腿分受者,听。”③唐朝对于刑讯的具体问题,如次数、间隔以及滥用刑讯等作了规定。《唐律疏议·断狱》规定:“诸拷囚不得过三度,数总不得过二百,杖罪以下不得过所犯之数。……若拷过三度及杖外以他法拷掠者,杖一百;杖数过者,反坐所剩;以故致死者,徒二年。”这是说刑讯不得超过三次,总数不能超过两百杖,杖数不得超过所犯的罪罚,违反此规定的,也要受惩罚。唐朝还规定了刑讯原告、证人的制度,如“诸拷囚限满而不首者,反拷告人。其被杀、被盗家人及亲属告者,不反拷。被水火损败者,亦同。拷满不首,取保并放。违者,以故失论”④。如果犯罪嫌疑人被刑讯后还是不肯招供,就要反过来按照同样的标准刑讯原告或者证人,如果原告也不招认,则被释放。但是,被杀、被盗以及亲属告者,不反讯。家里被人放水和放火的也同样不反讯。

2. 审判程序

中国封建社会时期一直采用纠问式诉讼模式,大致的审判程序可以梳理为告诉、传唤、辨告、审讯、判决。

告诉是诉讼活动的起点,告诉可以分为自首、起诉和告发。自首是自己犯

---

① 参见姜小川:《中国古代刑讯制度及其评析》,载《证据科学》2009年第5期。
② 刘俊文:《唐律疏议笺解》,中华书局1996年版,第482页。
③ 刘俊文:《唐律疏议笺解》,中华书局1996年版,第482页。
④ 《唐律·断狱》“拷囚限满不首”条。

罪后投案,起诉是自己受到伤害后到官府提起指控,告发则是揭发他人犯罪。起诉的方式有口头和书面两种,起初多为口头方式,后来以书面起诉为主,在一些紧急情况下允许口头起诉,称为“喊禀”,这里的口头并不限于字面上的用言语起诉,还包括其他的非言语形式,如一些官府的门口摆放着大鼓、铜锣等,民众起诉的时候可以击鼓鸣冤。书面起诉则是采用书状的形式,所以现在民间称诉讼为“告状”。至于告发,则是与起诉相似的告诉,告发采用书面形式,必须写上告发人的姓名,不能匿名,否则将追究责任。例如,《晋书·刑法志》对此“投书弃市之科”,要判死罪。官府受理告诉后就要传唤犯罪嫌疑人到庭受审。传唤在各个朝代的叫法也不尽相同,秦简《封珍式》中有“告子”之说,意即传唤。唐代是发“帖子”,并制作成“牒”存档。宋以后就称之为“传”,强制性的传唤叫“勾摄”。明朝地方官府要用“勾票”或“传票”传唤犯罪嫌疑人,紧急情况下来不及签发的,则用“火签”(红色的竹签)。[①] 传唤犯罪嫌疑人到庭后,对于重罪的嫌疑人要予以关押等候审判,关押场所就叫做“监”或“狱”。在关押之后,官府并不会直接审讯,而是要进行一些审前程序。秦汉时,在审讯前要向犯罪嫌疑人和证人宣讲一些法律知识,让其明白诉讼的基本程序,接受他们的陈述,这种程序叫作“辨告”。《汉书·高帝记》记载“吏以文法教训辨告,勿笞辱”。到唐朝时,辨告变为“三审”,即三次预审。除了紧急情况外,在审讯之前要对犯罪嫌疑人进行三次预审,每次隔日进行。辨告主要是为了防止滥诉滥告,保证官府不受干扰。元明清时期,辩告制度便不再存在,这与当朝者强调官员亲自进行审讯有关。[②] 案件进入审讯阶段时,正式的审判就开始了。法官主持审讯,称为“鞫问”或“推勘”,可以询问双方当事人,当事人要如实回答,否则可能会遭到刑讯。当事人双方在庭上争辩会被视为“咆哮公堂”,要予以禁止。法官运用“五听”的方法审判。五听产生于西周时期,《周礼·秋官·小司寇》记载:“以五声听狱讼,求民情,一曰辞听;二曰色听;三曰气听;四曰耳听;五曰目听。”所谓五听,即辞听(当事人的说话状况)、色听(当事人的神情)、气听(当事人的气息)、耳听(当事人的听觉反应)、目听(当事人的视觉),强调从五

① 参见郭建等:《中国法制史》,上海人民出版社2006年版,第397页。
② 参见郭建等:《中国法制史》,上海人民出版社2006年版,第408页。

个方面观察当事人的心理状态，以此判断其是否如实供述，进而推断其有罪或者无罪。五听的审讯方法对中国审判影响很大，成为以后各朝代主要的断案手段。法官审讯后，根据证据、法律以及自己的判断作出最后的裁判。裁判以书面为主，由于史料缺失，对于唐朝以前的书面裁判形式不甚了解。唐朝的书面裁判“全部都是引经据典、堆砌词藻的四六骈俪文，司法方面的判决没有对于诉讼事实的全面概述，也没有对于使用法律的解释”[①]。宋朝的书面裁判则比较松散，口语化加强。明朝仿效唐朝，在裁判中概述案件事实，对事实作法律和道德上的评价，最后附上判决的罪名和刑罚。清朝仿效宋朝，裁判书多为散文体，内容与明朝相似。

（二）古代欧洲的纠问式审判

1. 教会法庭的纠问式审判

教会法庭起初实行神判制度，相信超自然能力和神的存在。后来，教会法学家认为，诸如宣誓、决斗这些方式都是迷信和巫术的象征，主张在审判中用理性和良心抵制这些方式。教会发展了用科学方法调查事实的方法，要求法官用理性和良心判案，要对当事人和证人进行讯问，去发现“罪犯本人或许都不知道，或由于羞耻而试图隐瞒的情况”[②]。1215年的拉特兰会议禁止教士参与神明裁判，终结了教会法庭的神判历史，成为刑讯的开端。刑讯的适用情形是犯罪嫌疑明显却又缺乏确实有效的证据，13世纪，纠问式审判在教会法庭逐渐得到推广，刑讯也随之越来越普遍。刑讯也适用于审理信仰异端或涉及巫术的案件，对于异端罪犯常在刑讯审判房进行审判。关于刑讯的方式，“体刑折磨主要有鞭打、水刑、烙印、火煎刑、倒吊刑、拷问台，或者是将犯人单独囚禁在暗无天日的狭窄地窖中。一般比较常用有效的方式是将嫌疑犯押入地窖中并延长折磨时间”[③]。

教会法庭的审判程序包括告发、传唤、审讯、判决。告发是教会法庭审判程序的开始，由私人和教会的秘密证人向法庭提出告诉，或者法官认为有确定的

---

① 郭建等：《中国法制史》，上海人民出版社2006年版，第415页。

② 汪海燕：《刑事诉讼模式的演进》，中国人民公安大学出版社2004年版，第42页。

③ 吴雯雯：《宗教裁判所的纠问式司法审判程序》，载《首都师范大学学报》2005年S1。

犯罪嫌疑人犯罪而以职权主动追诉，告发并不要求告发的私人或者秘密证人承担证明责任。告发主体的范围比较广泛，"哪怕简略地观察一下宗教裁判所的记录就能看出向法庭提出指控的大都是些普通人、邻居、旅游同伴及熟人"①。告发之后，法庭官员会先收集证据，当证据充分时，会将犯罪嫌疑人逮捕羁押起来，事实上，即使没有充足的证据，犯罪嫌疑人也会被逮捕。羁押的场所有专门的教会监狱、修道院以及普通监狱。监狱环境很恶劣，如有记载被羁押的犯罪嫌疑人的陈述："我正在被跳蚤活活吞噬，我的长裤已经绽裂，除了一件破旧衬衫之外，我无衣可换，再也没有可以洗涤的衣服了。"②这样做是为了给犯罪嫌疑人以精神折磨，迫使其供述。教皇克莱门特五世曾说："除酷刑折磨之外，囚禁条件之苦，无床可睡，缺少食品也都能轻易迫使囚犯招供。"③羁押后，犯罪嫌疑人会被传唤到法庭上，法官会给出一个指控的副本，让犯罪嫌疑人了解指控，犯罪嫌疑人可以对指控和证言进行辩解。之后，教会法庭会根据调查及问讯的情况决定是否释放犯罪嫌疑人。如果认为犯罪嫌疑人有罪，则会进入审讯程序。审讯前，法官会和被告人谈话，了解相关情况，如被告人为什么会被指控为异端犯罪，有无皈依教会的可能等。审讯开始后，被告人要首先发誓，承诺如实回答法官的问题。如果被告人拒绝发誓，则会被直接定罪。如果被告人承认犯罪，罪名也会直接成立，且以后不能再辩解或翻供。法官主导审讯的进程，可以向证人和被告人发问，也可以决定是否对被告人刑讯。虽然可以刑讯，但刑讯并不会被滥用，刑讯前法官会采取一些其他的高压手段迫使被告人屈服认罪。刑讯在专门的刑讯室进行，主要方式有拷打、火刑、水刑等。审讯之后，法官根据被告人的认罪情况进行判决。被告人认罪的，要抛弃之前的异端信仰，进行忏悔，服从教会；被告人拒绝认罪的，会被开除出教会，交给世俗法庭处理。整个审讯过程是秘密进行的，只有法官、证人、承担记录工作的修士在场。而判决则是公开的，以便提高威慑力，让人们服从教会的权威。

---

① Henry Kamen, *The Spanish Inquisition*: *A Historical Revision*, Yale University Press, 1977, p. 45.

② ［奥］施蒂芬·茨威格：《良心反对暴力》，张全岳译，作家出版社2001年版，第96页。

③ Henry Charles Lea, *A History of the Inquisition of the Middle Ages*, Vol. I, Create Space Independent Publishing Platform, p. 421(2016).

2. 世俗法庭的纠问式审判

在弹劾式模式向纠问式模式转变的过程中，世俗法庭受到教会法庭的巨大影响，在审判的形式上，与教会法庭的审判相近，其审判程序大致可以分为告发、调查、审讯、判决。

在世俗法庭中，弹劾式诉讼和纠问式诉讼的分界并不是泾渭分明的，即使是在纠问式模式确立后的很长一段时间内，也能在世俗法庭的审判中找到弹劾式模式的影子，世俗法庭的告发程序就体现出这种特点。弹劾式诉讼由私人指控启动。在纠问式模式中，私人也可以向法庭指控犯罪，并要逮捕送押被指控人。由于这种方式要耗用指控人大量的力量并承担反坐的风险，所以在纠问式模式的后期，私人指控逐渐消亡，被告发取代。告发是当事人仅向法院告发，并提供证人，而将后续程序是否进行的权力交给法庭。法庭在接到告发后，要进行调查，决定是否对犯罪嫌疑人进行审讯。在审讯时，当事人可以向法庭要求传唤自己的证人，证人同样也要接受法庭的讯问。当事人还可以聘任代理人，代理人可以在审讯时公开辩论。随着纠问式模式的不断加深，刑讯在世俗法庭上应用的程度愈加严重，特别是对于一些性质比较严重的犯罪。“如果根据强有力的推定，某人犯了罪，法官就可以而且应当根据这个人的体质实行刑讯，因为每个人的身体素质是不一样的，但是法官一定要注意不能将被告致死或致残，如果这样，法官或其下属就要承担法律责任；法官也不能用火，因为国王禁止这么做。如果第一次被告人什么也不说或者不承认罪行，法官第二天应当继续；如果是案件的需要并且犯人意志力坚强的话，应当进行第三次、第四次。”①此外，证人的证言对被告人也不再公开，这是为了防止被告人加害证人。如果被告人在刑讯后仍然不认罪，法庭不会立即释放被告人，而是要等待一段时间，观察是否有人揭发被告人。没有人揭发的，法庭会释放被告人，很显然这是一种有罪推定的做法。

---

① A. Esmein, *A History of Continental Criminal Procedure*, traslated by John Simpson, Little Brown and Company, 1913, p. 128. 转引自汪海燕：《刑事诉讼模式的演进》，中国人民公安大学出版社 2004 年版，第 87—88 页。

第四节 职权主义诉讼模式和审判

纠问式诉讼是与封建国家加强国家控制、维护统治相一致的，虽然在审判时伴随着刑讯等野蛮的制度，但总体上还是与早期封建社会的发展相匹配的，推进了历史进程。随着生产力的发展以及生产关系的改变，纠问式诉讼的弊端不断显现，刑讯的专横使被告人沦为诉讼的客体，辩护权无以行使，与在社会大众中勃兴的自由平等观念产生了激烈的冲突。法定证据制度的机械僵化，严重限制了法官的个人能力，与盛行的理性科学之风格格不入。这些问题的存在使得刑事诉讼缓解社会矛盾的功能大打折扣，反过来又制造了新的矛盾。在欧洲大陆，资本主义的发展掘开了纠问式诉讼的坟墓，在资产阶级革命胜利后，职权式诉讼取代纠问式诉讼并发展至今，成为欧洲大陆占统治地位的诉讼模式，这其中又以法国和德国为代表。笔者将以法国和德国为主要介绍对象来评析职权主义诉讼。

一、职权主义诉讼模式概述

（一）职权主义诉讼的含义与特点

职权主义诉讼又称"审问主义诉讼"，是指"以法官为中心，强调法官的主导地位，而不提倡控辩双方在审判中的积极性的一种审判模式"①。职权主义诉讼在纠问式诉讼的基础上发展而来，但和纠问式诉讼有着本质的区别，"二者的语境有明显的不同，前者是对近现代法治国家刑事诉讼模式的概括，而后者是与封建社会专制集权国家相适应的一种诉讼模式"②。"职权"主要是指法官在审判活动中的地位写照，欧洲大陆法系国家特别重视法官在审判活动中的作用，鼓励法官充分发挥其专业知识的优势，在审判中做到积极主动，主导诉讼进程。法官作出裁判需要认定案件事实和正确适用法律，而认定事实需要足够

① 樊崇义主编：《刑事诉讼法学》，中国政法大学出版社 1999 年版，第 323 页。

② 汪海燕：《刑事诉讼模式的演进》，中国人民公安大学出版社 2004 年版，第 15 页。

的证据支持,所以要赋予法官收集调查证据的能力。控辩双方由于自身职能和诉讼目的不同,对于同一案件事实和法律适用有着不同的侧重,并不利于诉讼朝着同一方向行进。而法官居于中立地位,可以客观地审查证据、看待争议,所以加强法官的地位是保证诉讼真实公正的一个重要手段和目的。在职权主义诉讼中,法官是一个鲜明的代表符号。职权主义诉讼的重要目的是惩罚犯罪,犯罪被认为是危害国家秩序和稳定的重要因素,国家应该全力遏制犯罪。从历史传统来看,欧洲大陆法系国家有着深厚的封建集权专制历史,国家权力强大,能够渗入社会的各个层面。长期实行的纠问式诉讼培植了公权力主导诉讼的司法文化,从发起诉讼到终结诉讼,国家的影子无处不在,私人对诉讼的影响力极弱。依靠私人惩罚犯罪的效果和观念一直都不强,所以惩罚犯罪的重任要交给国家。在刑事诉讼中,审判是惩罚犯罪的最重要形式,所以审判中的国家职能体现就是加强法官的权责,赋予法官主导诉讼的能力,同时抑制控辩双方对诉讼的顺利进行制造障碍的可能性,将控辩职能的发挥置于法官的主导之下。这种做法明显削弱了控辩双方推动诉讼的力量,甚至损害了被告人的辩护权,但却能保证诉讼按照统一的方向展开,客观上能够达到惩罚犯罪的目的。

作为由国家公权力占主导地位的诉讼模式,职权主义诉讼具有以下特点:

(1)在侦查阶段,侦查机关享有很大的侦查权,犯罪嫌疑人没有侦查权,只有部分防御权利。侦查机关是侦查的主体,为了侦查犯罪而享有诸多权力。侦查机关可以对犯罪嫌疑人采取强制性措施,如拘传、拘留、逮捕等,以防止犯罪嫌疑人逃避侦查、妨碍诉讼;还可以采取普通的侦查手段如讯问、搜查、勘验、鉴定等收集证据。在一些特殊案件中或在紧急情况下,侦查机关还可以采取特殊的秘密侦查手段如监听、监控、邮件检查等侦破特定的案件。而相较于侦查机关拥有的以上侦查权力,犯罪嫌疑人的权利薄弱得多。作为被怀疑犯罪的人,犯罪嫌疑人要忍受自己的部分权利被抑制,并配合侦查机关侦查,这是一项公民义务。为保证公民履行义务时不遭受利益上的非法侵害,国家要赋予公民必要的防御权利。在职权主义诉讼中,侦查犯罪是国家的事务,犯罪嫌疑人不可能享有侦查权,但其拥有自己收集对己有利的证据来反驳不利证据的权利,还享有抗辩侦查机关不当行为的申诉权。最重要的是,犯罪嫌疑人拥有辩护权,可以亲自或者委托辩护人为自己辩护,提出自己的意见和主张。这些都是积极性的防御权，当犯罪嫌疑人被羁押时，积极性的权利行使不再方便，便要求低限度的权利保障其利益，这时就有了沉默权。沉默权不是一种扩张的权利，它只是保护犯罪嫌疑人不说话或不配合侦查机关时不会招致诉讼利益上的损失。

(2)在起诉阶段，实行职权主义诉讼的大陆法系国家一般由国家负责起诉，对于一些轻微的刑事案件，被害人也可以起诉，但主要还是以公诉为主。检察机关负责起诉，检察官对警察收集的证据进行审查后，决定起诉与否。只要证明犯罪的证据充分，检察官就必须起诉。在一些特殊的法定情形下，检察官才拥有不起诉的自由裁量权，这就是起诉法定原则。① 在起诉阶段，检察官也能收集证据，但要客观全面地收集证据，不仅要收集对犯罪嫌疑人不利的证据，还要收集对犯罪嫌疑人有利的证据。在审查证据之后，决定提起公诉的，要向法院提交书面的起诉书，一并将证据和案卷材料提交，这是卷宗移送主义。②由国家负责起诉，可以避免因个人能力不足而不能寻求司法救济的问题，能够及时将犯罪纳入国家追责的轨道中。同时，赋予个人对轻微案件的起诉权，可以减轻检察机关的起诉压力，集中精力在性质比较严重的刑事案件上。实行起诉法定原则，可以防止发生检察官徇私舞弊之风险，但过于机械的强制要求并不利于节省司法资源，随着案件数量的增加，尤其是轻微刑事案件的增多，让这些案件完整地走完整个诉讼程序并没有必要，司法效率会受到影响。提起诉讼时向法院全卷移送证据和案卷材料，一方面能够起到固定证据的作用，另一方面也能让法官全面了解案情和证据，更好地把握审判。但同时，全卷移送证据和案卷材料也有让法官产生预断，忽视审判的作用而使审判流于形式的风险。为此，审查证据和负责审判的法官应当不唯一。

(3)在审判阶段，法官主导审判程序，对审判进程的影响是全局性的。法官可以询问证人，讯问被告人，向鉴定人咨询，向控辩双方展示证据，控制辩论的范围，决定证据的取舍。法官并不单单受提交给法院的证据的束缚，为了查明案件事实，法官还可以根据审判的情况依职权自主调查证据，法官调查证据

---

① 《德国刑事诉讼法典》第152条第2款规定："除法律另有规定外，在有足够的事实根据时，检察院负有对所有的可予以追究的犯罪行为作出行动的义务。"

② 《德国刑事诉讼法典》第119条第2项规定，检察官和警察侦查完成后，检察官如提起公诉，则应将起诉书和案卷材料一并移送管辖法院。

的方式也是多样的。[1] 在庭审调查阶段，检察官可以向被告人发问，但必须经过法官的许可，检察官出示的证据也要由法官查阅后交给被告人。对于被告人同样如此，被告人申请新的证据或者证人，要得到法官的许可。在庭审的辩论阶段，主要由控辩双方对于案件事实、证据和法律适用展开辩论，法官并不是袖手旁观，也不是无所事事，而要高度集中精力听取各方意见，及时制止不必要的争论，控制辩论的方向和范围。在辩论结束后，法官听取被告人的最后陈述，根据庭审情况作出内心确信，产生判决。让法官而不是控辩双方主导审判进程，是以大陆法系国家强有力的国家权力为基础的，强大的侦查能力能够为案件收集充分的证据，强大的审查起诉能力让大部分刑事案件由国家负责起诉，与此相衔接的审判必须由与之匹配的强力呼应。审判是一种高难度的司法竞技活动，必须让专业的人负责和运作，否则运转不灵或者运转失误便会造成社会关系的二次破裂，使之前侦查和起诉阶段的各种努力付之东流。法官是具备专业法律知识和司法经验的人，处在中立的位置，没有普通被告人对专业的不了解而不知所从的担心，也不会因为诉讼利益的牵绊而丧失公允，由其主导审判，可以在感性和理性上大大减少司法无知和偏颇带来的风险。

（二）职权主义诉讼的历史发展

1. 职权主义诉讼在法国

法国由纠问式诉讼到职权主义诉讼经历了很长的过程，这其中影响最大的两个因素是启蒙运动和资产阶级革命。

启蒙运动（The Enlightenment），一般是指发生在 17 世纪至 18 世纪法国资产阶级大革命之间的文化运动。当时的法国还处于封建社会时期，教会和世俗王权共同控制着国家。国王、封建领主、教会相互勾结，推行专制，迫害进步人士，剥削劳动人民，国家腐败不堪。17 世纪下半叶，国王路易十四在位时法国的封建专制达到了顶峰。路易十四自称太阳王，其统治下的波旁王朝盛极一

---

[1] 《法国刑事诉讼法典》第 310 条规定：“审判长享有自由裁量权，可以凭自己的荣誉和良心，采取自己认为有助于查明真相的任何措施。……在审理过程中，如有必要，他可以以传票传唤并听取任何人的陈述，或者根据庭上审查发展情况，提调任何他认为有助于查明案件真相的证据。”转引自章礼明：《传唤证人责任的分配机制研究》，载《人民检察》2007 年第 19 期。

时。路易十四酷爱战争,在其统治晚期,频繁的战争耗空了法国的国库。国内也矛盾重重,民众赋税严重,官僚腐败,国力下降。与此同时,法国的资产阶级力量不断增长,18 世纪时,随着生产力的发展,资产阶级成为法国一支强大的社会力量。资产阶级的进一步发展需要广阔的市场、自由的政策以及丰厚的财政支持,但法国国内的状况却严重束缚了他们。资产阶级在经济上承受着高税率,政治上受到教会和王权的压迫,这促使他们寻求改变。他们以文化为突破口,开始向封建专制发起冲击,于是轰轰烈烈的启蒙运动便蓬勃开展起来。启蒙运动时期,出现了很多思想家,他们的学说和主张撼动了专制思想,为职权主义诉讼在法国的建立奠定了基础。孟德斯鸠针对封建专制制度进行了猛烈抨击,他对专制下法律的虚无尤其不满,指责说:“专制政体是既无法律又无规章,由单独一个人按照一己的意志与反复无常的性情领导一切。”[①]卢梭也认为封建制度“使人类屈辱并使‘人’这个名称丧失尊严的、既罪恶而又荒谬的政治制度”[②],并指出“暴君可以不是专制主,但专制主则永远都是暴君”[③]。对于当时的纠问式诉讼,思想家们也纷纷声讨,认为其巩固了专制统治,侵犯了人权。贝卡里亚对于秘密审判作出了这样的反对:“让判决公开;让犯罪证据公开,让唯一能进行社会控制的大众意见公开,只有它才能限制暴力与激进;这样人民会说:我们不是奴隶,我们受到保护。”[④]而伏尔泰则直言刑讯制度是“恐怖”的,主张废除刑讯和法定证据制度。

启蒙运动为法国的资产阶级革命做了深刻的思想动员,1789 年,在三级会议上,改革派提出公开诉讼程序,允许被告人聘请律师,彻底废除刑讯制度,撤销特别法庭等主张。不久,这些主张付诸在立法上。1789 年 8 月,法国废除了封建领主法庭,同年 10 月,法律赋予被告人以律师帮助权和指定辩护权,被告人在接受讯问的时候无须宣誓,被告人可以提出对己有利的证人,对不利于自己的证人提出质疑和理由,被告人的辩护律师还可以查阅相关的程序材料。更重要的是,刑讯制度被废除,庭审公开。这标志着纠问式诉讼开始土崩瓦解。

---

① [法]孟德斯鸠:《论法的精神》(上册),张雁深译,商务印书馆 1961 年版,第 8 页。
② [法]卢梭:《社会契约论》,何兆武译,商务印书馆 1980 年版,第 125 页。
③ [法]卢梭:《社会契约论》,何兆武译,商务印书馆 1980 年版,第 116 页。
④ [意]贝卡里亚:《论犯罪与刑罚》,黄风译,中国大百科全书出版社 1993 年版,第 20 页。

1791 年，法国又仿效英国建立了陪审团制度和自由心证制度，进一步废除了法定证据制度，封建时期的纠问式诉讼的色彩在法国至少在法律层面上已经失去踪影。以上改革其实是法国向同时期的英国学习的结果，当时的英国已经实行当事人主义诉讼模式，从这点看法国的改革力度还是很大的，但是这种改革没有考虑到法国实际的政治、文化、历史传统，实行后有些"水土不服"，改革的果实也没有保存多长时间。1794 年热月政变后，改革的步伐放缓。1801 年，共和国法律规定预先调查案件的法官也能参与审判，这就削弱了审判公开的作用。同时将大陪审团的言词审理变为书面审理。1811 年的《法国重罪审理法典》进一步削弱了法国的当事人主义诉讼，法典确立了一个非常重要的原则——职权分离原则，将追诉权、预审权分别交给检察机关和预审法官行使，预审后，轻罪法庭合议庭作出双方追诉的决定。由于预审法官也是合议庭的成员，预审法官的主导作用逐渐得以凸显，这种规定大大改变了诉讼的结构，具有非常浓厚的职权主义色彩。另外，陪审团制度也在法国经历了坎坷的发展，随着陪审团在实践中的落实，法国人觉得陪审团制度并不适合法国，对此又展开了长期的争论。1941 年，法国取消了重罪陪审团。至此，职权主义诉讼在法国得以全面确立并一直发展至今。

2. 职权主义诉讼在德国

德国由纠问式诉讼模式向职权主义诉讼模式转变的过程与法国相似，受到启蒙运动的影响。1740 年，普鲁士腓特烈二世废除了刑讯制度，但总体上这时的普鲁士仍然实行纠问式诉讼模式。拿破仑征服欧洲后，摧毁了所征服地区的封建制度，将法国的一系列制度带到了这些地区。拿破仑时期制定的刑事诉讼法典就被推广到德国。法典改变了旧普鲁士的秘密审判，使德国的诉讼模式向职权主义迈进。1848 年的欧洲革命使得德国的诉讼模式再次发生巨大变化，此次欧洲革命的主题是反抗压迫、自由平等，在这样的思想感召下，德国的刑事诉讼朝着自由民主化演变。在同年召开的法兰克福国民大会上，对诉讼的改革成为议案的重要内容。议案建议司法要独立，建立陪审团制度，起诉必须以告诉为基础，审判要公开。这些提议都被接纳，德国的一些州据此改革了刑事诉讼程序。与法国类似，德国对于陪审团的态度也经历了"接纳—质疑—争论—废止"的过程，其中陪审团制度与德国传统的诉讼文化不合是最重要的原因。

1924年,德国废除了陪审团法院。希特勒时期,德国的刑事诉讼沦为镇压进步的工具,已经形成的职权主义诉讼模式又退回到封建时期的纠问式诉讼模式。"二战"结束后,德国分为东德和西德,受苏联影响,东德演变为超主权主义诉讼模式,西德则在废除希特勒时期的法律制度的基础上重回职权主义模式。德国统一后,刑事诉讼模式统一为西德的职权主义诉讼模式。随着近现代各个国家的相互学习和借鉴,德国也吸收了英美法系的一些司法经验,对本国的诉讼模式进行了调整,但总体上仍是职权主义诉讼模式。

二、职权主义诉讼模式的诉讼程序

(一)法国的职权主义诉讼程序

刑事诉讼是追诉犯罪和司法裁判的总和。从动态过程来看,完整的诉讼程序包括审前程序、庭审程序和上诉程序。在各个程序的相互衔接及过渡中,能够看出在某个诉讼模式中哪一个程序居中心地位。法国的诉讼程序由审前程序、庭审程序和救济程序组成,其中庭审程序是核心程序,审前程序为庭审程序服务,救济程序则以庭审程序为基础。

司法警察的调查是法国刑事诉讼的前奏,调查并不是正式的侦查,正式的侦查在提起公诉后进行。调查分为预先侦查和现行犯侦查。现行犯是指正在实行犯罪的人、刚实行犯罪即被发现的人以及法定被视为现行犯罪的人。司法警察调查时可以采取一定的侦查手段,还可以适用强制措施,如拘留、搜查、扣押等。司法警察调查完毕后要将结果交给检察官,由检察官决定是否提起公诉。提起公诉有三种形式,第一种是向被告人签发出庭审判通知;第二种是向被告人送达传票,这种方式只适用于轻罪或者违警罪,而不适用于重罪,因为重罪必须经过预审;第三种是向预审法官提交公诉书开启正式的侦查程序。检察官对起诉拥有较大的裁量权,可以决定起诉,还可以适用其他程序替代起诉。除了检察官起诉外,法国还允许刑事案件的利害关系人发起民事诉讼,民事诉讼依附于刑事诉讼,并不会改变以刑事诉讼为主的制度根基。

法国的预审有两种含义,广义的预审是指庭审之前预审法官为庭审而做的查找搜集证据的活动,狭义的预审是指预审法官进行的正式侦查。预审采取书面、不公开的形式,预审法官拥有进行预审活动的相应权力以及裁定权。[①] 对于预审法官作出的司法裁定,当事人可以向上诉法院提起上诉。2007 年《法国强化刑事程序平衡法》对预审进行了改革,严格限定了羁押的范围,确立了羁押时预审庭的审查制度。还设立了预审合议庭和预审中心,确立审前录音录像制度,改良了司法鉴定制度,完善了证人作证制度以及侦查终结程序等。[②]

预审结束之后,便进入了审判程序。根据案件性质的不同,法国的审判可以分为轻罪审判、违警罪审判以及重罪审判。违警罪审判和重罪审判[③]都是对于部分案件轻微或者重大的审理,从适用的范围来看,轻罪审判的程序更为普遍,是法国的普通审判程序,本书主要介绍轻罪的一审庭审程序。

1. 传讯被告人

法院受理案件后,要传讯被告人到庭。传讯采用传票的形式,被告人应当在指定的日期出庭,被告人不出庭的,法院可以拘捕被告人;被告人不出庭且不说明理由的,视为被告人到庭;如果被告人出庭后又中途退庭的,也视为出庭。被告人因身体原因不能出庭但必须出庭的,法官可以到被告人的住所或者羁押被告人的地方听取被告人陈述并作笔录[④],对被告人再次传讯后,可以恢复庭审。

2. 查明诉讼参与人是否到庭

开庭后,审判长或者审判员要查明被告人、证人、鉴定人等的到庭情况,审判长还要简要地说明与法庭审理有关的诉讼文件和法律文书,必要时说明被告人是否是累犯。

3. 法庭调查

法庭调查包括讯问被告人、询问证人以及调查其他物证、书证等。审判长可以就案件的实体问题对被告人进行讯问,讯问过程中,审判长认为必要时还

---

① 《法国刑事诉讼法典》第 81 条规定:“预审法官应当按照法律规定,进行一切他认为有助于查明事实真相的侦查行动。”

② 参见金邦贵主编:《法国司法制度》,法律出版社 2008 年版,第 385 页。

③ 违警罪审判是针对不超过 3000 欧元罚金刑的违警罪进行的审理,重罪审判是针对可能判决 10 年以上有期徒刑或者无期徒刑的案件进行的审理。

④ 参见宋英辉等:《外国刑事诉讼法》,法律出版社 2006 年版,第 295 页。

可向被告人出示物证等并听取被告人对证据的意见。证人出庭作证时,首先要宣誓[①],保证说出所知的事实,不作伪证,然后再说明自己的个人情况(姓名、年龄、住所、职业、与被告人的关系等)。证人作证一般采用口头方式,特殊情况下也可以经审判长许可用书面文件代替。证人作证后,审判长可以向证人询问,也可以就当事人提出的问题向证人提问。

4. 法庭辩论

法庭调查结束后,庭审进入法庭辩论阶段。辩论先由被害人的代理律师发表意见,被害人的代理律师对于被告人的犯罪行为与被害人遭受的损害作出陈述,并提出赔偿要求,代理律师要证明被害人的损害与被告人的犯罪行为有着直接的关系。代理律师陈述后,检察官宣读公诉词,陈述被告人涉嫌的罪名和理由,检察官在必要时可以将公诉词提交给审判长。如果案件还有承担民事责任的第三人,经过法庭同意,第三人也可以陈述意见。最后是被告人及其辩护人的陈述,辩方针对检察官公诉词中的罪名和证据进行反驳,对此,辩方通常会提交大量的证据来证明自己的主张和被告人的品质来影响审判长对于案件事实和证据的判断。辩方陈述完毕后,完整的一轮法庭辩论就结束了。控辩之间的辩论可以重复多次,根据案件的性质以及具体的庭审情况,辩论持续的时间不同,可能仅几小时,也可能会持续几天甚至数周。[②] 不管法庭辩论有多少次或者持续多长时间,被告人有最后的陈述权。

5. 合议和判决

在轻罪案件中,法官依据证据形成自由心证,作出判决。而在重罪案件中,法官和陪审员要进行秘密的合议,通过投票来形成判决[③]。判决书内容包括判决的主文和判决理由,判决可以当庭宣告,也可以定期宣告。宣告判决后,被告人可以上诉。

① 在法国,16周岁以下的未成年人作证时无须宣誓。

② 参见金邦贵主编:《法国司法制度》,法律出版社2008年版,第387页。

③ 针对重罪案件进行合议时,法官和陪审员都会收到一张空白票,上面写有“以我良心,特此声明”的字样,法官和陪审员把自己的意见写在票上,写票时,不得相互偷看。审判长当场计票,不利于被告人的判决要至少有8票多数通过。空白票或者无效的票,视作有利于被告人的票,统计后法院要销毁表决票。

6. 缺席审判

如果被告人经传讯后拒不出庭,法庭可以缺席审判,作出的判决通过文书形式送达给被告人。被告人可以对缺席判决提出不服,此时缺席判决就视为没有作出。如果被告人经传讯后再次缺席,被告人提出的不服请求就归于无效。[①]

庭审审理完结后,刑事诉讼在实质上已经完成了惩罚犯罪的诉讼任务,为了防止在审判中出现错误,救济程序是必不可少的。法国的救济程序分为普通救济程序和非常救济程序,普通救济程序包括对缺席审判提出异议、撤销裁判与上诉,非常救济程序则包括复核审和再审。对缺席审判提出异议是针对轻罪和违警罪的救济程序,由被告人提出。撤销裁判针对重罪案件,被告人自首或者被逮捕后,就要撤销之前作出的判决。上诉则分普通上诉和重罪案件的上诉,普通上诉是对轻罪、违警罪的上诉,向上诉法院提出。重罪案件的上诉程序比较特殊,法国对重罪的判决一般是一审终审,自 2000 年起,最高法院指定原审重罪法院之外的其他重罪法院对重罪案件进行二次审理,并且对无罪判决不能上诉。上诉期间,判决暂缓执行。复核审是为纠正审判时适用法律错误和为争取被告人的法律利益而进行的上诉,复核审向最高法院提出,最高法院只对法律问题进行审查,如果有违法情形,最高法院会发回与原审法院同级的另一法院审理。再审则是因事实错误而申请最高法院重新审理,必须有利于被告人的利益才能提起。再审申请由有罪判决复议委员会提交给最高法院刑事庭,被告人及其近亲属和委托人、司法部长和总检察长都可以提出申请。

(二)德国的职权主义诉讼程序

德国实行审判中心主义,庭审是刑事诉讼中最重要的程序。德国的诉讼程序大致也分为审前程序、庭审程序和救济程序。按照德国刑事诉讼法的体例,德国的审前程序实质上是侦查程序,而公诉则被纳入审判程序,所以本书中德国的审前程序就是侦查程序。

侦查程序中,侦查主体为检察官、作为检察官辅助人员的警察和普通警察。

---

① 参见金邦贵主编:《法国司法制度》,法律出版社 2008 年版,第 299 页。

在关系上,检察官指挥、领导辅助警察进行侦查活动。在实践中,具体的侦查是由辅助警察完成的。在侦查时,检察官、辅助警察和普通警察都可以采取法定的侦查措施,区别在于三者能够采取的措施种类不同。例如,检察官和辅助警察在紧急情况下可以采取的主要侦查措施,包括拘留、搜查、人身检查、技术侦查等,而普通警察只有在法律明确规定的情况下才能采取限制人身自由的措施。侦查的措施则包括限制人身自由的措施(留置、拘留、羁押)、强制身体检查(搜身、提取指纹、抽血、DNA 检测等)、搜查、扣押、特殊侦查(监听、监视、扣押邮件、秘密侦查等)。

侦查结束后,就进入起诉阶段。德国实行法定起诉原则,检察机关垄断国家起诉,除了法定情形外,对于证据确实充分的案件,检察机关必须起诉。检察官根据侦查阶段获取的证据对案情作出判断,以决定是否提起公诉。提起公诉,必须不存在对案件不起诉的程序障碍,也并未根据起诉便宜原则停止诉讼程序。[①] 起诉便宜原则赋予检察官对符合起诉条件的案件而不起诉的裁量权,但检察官必须是基于诉讼利益的真实考量而为。在德国,还有一项有特色的强制起诉制度。强制起诉是针对检察机关决定不起诉的案件,被害人或者其他利害关系人强制检察机关提起公诉的制度。检察机关作出不起诉的决定要通知犯罪嫌疑人和被害人,被害人不服的,可以在两周内向上级检察机关抗告,如果对于上级检察机关的决定还不服,可以申请法院审查。法院经过审查,可以驳回申请或者裁定由原检察机关提起公诉。对于所有起诉,一旦法院受理并启动庭审程序,检察机关就不能再撤回了。

法院裁定受理起诉,便开启了真正意义上的审判程序。德国的审判程序大致分为庭审准备阶段、举证、质证阶段、陈述阶段、评议判决阶段、判决解释阶段。为了保证个案的公正和全国法制的统一,德国也设置了救济程序。德国的救济程序包括二审上诉、三审上诉、再审程序和抗告。德国实行三审终审制,一审为事实审和法律审;二审为一般上诉,二审从事实和法律角度全面审查一审;三审则是法律审,主要从法律适用的角度审查原判决。并不是所有的案件都能够提起二审上诉,如果被告人在一审中被判处不多于 15 日额罚金、被判处罚

① 参见邵建东主编:《德国司法制度》,厦门大学出版社 2010 年版,第 275—276 页。

款、被宣告无罪,以及上诉理由明显不成立等情形下,二审上诉要征得上诉法院的受理同意。二审上诉法院审理案件的程序与一审程序相同。二审上诉法院审理后,可以驳回上诉;也可以撤销原判决,作出新的判决;如果发生管辖错误,则将案件移送至有管辖权的法院重新审理。相较于二审上诉,三审上诉只审查法律问题,针对原判决的法律错误作出裁定。法律错误分为实体性的法律错误和程序性的法律错误,而法律的范围比较广泛,包括制定法和习惯法、国内法和国际法、立法机关制定的法律和行政机关制定的法规等。三审上诉法院审理后,可以驳回上诉,维持原判;也可以全部撤销原判决;还可以部分撤销原判决。通常情况下,三审上诉法院要将案件发回重审。在例外情况下,也可以直接判决,如判决被告人无罪,或者对被告人免予刑罚等。此外,三审上诉法院也可以根据检察官的申请,适当地对被告人减轻刑罚。① 需要说明的是,二审上诉和三审上诉之间并没有一定的过渡关系,当事人可以直接提起三审上诉。三审上诉后,判决就会生效,如果还需申请救济,只能寻求再审。德国的再审分为有利于被告人的再审和不利于被告人的再审,概括来说,提起再审申请的理由包括:发现新的事实或者证据,判决的依据违法或者被撤销,证人证言、鉴定人的意见虚假或者违反宣誓义务,法官或者参审员违反职责要求等。在司法实践中,发现新的事实或者证据是最常见的理由。再审法院审理案件时,审判程序是独立的,不受之前审判的影响。再审法院可以维持原判决,也可以撤销原判决;可以确定被告人有罪,也可以宣判被告人无罪。对于有利于被告人的再审,不得加重被告人的刑罚。② 无论是二审上诉、三审上诉还是再审,都是针对判决的救济程序,而对于程序性的裁定、决定的救济,则是通过抗告实现的。抗告的范围包括一审和上诉程序中的裁定、处分,只要法律不明确规定不可抗告均可抗告。抗告分为普通抗告、立即抗告和再抗告。立即抗告是有期限的抗告,必须在裁定作出后一周内提起,适用于一些重要裁定。再抗告是针对抗告裁定的抗告,要向州高等法院提出,而普通抗告和立即抗告要向作出裁定或处分的法院提出。抗告并不延缓裁定或者处分的执行,但根据《德国刑事诉讼法》第 307 条

① 参见《德国刑事诉讼法》第 354 条。

② 参见《德国刑事诉讼法》第 371、373、373 条 a。

第2款的规定,作出被提出异议裁判的法院、审判长或法官以及抗告法院可以作出延期执行原裁定的命令。①

第五节　当事人主义诉讼模式和审判

在欧洲大陆法系国家纷纷由纠问式诉讼模式转向职权主义诉讼模式时,同处欧洲的英伦岛却走向了不一样的道路,在纠问式诉讼模式的基础上进行改造,逐渐演变成了当事人主义诉讼模式。随着英帝国的崛起与扩张,英国将这种诉讼模式带到了世界其他地方。美国作为早期的英国殖民地之一,继承了当事人主义诉讼模式。由于当事人主义诉讼模式自身的优点以及美国的强大,这种诉讼模式对刑事诉讼的发展产生了世界性影响。在当代,当事人主义诉讼模式与职权主义诉讼模式成为世界上大多数国家采用的诉讼模式。而全球化的发展又使这两种诉讼模式相互融合,催生出了混合诉讼模式。“从诉讼结构和影响力来看,当事人主义诉讼模式是普通法法系上一颗璀璨的明珠,也是世界司法制度大观园中一朵绚丽奇葩。”②

一、当事人主义诉讼的内涵与特点

当事人主义诉讼又叫“对抗式诉讼”“控辩式诉讼”“辩论主义诉讼”。何为“当事人主义”,学者对此理解并不完全一致。“西方学界普遍认为,当事人主义是指诉讼中以当事人积极行使诉讼权利推动诉讼次第进行为特征的一种诉讼形式,而当事人主义诉讼模式则偏重于刑事审判中的当事人主义。”③美国的达马斯卡认为,当事人主义诉讼是指“理论上处于平等地位的对立双方在有权决定争端裁决结果的法庭面前所进行的争斗”④。日本的田口守一认为:“如

① 参见《德国刑事诉讼法典》,宗玉琨译注,知识产权出版社2013年版,第229页。
② 程汉大、李培峰:《英国司法制度史》,清华大学出版社2007年版,第255页。
③ 姚莉:《论当事人主义审判模式》,载《法学家》1998年第6期。
④ 陈瑞华:《刑事审判原理论》,北京大学出版社1997年版,第305页。

果是由当事人(检察官与被告人)主导诉讼,则称为当事人主义。”[①]我国台湾地区学者蔡墩铭认为:“刑事诉讼之进行操诸当事人之手,法院无主导权者,称当事人主义。”[②]我国有大陆学者从三个方面概括了当事人主义的内涵,他认为:“一为当事人对等主义,指原告(检察官)和被告在诉讼中处于对等的地位;二为当事人进行主义,指诉讼以当事人的主张、证据为中心,法院仅基于当事人的诉求径行裁判,对应欧陆国家的调查原则;三为当事人处分主义,指当事人可以自由处分诉讼中的请求,刑事诉讼中的‘有罪答辩’就是典型例证。”[③]笔者认为,此种观点较好地将当事人主义的内涵表达了出来。当事人主义是与职权主义相对应的诉讼模式的概括,其核心就是要凸显当事人对诉讼进程的重要性。在诉讼进程中,当事人并不是孤立的个体,而是要与其他诉讼关系主体发生联系,在联系的过程中,各方的诉讼地位和权利义务如何就成为决定诉讼构造的主要因素。前述对当事人主义内涵的描述从诉讼地位和权利义务方面体现出当事人主义的精髓。

相较于法官占主导地位的职权主义诉讼,当事人主义诉讼则是充分发挥当事人的积极性,法官只是谨慎的调配者,在诉讼过程中平衡着对抗双方的力量,以求通过富有竞争力的对抗来发现案件真实。当事人主义诉讼的特点可以概括为以下几点。

(一)控辩双方的诉讼地位平等,平等武装、平等对抗,法官消极中立,这是当事人主义诉讼的基础

为了实现此目的,实行当事人主义诉讼的国家特别强化被告人一方的诉讼能力,赋予了被告人一方多种权利,并设置了正当程序来保障这些权利的行使。在侦查阶段,对于涉及犯罪嫌疑人的人身自由处分,要通过司法审查,避免因活动状态的不平等而影响诉讼能力。针对专业知识方面的差距,一方面通过指定律师辩护帮助其进行积极的抗辩,另一方面赋予沉默权给予其消极的保护。对于侦查机关采取的侦查措施,法官也可以利用法定的职权进行决定和控制,以

① 张金金:《评当事人主义》,载《中山大学学报论丛》2005年第6期。
② 蔡墩铭:《刑事诉讼法论》,台北,五南图书出版公司1976年版,第16页。
③ 陈卫东、张月满:《对抗式诉讼模式研究》,载《中国法学》2009年第5期。

免侵犯犯罪嫌疑人的权利。在审查起诉阶段，当事人可以依据自己的意愿处置诉讼权益，如辩诉交易，这是当事人能够影响诉讼进程的极大体现。而在庭审阶段，法官不会像在职权主义诉讼中那样主导审判，而只是作为一个消极的中立者，不主动调查证据，在陪审团作出有罪认定后，再适用法律给予刑罚上的判决。推进庭审向前发展，发现案件事实的任务则主要落到控辩双方身上。

（二）庭审是所有诉讼活动的中心，庭审前不作实质性审查

当事人主义诉讼特别强调发现案件真实的方法，即控辩双方在一个公开、无偏倚的中立法庭上通过交换证据和意见达成此目的，所以庭审就变得异常的重要，庭审前的一系列诉讼活动如指定辩护、收集证据、提起公诉等都是为庭审做准备，因为诉讼的终极目的就是发现事实，解决纠纷，修复破损的社会关系，而庭审的作用就在于此。为了保证庭审的作用不会因为庭审前的行为而打折扣甚至被架空，庭审前不对涉及案件事实的证据作实质性审查。控方起诉时，实行起诉状一本主义，只向法官移送起诉状，且起诉状不能包含影响法官对案件事实作出判断的内容。法官作出判决必须基于在庭审中的亲见，以控辩双方的证据为基础；对于证人，法官也要当面询问，听取证人证言。

（三）陪审团审判和发达的证据规则

在英美法系国家，自由主义受到推崇，而陪审团在诉讼中体现出了这一价值追求。在英美法系国家，"社区"的概念浓厚，相较于国家，居民往往更注重社区事务。陪审团的成员都是社区居民，当国家的惩罚理念和社区理念发生冲突时，社区居民就可以通过陪审团判决无罪，取消国家的法律效力，从而保障个人自由。但是，审判是一项专业性极强的活动，陪审团的成员都不是专业的司法工作人员，缺乏专业知识，且很容易受外界的影响而作出比较感性的判断，错判的概率比法官要大。为了减少这种可能，需要将进入庭审中能够影响陪审团的证据的不可靠性降低，这就催生出证据规则。随着社会的不断发展，证据的形式越来越多，证据规则也越来越繁杂、精细。例如，在英美法系，以发现真实为核心目标的证据可采性规则就包括关联性法则、品格证据规则、意见证据规

则、传闻法则、原本法则、验真法则等。①

二、当事人主义诉讼模式的历史发展与诉讼程序

（一）当事人主义诉讼模式的历史发展

当事人主义诉讼发源于英国，在诺曼征服英国之后，英国的诉讼模式采用弹劾式，审判中还在采用神明的证明方法，这种野蛮的方式引起了人们的强烈反对。1215 年，第四次拉特兰会议禁止教士用神明裁判方法审案，这个决定使英国法庭审判“被夺走了最称手的武器”。② 英国王室为了维护统治，在全国设立巡回法院，将王室成员派往巡回法院，由于不能再使用以前的神明裁判，巡回法院的法官就请地区熟悉案件情况和习惯法的“知情人”接受询问，帮助裁判案件。这种方法取得了不错的效果，国王决定将之推行到全国。1166 年颁布的《克拉灵顿诏令》规定，在法院当地的农村找出 12 名熟悉法律的人，在城镇中找出 40 名熟悉法律的人，这些人在宣誓后可以向法院提交本地区的犯罪人名单由法院进行审判，并在审判中作证，这就是大陪审团的起源。1176 年的《北汉普顿法令》规定，在土地的继承问题上找出 12 个证人，这就是小陪审团的起源。陪审团制度对于英国转向当事人主义诉讼有着深刻的影响，它促使审判分为法律审和事实审，加强了法官的中立性。随着后来专业律师的出现，辩护制度又蓬勃兴起，使诉讼对抗更加正规化，加快了当事人主义诉讼的形成。律师在产生初期，在刑事诉讼中，并不能参与事实辩护。16 世纪，英国的刑事诉讼没有警察，没有律师，也没有检察官，出现了不少冤错案。1696 年，英国制定了《叛国罪审判法》，允许被告人享有之前只有原告才能享有的权利，如律师辩护权、证人出庭作证权等。这样，在叛国罪的审判中，控辩双方的力量开始平衡，满足了平等武装的要求，当事人主义的雏形开始出现。以《叛国罪审判法》

---

① 参见易延友：《对抗式刑事诉讼的形成与特色——兼论我国刑事司法中的对抗制改革》，载《清华法学》2010 年第 2 期。

② 参见易延友：《对抗式刑事诉讼的形成与特色——兼论我国刑事司法中的对抗式改革》，载《清华法学》2010 年第 2 期。转引自 L. W. Levy, *The Palladium of Justice*: *Origins of Trial by Jury*, Ivan R. Dee, 1999, p. 17。

提倡的控辩平等为指导，英国开始对重罪案件的刑事诉讼程序进行改革，到18世纪后期，当事人主义诉讼在英国的刑事诉讼领域全面确立。

当事人主义诉讼在英国确立以后，随着英国的殖民扩张传播到其他国家。在这些国家中，美国是继承得最全面并在此基础上将当事人主义诉讼模式发展得更成熟的典型代表。在英国刚刚殖民美国时，殖民地实行私人追诉制度，该制度的花费较大，一般当事人难以承受，当时也没有律师的帮助，诉讼效果并不理想。18世纪，殖民地确立了公诉制度，并将英国的大小陪审团制度引进到殖民地，对于重罪案件，还要对被告人实行预审。18世纪中叶，被告人有了请律师辩护的权利。律师制度的发展让殖民地人民对普通法的热情和依赖日益增长。在美国独立战争前，英国的普通法传统在殖民地已经非常成熟，当事人主义诉讼模式已经成型。美国独立战争爆发后，美国又从法国引进检察制度。1798年的司法法确立了公诉制度，以后加入联邦的各州都建立了公诉制度。检察制度是职权主义诉讼的代表制度，美国引进检察制度并没有改变其当事人主义诉讼的本质。美国引进检察制度后，进行了改造，使检察机关当事人化，检察机关处理的事务也多是法律性的事务，对诉讼程序的影响有限。更为重要的是，被告人一方的权利不断得到加强，从而保证了控辩双方诉讼能力的平衡。

（二）当事人主义的诉讼程序

"二战"后，人权保障的理念被广泛接受和提倡，在刑事诉讼中，程序公正为各国所重视，英美法系国家实行的当事人主义诉讼中体现出的保障人权的原则和制度受到大陆法系国家的欢迎。这些国家从英美法系国家的当事人主义诉讼中移植相关的制度来丰富和完善本国的诉讼模式，弥补刑事诉讼中人权保障的不足。例如职权主义诉讼的代表国家法国在进入21世纪后几次修改刑事诉讼法，就是主要学习了当事人主义诉讼的精神，一方面适当降低法官对诉讼的主导作用，另一方面增加控辩双方的对抗成分，赋予控辩双方平等对抗的能力。另一个职权主义诉讼模式的代表国家意大利，1988年《意大利刑事诉讼法典》吸收了部分当事人主义因素，2000年又在此基础上进一步提升了辩方的调查权，大大向当事人主义诉讼倾斜。与此同时，英美法系国家也在向大陆法系国家学习，借鉴其中的合理因素来加强职权色彩，以提高司法效率。例如，英国在 1985 年制定《犯罪起诉法》,在全国设立统一的检察机关作为公诉机关,负责全国的审查起诉和出庭公诉工作。[①] 总之,当代各国都在对原有的诉讼模式进行调整完善,协调惩罚犯罪、保障人权和司法效率。

1. 英国的诉讼程序

英国的诉讼程序分为侦查、起诉、审前程序、庭审程序、上诉于纠错程序。

侦查程序中,英国警察是最重要的侦查主体,除了警察之外,其他部门也可以进行侦查,如环境部、财政部、关税委员会等,但这些部门都是对涉及专业领域的刑事案件进行侦查,并不负责普通的刑事案件。1988 年,英国成立了严重诈骗案件侦查局负责严重诈骗案件的侦查,这是一个独立的侦查部门。与法国不同,英国并没有司法警察,检察官也不能领导、指挥警察侦查;相反,英国的刑事警察还担负一定的公诉职能。[②] 英国警察的侦查手段多样,有常规的侦查手段,也有特殊的侦查手段。常规的侦查手段主要为拦截、搜查、扣押、羁押、讯问等。羁押由专门的羁押警察负责,虽然羁押警察也属于刑事警察,但其专门从事羁押工作,羁押与侦查相分离。讯问过程中,犯罪嫌疑人享有沉默权,沉默权被英国学者认为是犯罪嫌疑人当事人地位"最核心的特点"(至少在理论上)。[③] 特殊的侦查手段包括秘密监视、诱惑侦查等,秘密监视是对侦查对象进行监听、监视和通信拦截,主要由《1997 年警察法》和《2000 年调查权规范法》调整。关于诱惑侦查,英国还有不少问题需要解决,如便衣警察指导原则的扩展、非警察部门适用诱惑侦查的问题等。[④] 近些年,英国警察的侦查权力在逐渐增强,这是为了应对严峻的犯罪形势,提升国家惩罚犯罪的能力。

在《1985 年犯罪起诉法》之前,英国的起诉主体并不唯一,警察、政府、检察官、总检察长等都可以提起公诉,如大约 25% 的电视机使用许可证犯罪是由邮政局起诉的。[⑤] 这种做法使得有些侦查人员又可以担任起诉人员,侦查权和起

---

① 参见宋英辉:《两大法系国家刑事诉讼改革中的趋同性》,载《人民检察》2010 年第 11 期。

② 参见[美]格伦顿等:《比较法律传统》,米健等译,中国政法大学出版社 1993 年版,第 145 页。

③ See S. H. Bailey, et al., *Smith, Bailey and Gunn on The Modern English Legal System*, Sweet & Maxwell, 2002, p. 837.

④ See R. V. Shannon[2001]1 W. L. R. 51; R. V. Hardwicke [2001] Crim. L. R. 220.

⑤ See Gary Slapper & David Kelly, *The English Legal System*, Cavendish Publishing Limited, 2004, p. 471.

诉权不分会影响诉讼的客观性和公正性。为了克服此种弊端,英国制定了《1985年犯罪起诉法》。该法建立起专门的国家公诉机构——皇家检察署,统一负责提起公诉。皇家检察署并不是垄断所有起诉,警察仍然有权提起公诉,但是范围较之前大大缩小,只负责不严重的交通肇事案件和一些通常适用定额罚款程序处理的案件,且被告人必须书面认罪。对于私人起诉,皇家检察署可以在任何诉讼阶段接管起诉。英国对于起诉的理解与大陆法系有些许不同,英国认为起诉并不是对待犯罪最有效的方法,可以以其他措施来取代起诉。因此英国的起诉主体都有起诉的自由裁量权。警察可以通过法定程序决定双方启动起诉,在有证据证明有犯罪但基于诉讼利益的考虑可以对成年人进行告诫,还可以对未成年人进行警告和训诫来替代起诉。同样,皇家检察署也可以根据证据检验和利益检验的标准①,决定是否要提起公诉。

根据犯罪性质的不同,英国将犯罪分为可诉罪、简易罪、可选择审判方式罪。其中,可诉罪由刑事法院审理,简易罪由治安法院审理,可选择审判方式罪可以由治安法院以简易程序审理,也可以由刑事法院以正式程序审理。为确定案件的管辖法院,治安法院的治安法官会对案件进行预审。治安法官决定对案件起诉的,移送刑事法院;可以定罪的,定罪之后移送刑事法院;罪行轻微的,可以适用简易程序。② 在治安法院决定对案件进行起诉并确定管辖法院后,控辩双方就需要为庭审做准备。为了让控辩双方在庭审中公平对抗,防止出现证据突袭,英国设置了证据开示制度。根据要求,检察官要向被告人展示其掌握的证据,包括不利于被告人的证据和有利于被告人的证据,还有不准备采用的证据;而被告人只需向检察官出示其不在场的无罪证据和专家鉴定。证据开示先由检察官向被告人做初次开示,初次开示具有主观性,开示的必要性、范围由检察官决定,法官不能干涉。③ 检察官初次开示后,被告人一方需将自己的辩护陈述提交给检察官和法庭,如果被告人拒绝,将会承受法律上的不利益,失去要

① 检察官在对案件进行审查时,首先要审查证据是否达到证明犯罪的标准,即“排除合理怀疑”。在证据满足证明标准时,再综合案情从公共利益的角度判断。所谓公共利益,是指公众对犯罪的态度,主要包括:案情轻微并不严重;被告人已受过刑罚,再起诉也不可能导致另外的刑罚;犯罪是无意或误解造成的;案件审理时距犯罪行为的发生已经很长时间。

② 参见齐树洁主编:《英国民事司法改革》,北京大学出版社2004年版,第86页。

③ See R. v. B in Criminal Law Review, 2000, p. 50.

求检察官二次开示的权利,且这种行为可能会导致法官推定有罪的结果。被告人提交辩护陈述后,检察官要做二次开示,开示的范围是没有向被告人开示的证据材料,此种证据材料可能有利于被告人行使辩护。根据《1996年刑事诉讼与侦查法》规定,检察官在证据开示中承担"连续性审查的义务",即在诉讼终结或者对被告人作出判决之前,检察官要持续不断地审查是否存在有利于被告人的证据,如果存在并且之前没有被开示过,必须不延迟地开示。证据开示时,检察官可以以公共利益为由向法官请求不开示某些证据材料,这种情况被称作公共利益豁免原则,如涉及国家安全的证据、可能会泄露线人或卧底警察身份和活动的证据、可能会泄露监控地点的证据等。[①] 同样,被告人一方也可以向法官提出申请,要求检察官开示其认为有助于自己辩护的证据材料。法官对控辩双方的请求要作出开示与否的命令。证据开示后,就会进入庭审程序,也即正式的审判程序。英国的审判程序主要有三种:简易审判程序、普通审判程序、青少年犯罪审判程序。由于简易审判程序和青少年犯罪审判程序都是针对部分轻微或者特定群体案件的审判[②],相较于普通审判程序较为简化,本书在此只介绍普通审判程序。

英国的普通审判程序分为以下几个阶段:

(1)被告人开庭答辩。庭审开始后,要把被告人带至法庭,由控方宣读起诉书,然后被告人对控方的指控作出有罪或者无罪的答辩。如果被告人承认罪行,那么法庭将直接进入量刑程序,而不再召集陪审团,不再进行法庭调查和辩论。被告人必须基于自由的意志并且在充分知晓有罪答辩的法律后果下作出的答辩才有效,有罪答辩必须由被告人亲自作出,辩护律师不能代替。对于作出有罪答辩的被告人,法院一般会从轻判刑。在法院作出判决之前,被告人都可以撤销有罪答辩,判决一旦作出,就不能再撤销有罪答辩。如果被告人拒绝

---

① 参见潘金贵:《刑事证据开示制度与诉讼模式》,载徐静村主编:《刑事诉讼前言研究》(第1卷),中国检察出版社2003年版,第137页。

② 英国的简易审判程序是由治安法院依照简易程序进行的审判,进入简易程序的案件一般都是轻微案件。治安法院管辖的案件包括:即决罪、既可由刑事法院又可由治安法院管辖的两可罪、可按照简易程序审理的可诉罪(必须经被告人同意)等。

认罪,作无罪答辩[①],庭审将进入下一阶段:召集陪审团。

(2)召集陪审团。被告人作无罪答辩的,法庭会召集一个由12人组成的陪审团进行审判。陪审团要进行宣誓,并经过控辩双方的回避筛选,英国陪审团的回避分为有因回避、无因回避和暂缓决定回避。有因回避时,控辩双方必须说出回避的理由,由法官裁决。无因回避的权利曾经只有被告人享有,现在已经被废除,原因是被告人会滥用权利。暂缓决定回避是指检察官不希望某位陪审员参加庭审,就不附理由地让其暂缓,让其他陪审员代替。这其实也是一种无因回避,由于被告人的无因回避权已经被废除,为了确保控辩平等,检察官的暂缓决定回避在实践中也受到了严格的限制。[②] 在这一切都进行完毕后,陪审团正式成立。

(3)控方陈述。陪审团召集完毕后,控方在陪审团面前作开庭陈述,从事实和证据两方面向陪审团解释指控的内容,说明控方的证据如何支持指控以及对案件的证明责任和证明标准。在作陈述时,控方不能使用煽动性、误导性的言语,而要用平和客观地陈述案件,以防陪审团对被告人产生偏见。

(4)控方展示证据。控方陈述后,要向法庭提出支持自己主张的证据,包括提交书证、物证和传唤本方证人等。书证、物证要经过双方的确认,对于证人的质证则要遵循交叉询问规则。控方先对本方证人进行主询问,将证人掌握的案件事实向法庭陈述,以使陪审团对案情产生生动的印象,支持控方的指控,但是主询问不得采用诱导性询问。控方主询问结束后,辩方律师可以进行交叉询问,质疑证人证言以及证人本身的可信度,以达到让陪审团不相信证人证言的目的。辩方律师可以向法官提出申请,拒绝某项证据进入法庭,由法官作出裁定。辩方交叉询问后,控方可以针对交叉询问中的问题对证人进行再询问。

(5)无罪的动议。控方出示证据后,辩方律师可以直接向法庭提出无罪的动议,请求法官指示陪审团宣告被告人无罪。无罪动议的通常理由是控方的证据显然能够证明被告人无罪,法官对此动议要进行审查,审查不在陪审团面前进行,法官也可以不经辩方申请而提醒控方陪审团并不能准确地判定被告人有

---

① 如果被告人既不作有罪答辩,也不作无罪答辩,法庭要查明原因,看是被告人的身体或者精神原因,还是被告人准备作其他特殊性质的答辩。

② 参见齐树洁主编:《英国司法制度》,厦门大学出版社2007年版,第166页。

罪。法官审查后拒绝动议的,庭审继续,由辩方作开庭陈述和出示证据。

(6)辩方开庭陈述和出示证据。控方出示完证据后,如果辩方不提出无罪动议,接下来要作开庭陈述,辩方可以向陪审团介绍将要辩护的内容以及证据的情况,也可以就控方出示的证据发表意见。之后辩方要出示本方的证据,传唤证人。被告人作为证人的,被告人要先接受主询问和交叉询问,以听取其他证人的作证。主询问和交叉询问的规则相同,辩方律师在最后也可以对证人再询问,在出示完本方证据后向法官提出无罪动议。

(7)终结陈述。控辩双方出示完证据后,可以向陪审团作终结陈述,争取陪审团支持。终结陈述先由控方作出,控方对本方的证据进行总结,说明证据所证明的案件事实,以及可以反驳辩方的证据,动摇陪审团对辩方的确信。接着辩方就可以作终结陈述,发表本方对事实和证据的看法,提醒控方的证据不足以达到证明被告人有罪的程度。对于双方陈述的时间,法律并没有强制规定,这交由法官自由裁量。对于重复或者带有误导性、攻击性的不适当陈述,法官会予以制止。

(8)法官指示陪审团。控辩双方陈述完毕后,法官需要对陪审团进行指示,向陪审团总结、解释证据,指导陪审团从法律的角度对证据进行认定。在英国,法官对陪审团的指示内容主要包括:陪审团的职责、对争议问题的证明责任、控方指控犯罪的犯罪构成、对证据的评议、判决有罪的证明标准等。对于法官对陪审团的指示,实践中法官和控辩双方的律师通常会进行讨论,以确定指示的具体内容。英国也对法官对陪审团的指示作出了指导性分类,防止法官作出不适当的指示误导陪审团。

(9)陪审团评议和宣判。法官作出指示后,陪审团集中到专门的评议室作出判决,评议秘密进行,不与外界接触,除了必要的对外联系外,全程由法警监视。有效的判决需要形成一致的决议,但多数人的同意也可以,至于“多数”的数量限制则是不少于 10 人。如果达不到有效判决的票数,法庭会解散该陪审团,召集另外的陪审团重新审理案件。

陪审团达成判决的,法庭重新开庭,法官先询问陪审团是否作出判决,得到肯定回答后,陪审团主席宣告判决。是无罪判决的,要释放被告人;是有罪判决的,则会进入量刑程序,庭审程序就正式结束。

进入量刑程序后，法官综合案件各种情况和证据决定对被告人适用的刑罚，作出判决。判决可以当庭宣告或者延期宣告，从作出之日开始生效，判决也可以在宣告后变更或者撤销。①

被告人对于定罪与量刑的判决，经过法官或者上诉法院的许可后，可以进行上诉，这就进入了上诉程序。应当注意，只有有罪判决被告人才可以提出上诉。

英国的上诉程序是对法院未生效的裁判进行审查，确认生效的诉讼程序。英国的上诉程序主要由《1968 年刑事上诉法》和《1968 年刑事上诉规则》调整，后来又经过多次修正，确立了两级上诉制。根据法律规定，对治安法院的裁判，就事实问题可以向刑事法院上诉，再就刑事法院判决的法律问题向高等法院和上议院上诉；也可以就治安法院裁判的法律问题向高等法院和上议院上诉；而对于刑事法院作出的一审裁判可以依次向上诉法院和上议院上诉。其中，对刑事法院和高等法院的判决，经过许可方能上诉。② 应当注意，英国实行三权分立，上议院是立法机关，根据法律规定，上议院又行使司法终审权，这受到人们的质疑，担心审判不公，违背三权分立原则。2003 年，布莱尔领导下工党政府提出建立最高法院取代上议院行使司法终审权的建议，在英国国内引起广泛的争论。2004 年，上议院就此成立特别委员会讨论建议的可行性并作出规划方案，经修订后该方案最终随《2005 年宪制改革法案》获通过而正式落实。2009 年 10 月 1 日，英国最高法院开始运行。最高法院的司法权力主要承受自上议院，最高法院有权审理英格兰、威尔士及北爱尔兰三个地区的上诉案件，却无权审理苏格兰地区的上诉案件，所以苏格兰地区的最高法院是苏格兰高等法院。不过，最高法院有权审理苏格兰高等民事法院的民事上诉案件，前提是要由两名苏格兰大律师确认上诉理据合理。③ 因此，在当今英国，前述法律中的上议院对上诉案件的管辖权已经由最高法院负责。

---

① 参见齐树洁主编：《英国司法制度》，厦门大学出版社 2007 年版，第 567 页。

② 参见齐树洁主编：《英国司法制度》，厦门大学出版社 2007 年版，第 580—581 页。

③ 参见《英国最高法院》，载百度百科，https://baike.baidu.com/item/英国最高法院/1006590，最后访问日期：2025 年 3 月 20 日。参见孙长永等译：《英国 2003 年〈刑事审判法〉及其释义》，法律出版社 2005 年版。

英国的纠错程序是对生效的错案进行救济的再审程序,再审程序有两种:控方提起的再审和刑事案件审查委员会提起的再审。英国实行禁止双重危险原则,一般对于生效的判决尤其是无罪判决是严加保护的,但在某些时候,司法公正及公共利益需要对判决重新进行审查。根据《2003 年刑事审判法》第 75 条规定,如果控方认为一审或者上诉审对重罪案件被告人的判决不当,控方可以提起再审,要求上诉法院撤销无罪判决进行再审。上诉法院从证据和司法利益的角度进行审查①,如果获准,将按照上诉程序审理。相对于控方提起的再审,由刑事案件审查委员会提起的再审的范围要大一些。20 世纪 70 年代,英国曝光了不少著名的错案(如 1974 年的伯明翰 6 人案、②1975 年的盖尔福德 4 人案③),这促使英国寻求有效的错案纠正机制来弥补司法审判的错误。1974 年,在伯明翰 6 人案后,英国成立了皇家刑事审判委员会,对错案的原因展开调查。后来经过反思不断完善,英国于 1997 年成立刑事案件审查委员会,专门负责对刑事案件进行审查、移送再审。刑事案件审查委员会移送的案件包括治安法院和刑事法院审理的作出有罪判决的案件。刑事案件委员会提起再审是对错案的最后一道纠正程序,所以提起再审的条件比较严格。案件必须有确实存在错误的可能性④,而且除了特殊情况外,之前必须存在一个失败的上诉。由刑事案件审查委员会提起再审的案件将按照上诉程序审理。

2. 美国的诉讼程序

美国作为当事人诉讼模式的典型代表之一,其诉讼程序体现出的当事人主义色彩要比英国更浓厚。美国对政府权力的猜疑嵌入了平民主义和共和主义的传统中,这种政治文化对提升当事人在诉讼程序中作用的支持力度比西方其他国家都更强,所以美国的当事人对抗文化的根基也相对深厚。⑤ 美国将被告人的权利写进了宪法,从宪法的层面来定位被告人的权利,使得美国刑事诉讼

① 所谓司法利益,主要指犯罪距离再审的时间长短、再审是否有损司法公正等。

② See R. v. McIlkenny,93 Crim. App. R. 287(C. A. 1991).

③ See Bob Woffinden,Miscarriages of Justice 1 (1988).

④ 存在错误的可能性,主要是指出现新的证据,或者诉讼程序中出现人为因素影响了审判的公正性。

⑤ 参见[美]米尔建·R. 达马斯卡:《漂移的证据法》,李学军等译,中国政法大学出版社 2003 年版,第 191 页。

程序的整个过程都非常重视被告人的权利保障。美国刑事诉讼程序分为审前程序、审判程序以及上诉程序。审判程序将在后文章节详细介绍,本部分主要介绍审前程序和上诉程序。

审前程序包括的阶段比较多,主要有侦查、公诉、预审、罪状认否、审前动议等。美国的侦查由警察进行,一方面,政府限制警察的权力,以防被滥用而侵害公民的权利;另一方面,政府又扩大警察的侦查权力,以应付增长的犯罪力量,维护公民和国家的利益。警察可以进行拦截和搜身,对犯罪嫌疑人进行暂时性的询问和搜查。正式的搜查则严格得多,根据《美国宪法第四修正案》①,警察应在获得合法的搜查证后进行搜查和扣押,这就是有证搜查。搜查令由司法官员签发,警察在缺少搜查令的情况下进行的搜查会失去法律效力。但是,实践中会存在一些紧急情况,如不立即搜查就会使证据面临丢失毁灭的情况,需要赋予警察及时处理的权力,无证搜查即是如此,在紧急情况下、被搜查人同意以及合法逮捕后,警察都可以进行无证搜查。在侦查程序中,美国最有特色的是讯问,因为美国的讯问要遵循著名的米兰达规则②,这是当事人主义在侦查程序中的凸显。米兰达规则是在1963年的米兰达案③中确立的,目的是保护反对自证其罪权利,该规则只在犯罪嫌疑人被羁押在警局后首次接受讯问时适用。米兰达规则在美国颇有争议,反对者认为它过分保护了犯罪嫌疑人,不利于犯罪的侦查。但美国联邦最高法院一直坚持将此规则继续适用于全联邦和各州,该规则至今仍是美国讯问程序必须遵守的重要规则。美国也允许在侦查中使用特殊的侦查措施,但要在遵守正当程序和司法审查的前提下,美国的特

① The right of the people to be secure in their persons, houses, papers, and effects, against unreasonable searches and seizures, shall not be violated, and no Warrants shall issue, but upon probable cause, supported by Oath or affirmation, and particularly describing the place to be searched, and the persons or things to be seized. 译文:人民的人身、住宅、文件和财产不受无理搜查和扣押的权利,不得侵犯。除依照合理根据,以宣誓或代誓宣言保证,并具体说明搜查地点和扣押的人或物,不得发出搜查和扣押状。参见任东来等:《美国宪政历程:影响美国的25个司法大案》,中国法制出版社2004年版。

② 米兰达规则的主要内容包括:(1)警察必须清楚地告知犯罪嫌疑人享有沉默权;(2)警察应清楚地告知犯罪嫌疑人,其所作的供述将被在法庭上用作对其不利的证据;(3)警察必须清楚地告知犯罪嫌疑人有权聘请律师;(4)对于没有律师在场时取得的供述,控方要证明犯罪嫌疑人是自愿放弃相关权利的;(5)违反以上规则的,控方取得的证据无效。

③ See Miranda v. Arizona, 384 U. S. 436, 86 S. Ct. 1602, 16L. Ed. 2d 694 (1996).

殊侦查措施包括监听、监视、诱惑侦查等。

在美国，公诉分为检察官公诉和大陪审团公诉。美国的检察官分为联邦和州两级，属于行政部门，代表国家追诉犯罪。检察官并不直接领导、指挥警察侦查，两者更多地属于分工协作的关系。侦查终结后，检察官会审查证据，对案件进行评估，决定后续程序。美国的检察官对于起诉拥有自由裁量权，可以基于社会利益有选择地起诉部分犯罪。在起诉之前，检察官还可以和被告人进行辩诉交易，从而终结诉讼。辩诉交易是检察官与被告人或者其辩护律师就案件以被告人认罪而做减轻刑罚处理的一种制度，在刑事诉讼中被广泛应用。辩诉交易的类型大致有三种：减少罪行的交易、减轻罪名的交易和减轻刑罚的交易①，被告人以认罪和放弃部分权利为代价换取较轻的刑罚。检察官决定起诉的，可以选择是采用起诉书刑事起诉还是交由大陪审团审查起诉。根据《联邦治安法院法》规定，重罪案件的被告人有要求预审的权利。预审的目的在于确认是否有充分的证据表明被告人实施了被指控的犯罪。预审由治安法官主持，检察官、被告人或者其辩护律师就证据问题进行程序性的听证，以确定起诉是否合理。预审并不是必经程序，被告人可以选择放弃预审。预审后，治安法官可以决定对被告人提起公诉或交由大陪审团审查，也可以减轻被告人的罪名再提起公诉，还可以释放被告人。相较于预审，大陪审团审查是一种不公开的、非对抗的起诉审查程序。检察官可以提供证人，被告人则不能提供有利于己的证据。大陪审团拒绝起诉后，检察官可以在发现新的证据后再次启动审查；同意起诉的，被告人可以在庭审前申请庭审法院驳回起诉书。在起诉后至正式审理之前，被告人要进行罪状认否，通过法院的讯问对指控的犯罪进行确认。被告人可以作有罪答辩、无罪答辩和不做争议的答辩。② 罪状认否也不是必经的程序，被告人可以放弃。在正式庭审前，被告人可以发起审前动议，提出一些申请，增强防御能力。③

---

① 参见齐树洁主编：《美国司法制度》，厦门大学出版社2006年版，第586页。

② 不做争议的答辩是指不承认犯罪事实但承认有罪，被告人可以主张该答辩不能用作以后与本案有关的民事诉讼。

③ 被告人可以提起的审前动议一般有：撤销搜查令、分案审理的申请、排除非法证据的申请、证据开示的申请以及变更审理法院的申请等。

对于一审判决,美国的救济程序包括上诉和复审。美国法院采用联邦和州的双轨制,上诉程序也采用双轨制。州的上诉程序由州法律规定,联邦的上诉程序由联邦法律规定,但对于州法院作出的有关被告人宪法权利的判决,可以上诉到联邦最高法院。上诉人要向原审法院提交上诉通知书,向上诉法院提交上诉状,上诉法院的审理程序与原审不同,不需要陪审团,不需要证人出庭。很多上诉只根据控辩双方提交的书面材料作出决定。控辩双方进行口头辩论的,要提交书面陈述申请,阐明理由。口头辩论一般在三人组成的合议庭面前进行,例外情况下由全体法官庭审。一方的发言时间不得超过30分钟,辩论时,如果被上诉人缺席,法官只听取上诉人的陈述;如果上诉人缺席,而辩护律师出庭的,法官可以听取被上诉人的陈述;如果双方都缺席,法官就依据诉状决定。① 上诉法官听取辩论后,由合议庭讨论作出决定,可以撤销原判发回重审,但不得加重刑罚。在大多数案件中,法院会维持原判。上诉程序终结后,一些被告人会提出判罪后的补救(post-conviction remedies)来寻求进一步的救济,这种救济只能由关押在监狱中的罪犯就宪法问题和监禁环境问题提出。判罪后的补救最常见的是人身保护令,人身保护令允许联邦法院基于宪法权利受到损害而对案件进行重审②,如果发现关押被告人并没有法律依据,法官可以命令释放被告人。人身保护令对于死刑案件的被告人尤其重要,被告人通过州法院和联邦法院申请保护,这导致了美国死刑案件自判决至执行长达数年。20世纪80年代末,联邦最高法院作出的许多判决使有罪的被告人很难提起人身保护令。在司法实践中,人身保护令的诉讼程序又很严苛,所以申请到人身保护令是非常困难的。在美国,成功获得人身保护令的比例并不高。

---

① 参见卞建林、刘玫:《外国刑事诉讼法》,人民法院出版社2002年版,第218页。

② [美]James V. Calvi & Susan Coleman:《美国法律与法律体系》,高等教育出版社2002年英文影印版,第97页。

第四章　域外代表性国家庭审纵览

当今世界各国的诉讼模式,主要分为三种:职权主义诉讼模式、当事人主义诉讼模式和混合诉讼模式。这三种诉讼模式都以审判程序作为整个诉讼结构的中心,即审判中心主义。而在审判程序中,无一不突出庭审的作用,尤其是一审庭审的作用。一审庭审是控辩双方在公开的法庭上通过出示证据、展开辩论来发现案件事实,确定被告人罪责的最重要活动。控辩双方在庭审中的表现决定着法官对案件的认定,直接关系着诉讼结果。一审庭审的裁判也对可能发生的上诉和救济程序产生影响,是上诉和救济程序审理的基础。所以,一审庭审不仅是审判程序的中心,也是整个刑事诉讼程序的重中之重。为保证一审庭审作用的有效发挥,各个国家建立了诸多制度,如证据规则、证人询问规则、证人出庭制度,最大限度地保障庭审过程中控辩双方的力量平衡,建立科学的事实发现机制,实现诉讼公正。本章分别选取了职权主义诉讼模式、当事人主义诉讼模式和混合诉讼模式的代表性国家或地区,对其一审庭审方式作一介绍,以期从中找出对我国庭审方式改革有借鉴意义的地方。

第一节　德国的庭审方式

一、德国庭审的原则

(一)公开原则

公开原则是指除了法定的特殊情形外,法庭审理要向社会公众公开。德国实行纠问式诉讼模式时,审理是不公开进行的,尤其是宗教法庭,被告人被秘密关押、审讯,受到公众的强烈反对。19 世纪,德国的司法改革者们大力提倡审判公开,他们认为这能有效预防专制和迫害,也能使公众对诉讼有更深刻的体会而减少犯罪的动机。《德国法院组织法》第 169 条规定审判和判决都要公开,公开原则不仅适用于所有成年人案件的庭审,还适用于庭审外的程序,如法庭在自行勘察犯罪的时候,必须将勘察的地点和时间向公众告知。[①] 公开原则是一个不容打折扣的原则,违反公开性原则将成为上告的理由。[②] 在德国特里尔州的一次庭审中,法官注意到法院大楼的正门入口不小心关闭了 5 分钟,虽然这期间并没有人员进来旁听,但辩护人在上告中认为庭审因此违反了公开原则。[③] 随着科技的发展以及绝对公开带来的对被告人和证人的个人隐私和安全的影响,公开原则也在收缩,法律规定了很多不公开的情形。例如,根据《德国法院组织法》第 172 条的规定,在成年人犯罪案件的庭审中,当审判会危及证人和国家安全,涉及商业秘密或医生、律师等职业证人的商业秘密,以及会损害社会道德时,审理不能公开。根据《德国少年法庭法》第 48 条第 1 款规定,德国的未成年人刑事案件也不公开审理。应当注意,德国禁止直播审判过程,近些年,德国的司法实践倾向于对一些敏感案件不进行公开审理。

(二)直接言词原则

德国的直接言词原则是针对之前纠问式诉讼模式下的书面审理确立的,直接言词原则要求法官在审理案件的时候亲自到场,不得缺席;还要求法官以原始的证据获得对案件事实的印象,而不是用证据的替代品。[④] 直接言词原则的内在机理在于,被告人在法庭上作的口头陈述比书面陈述更加生动,可以使法官直观地观察到被告人的神情,揣摩其心理状态,便于作出推断。而且相

---

① Vgl. BGH NStZ 1981,311.

② 《德国刑事诉讼法》第 338 条第 6 项规定:"言词审理违反关于程序公开的规定,而判决基于此言词审理作出"是"绝对的上告理由"。

③ 参见《德国刑事诉讼法典》,宗玉琨译注,知识产权出版社 2013 年版,第 17 页。

④ 《德国刑事诉讼法》第 250 条规定:"如果事实的证明基于人的感知,应当在法庭审理中询问证人。询问不得以宣读先前询问笔录或书面陈述代替。"

较于侦查和公诉阶段比较封闭压抑的环境，被告人面对中立的法官可能会大胆地说出自己在之前程序中受到的压迫，来推翻一些虚假的陈述，维护自己的权益，防止公权机关的恣意侦查带来的错判风险。直接言词原则要求在审理开始后，负责审理的法庭不能更换，如果有法官不能继续参加庭审，则新的法庭需要重新审理案件，因为替代的法官无法获知之前以口头方式陈述的证据和意见。根据《德国法院组织法》第192条第1款和第2款的规定，对于一些复杂的案件，如果主审法官认为审理时间较长，一般会指定若干个陪审法官，从庭审开始就在场旁听，陪审法官可以询问证人，但不能参加评议，除非有法官因故不能继续审理，这样就保证了需要更换法官时不用重新审理无延误地继续诉讼。直接审理原则又要求审理必须集中进行，因为判决要建立在法官在法庭上对证据意见的即时印象和确认上，如果间隔时间过久，记忆便会淡化或模糊，所以审理要尽可能地快速不间断地进行。对此，《德国刑事诉讼法》对于法庭审理的时间中止、恢复等都作了规定，以求审理能够集中进行。① 但德国并没有对审判期限作出限制，"如果不考虑刑事诉讼法第229条的时间限制，审判可以持续几年——这就是使得刑事诉讼法第261条所要求的判决仍建立在法官对整个审判的'生动的'印象的基础之上变得不再现实"②。另外，直接言词原则要求法官只能使用庭审中的证据，禁止将判决建立在未经辩论的证据上，这一规定也带来了一些问题，如法官在作出判决的时候发现有重要的证据在审判中没有被提到，但又不能通过其他途径获取。③ 为了解决此问题，德国对严格贯彻直接言词原则作出适当的让步，对于一些证据，可以在法庭上免于宣读。④

---

① 《德国刑事诉讼法》第229条第1款规定："法庭审理允许最长中止三周。"第2款规定："如果此前法庭审理已经至少进行了十日，法庭审理允许每次中止一个月。"

② [德]托马斯·魏根特：《德国刑事诉讼程序》，岳礼玲、温小洁译，中国政法大学出版社2004年版，第139页。

③ 参见 Entscheidungen des Reichsgerichts in Strafsachen 71,326(1937)。转引自[德]托马斯·魏根特：《德国刑事诉讼程序》，岳礼玲、温小洁译，中国政法大学出版社2004年版，第139页。

④ 《德国刑事诉讼法》第249条第2款规定："如果法官和陪审员已知悉证书或文书的书文内容，且其他参与人对此已有知悉机会，可以免于宣读，在第253条和第254条的情形中除外……"

二、德国庭审的步骤和方式

德国庭审分为以下几个阶段:宣布开庭、证据调查、终结陈述、评议宣判。

德国的庭审始于法官宣布开庭。[①] 庭审开始,由审判长确认被告人、辩护人、证人、鉴定人等诉讼参与人是否到庭,确认证据材料是否已经调取,这里尤其要确认证人和鉴定人是否到场。审判长将告知证人不得虚假作证,并要求证人在庭外等候传唤。证人如果不出庭,法庭可以采取措施强制证人出庭。[②] 证人(对被告人讯问时,证人不得在场,需离开法庭)离开法庭时,审判长要了解被告人的个人情况。如果被告人拒绝向审判长说出自己的个人信息(年龄、姓名、居住地址等),审判长可以从提交给法院的卷宗里了解这些信息并记录在庭审笔录里。有些法官会询问被告人的个人背景,这一做法不被提倡,因为被告人还没有被告知享有沉默权,可能导致任何自我归罪的陈述不能用作对被告人不利的证据。[③] 审判长对被告人进行询问后,检察官宣读起诉书,告知参加庭审的法官和公众有关案件的情况。如果检察官没有宣读起诉书,随后的判决将会被撤销,其理由是非职业法官在缺少必要证据的情况下不能把握证据的关联性。[④] 检察官宣读起诉书后,审判长告知被告人其有对起诉书中的指控进行陈述和保持沉默的权利。如果被告人请求作出陈述,审判长要允许,要由被告人作口头陈述,其他人不能替代。审判长可以对被告人进行询问,但不得违背被告人的自由意愿,不得使用损害被告人记忆力或者理解力的方法。被告人有权利对指控进行反驳,提出有利于自己的情况。对于被告人的前科,审判长认为对本次裁判有意义时,可以予以认定。如果被

---

① 参见《德国刑事诉讼法》第243条。

② 《德国刑事诉讼法》第51条第1款规定:“合法传唤而不到场的证人,应当负担不到场造成的费用。同时应当科处秩序罚款,不能缴纳罚款时,科处秩序拘留。对证人亦准许拘传;第135条的规定相应使用。再次应传不到时,可以再次科处秩序处罚。”其中第135条规定的措施是立即将被告人解送至法官处,此处指立即将证人解送至法官面前。

③ 参见[德]托马斯·魏根特:《德国刑事诉讼程序》,岳礼玲、温小洁译,中国政法大学出版社2004年版,第139页。

④ 事实上,这种理由是否充分值得怀疑,对于非职业法官,起诉书的专业用语同样难以理解,检察官宣读起诉书时语速也比较快,能否听清也是一个问题。

告人选择沉默，此时审判长不能强迫询问，审判进入证据调查阶段。

证据调查是控辩双方在法官的主持下进行举证、质证以及认证的过程，证据调查的范围为与案件有关的事实和材料。[①] 调查时，审判长决定证据出示的顺序，证人要接受询问。根据《德国刑事诉讼法》第 69 条第 1 款规定，在询问证人之前，应当向证人说明法庭要证人证明的事项，也应当告知证人案件的被告人，然后让证人连续地陈述他（她）所见到的事实。证人陈述完毕后，要回答相应的问题。陪审法官、检察官、被告人及其辩护人以及陪审员都可以向证人提问，而且当这些人认为有必要对证人进一步提问时，可以请求审判长准许，审判长如果认为继续提问对证人的身心并无不利，可以准许。对于未满十八周岁的证人，应当由审判长独自询问。[②] 审判长不能决定提问的内容，但可以根据案情驳回不适当或者与案件无关的问题。[③] 法官拒绝就某一问题提问时，应当说明理由，然后由全体法官裁定。[④] 在证据调查中，允许对证人和鉴定人进行交叉询问。询问申请由检察官和被告人的辩护律师共同提出。先由提出证人或和鉴定人的一方进行询问，再由对方进行交叉询问。控辩双方询问完毕后，审判长和其他诉讼参与人也可以对证人和鉴定人进行询问。但如果询问方滥用询问权，询问一些与案件没有关系或者不适当的问题，审判长可以视情况剥夺其询问权。[⑤] 控辩双方都可以向审判长提出收集其他证据的申请，这种申请一般是不能驳回的，除非出现法定的拒绝理由。[⑥] 在调查过程中，如果被告人

---

① 为了查明案情，法官有职责获得最充分的证据，即使是间接证据也不能拒绝。法官对于诉讼参与人提出的有利于查明案件的申请应当给予支持，如果被告人一方的申请不明确，法官应当进行询问。如果检察官提交的证据有疏漏，法官也应当督促其申请查证并进行询问。参见《德国刑事诉讼法》第 244、245 条。

② 参见《德国刑事诉讼法》第 240—242 条 a。

③ 不适当问题是指对发现案件事实没有帮助，或者法律明确规定不能提出的问题。而与案件无关的问题是指与判决没有任何直接或者间接关系的问题。联邦法院曾经对此做出过狭义的解释，如果提问是不必要的重复或者带有暗示性，或者严重侵犯了证人的隐私权，那么这个问题就是不适当的问题。

④ 参见《德国刑事诉讼法》第 242 条。

⑤ 参见《德国刑事诉讼法》第 239、240 条。

⑥ 根据《德国刑事诉讼法》第 244 条第 3—5 款的规定，驳回的情形包括：证据的收集不被允许；众所周知没有收集的必要；待证事实对裁判无意义或者已证明；证据不合适或者无法取得；申请是为拖延诉讼；可以视为旨在为被告人免责提供证据的重大主张是真实时；法院具备专业知识时，可以拒绝鉴定人的申请；先前鉴定已证明与主张的事实相反；法院认为勘验对于查明案件事实没有必要等。

在场可能会妨碍证人或者共同被告人说出事实真相，法院可以命令被告人在此期间暂时离开法庭，但法官要待被告人回到法庭后将其退席期间证人或共同被告人作陈述的主要内容或者其他的庭审情况告知被告人，以保障被告人的知情权和参与权。① 德国直接言词原则主要体现在证据调查过程中，但实践中总会出现一些特殊情况使得直接言词原则的落实面临困难，为了综合保护各方的利益，需要对直接言词原则进行必要的限制。例如，在个别情况下，证人出庭作证会给证人的安全和身心健康带来严重损害，为避免此种不利，保护证人，法庭可以决定对证人进行视频询问，证人通过音像传输的方式作证，对于鉴定人也是如此。② 法官也可以通过宣布某些笔录或者播放音像记录来取代询问。③ 控辩双方出示的证据，都要进行宣读，如果双方都知晓且没有异议，可以不用宣读。每次出示证据后，法官应当询问被告人对证据的意见，被告人需要进行陈述。被告人可以就证据问题进行陈述，提出有关证据的异议和申请，也可以放弃陈述。检察官和辩护人也有此种权利，但必须在被告人进行陈述或者放弃陈述后才能行使。依此重复，待所有的证据都出示完毕后，证据调查阶段就宣告结束。

证据调查结束后，庭审就进入终结陈述阶段。首先由检察官就证据调查的结果进行陈述，发表看法，提出定罪和量刑的意见，法庭并不会受到检察官量刑意见的制约，而是自主作出判决。检察官陈述完后，被告人进行陈述、发表意见，被告人也可以就庭审程序和证据问题提出自己的申请，该申请由法官作出裁定。对于被告人的陈述，检察官可以反驳，但是被告人有最后陈述的权利，这种权利必须由被告人单独行使，即使辩护人为被告人作了发言，也需要询问被告人对于辩护是否还有陈述。④ 对于检察官和被告人的陈述时间并没有限制，双方可以自由支配，如果法官认为双方有滥用权利而延误庭审的嫌疑，可以命

① 参见《德国刑事诉讼法》第 247 条。

② 参见《德国刑事诉讼法》第 247 条 a。

③ 如根据《德国刑事诉讼法》第 251 条规定，控辩双方都认可的证据；证人、鉴定人等已经死亡不能接受询问的；被告人、鉴定人等无法出庭作证的等。《德国刑事诉讼法》第 253 条规定，为了帮助证人或鉴定人回忆某项事实，或者前后陈述矛盾，无法确定时。《德国刑事诉讼法》第 252 条 a 规定，如果被告人及辩护人曾参与对未满十八周岁的证人的先前的法官询问，可以播放询问的音像来代替对证人的询问。

④ 参见《德国刑事诉讼法》第 258 条。

令中断陈述。对于被告人的最后陈述，法官一定要予以保证。被告人最后陈述后，终结陈述阶段就结束，庭审进入评议宣判阶段。

终结陈述完毕后，法官宣布休庭，案件进入评议阶段。评议是秘密进行的，一般是在法官的办公室①，只有法官和书记员在场，评议人员不得泄露评议情况。② 法官评议时遵循自由心证原则，根据自己对证据的理解进行评断。③ 审判长主持评议，审判长先就证据和争议的焦点问题进行总结，然后由其他法官各自发表意见。如果评议法官对于问题和表决的结果存在不同的意见，最后将由法院作出决定。评议法官不能拒绝表决，除法定情形外，以表决的多数意见作出判决。对于被告人的定罪和量刑，需要达到三分之二的多数支持票。④ 在其他问题上，如果有多于两种的意见，并且没有一种意见能够达到足够作出判决的多数，就将最不利于被告人的那种意见归入仅次于这种最不利意见的次不利意见，以此推之，直至形成判决所需的多数票。如果在量刑问题上有两种以上的意见，且没有一种意见能够形成判决所需的多数，则以判罚最轻的意见为准。⑤ 在有两名法官和参审员的法庭，如果意见相反的票数相等，且只需要多数同意就可作出判决，审判长的意见就是主导意见。法官投票的顺序要根据资历，资历深的先投，资历浅的后投，资历相等时则根据年龄大小依次投票。荣誉法官和参审员根据年龄大小确定投票顺序，年龄小的先投，参审员先于法官投，审判长最后投。⑥ 虽然会存在不同的意见，但判决被视为整个法庭的决定，对于不同的意见也不会进行记录。应当注意，评议并不阻碍法官继续调查，如果有必要，法庭还可以决定重新开庭听取证人证言。

---

① 合议庭只有审理一些特殊案件时才能在审判席上评议，独立审判的职业法官则不会在宣布判决之前回到办公室。

② 《德国法官法》第 43 条规定："法官即使在离开办公室以后，也要对评议和投票保持沉默。"

③ 在德国刑事诉讼中，自由心证也叫自由证据评断，是法官根据其在整个审理过程中建立起来的自由的内心确信。参见《德国刑事诉讼法》第 261 条。法律不对法官评断证据进行束缚，要求法官基于客观基础，在遵循良心理性、自然规则、证据规则的前提下建立对被告人罪责的确信。确信要达到一种高度的可能性，能够排除合理怀疑，且遵守有疑唯利被告的原则。

④ 《德国刑事诉讼法》第 263 条规定："（一）就犯罪行为的罪责问题和法律后果作的对被告人不利的每一项裁判，须有三分之二的多数投票。（二）罪责问题亦包括刑法特别规定的免除、减轻或加重可罚性的情节。（三）罪责问题不包括时效的前提条件。"

⑤ 参见《德国法院组织法》第 196 条。

⑥ 参见邵建东主编：《德国司法制度》，厦门大学出版社 2010 年版，第 301 页。

法官评议后达成判决，再公开宣布判决。判决必须是书面形式，判决书要包含法庭对被告人定罪和量刑的明确的意见。[①] 判决的范围应当与公诉的范围一致，但是如果法庭根据审理的结果认为有必要变更对公诉中的犯罪行为的法律和事实评判时，可以决定变更。[②] 宣告判决时，由审判长在公开的法庭上宣读判决书。判决以人民的名义作出，审判长要依次宣读判决的主文和判决理由，宣读判决理由也是宣读其中的主要内容。宣读判决理由要根据被害人、证人等诉讼参与人的利益裁决。判决在审理结束后宣读，最迟不得超过审理结束后十一日，否则需要重新开庭审理。延期宣读的，要预先以书面形式确定判决理由。[③]

在宣读判决后的五周内，法庭必须对定罪和量刑的理由作出书面解释，这是判决理由或者裁判说理制度。解释要含法庭对案件事实、证据、被告人的罪责等诸方面。被告人有罪的，解释要写出已被证明的被告人的犯罪事实。如果有免除、减轻或者加重刑罚的情节，需要写出对这些情节是否认定以及理由。书面解释中，判处刑罚依据的法律和量刑情节也是不可缺少的。被告人被判无罪的，必须写出判决无罪的理由，该理由是事实理由还是法律理由。[④] 之所以要求法庭对判决进行说理，并作书面解释，一方面是因为这在德国被认为是审判公开的一种，审判不仅要将过程公开，还要将法官自由心证的历程公开，督促法官严格认真执行法律，防止徇私枉法；另一方面是因为，书面的判决理由能有助于上级法院对下级法院进行有效的监督，如果提出上诉，方便上级法院审查案件。近些年，联邦最高法院对下级法院裁判说理的完整性和一致性的要求越来越高。[⑤]

第二节　美国的庭审方式

在现今美国的司法实践中，多数案件的被告人在审前程序已经认罪或者进

---

① 参见《德国刑事诉讼法》第 260 条。

② 《德国刑事诉讼法》第 264 条第 2 款规定："法院不受拘束于开启审判程序裁定所根据的犯罪行为评断。"

③ 参见《德国刑事诉讼法》第 268 条。

④ 参见《德国刑事诉讼法》第 267 条。

⑤ 参见邵建东主编：《德国司法制度》，厦门大学出版社 2010 年版，第 302 页。

行辩诉交易,提前终结了诉讼,不再需要庭审。美国有学者统计,有 90% 的被告人认罪,5% 的被告人选择了其他程序处理,只有不到 5% 的被告人进入庭审。[①] 即使这样,庭审审判仍是美国刑事诉讼的中心,它是美国刑事司法公正的象征。对于公众来说,在审前程序就完结的刑事案件并不能看到,只有庭审的案件才能进入其视野。公众通过庭审审判来感知法律的威严和公正。被告人所享有的一系列权利只有在庭审中才能得到最充分、最周密的保障,庭审中当事人主义达到了顶点。在美国这样一个特别注重个人权利的国家,尤其注重庭审中体现出的对被告人权利的尊重,庭审也被视为司法民主的体现。所以,尽管在审判阶段,已经不像最初大规模地适用庭审,但庭审的地位一直都是不可撼动的,是其他程序无法取代的。

一、庭审阶段被告人享有的权利

相较于职权主义诉讼模式,当事人主义诉讼模式在庭审阶段的一个重大特点就是规范的重点由法官转移到被告人身上。德国的庭审原则,如直接言词原则是从法官的角度来审视庭审,通过提高法官的职责要求达到诉讼公正的目的。而美国的庭审则以被告人为出发点,通过保障被告人的诉讼权利来实现平等对抗,保证诉讼公正。所以,美国庭审最重要的原则就是保障被告人的诉讼权利,在这些权利中,根植于宪法的权利是最基本、最重要的权利。被告人在庭审中的权利主要来源于《美国宪法第五修正案》[②]和《美国宪法第六修正案》[③],修正案规定的权利包括:不得强迫自证其罪,获得迅速、公开、公平审判,获得陪审团审判,对质权,获得律师辩护权等。

---

① See Joseph. Senna & Larry J. Siegel, *Essentials of Criminal Justice*, Wadsworth Publishing Company, 1998, p. 310 - 311.

② 《美国宪法第五修正案》规定,非经大陪审团提出报告或起诉,任何人不受死罪或其他重罪的惩罚,惟在战时国家危急时期发生在陆、海军中或正在服役的民兵中的案件不在此限。任何人不得因同一犯罪行为而两次遭受生命或身体伤残的危害;不得在任何刑事案件中被迫自证其罪;未经正当法律程序,不得剥夺任何人的生命、自由或财产;非有恰当补偿,不得将私有财产充作公用。

③ 《美国宪法第六修正案》规定,在一切刑事诉讼中,被告应享受下列权利:由犯罪行为发生地的州和地区的公正陪审团予以迅速和公开的审判,该地区应事先已由法律确定;获知控告的性质和原因;同原告证人对质;以强制程序取得有利于自己的证据;并取得律师帮助为其辩护。

(一)不得强迫自证其罪

不得强迫自证其罪,是指不能强迫犯罪嫌疑人、被告人作不利于自己、证明自己有罪的陈述。不得强迫自证其罪贯穿于诉讼的全过程,在侦查阶段,犯罪嫌疑人享有沉默权,警察讯问时要遵守米兰达规则。在审查起诉时,检察官不能强迫被告人作不利于自己的陈述。在庭审阶段,法官不能强迫被告人作证和认罪,除非被告人的辩护人认为被告人有必要作证,被告人在庭审中也有沉默权,检察官不能对被告人的沉默发表意见,不得引导陪审团对被告人的沉默作不利的推论。但是检察官可以依据公平回应原则(fair response)在最后陈述时在陪审团面前对被告人的沉默行为进行指责。[①] 一旦被告人在他自己的辩护中成为证人,就视为其已放弃了沉默权,必须就指控的犯罪行为接受质证,所以这种选择对于有前科的被告来说是有风险的。如果被告人在审前被羁押,不能让被告人身穿囚服出庭受审,因为这容易误导陪审团。不得强迫自证其罪只适用于言词证据而不适用于实物证据。例如,在庭审中被告人可以保持沉默,但法庭可以强制被告人进行身体或者精神检查,检察官可以依此获得的证据(血样、DNA、精神报告等)来证明被告人有罪。[②] 不得强迫自证其罪也只适用于自然人而不适用于公司法人,有关公司事务的实体记录不能因能够自证其罪而拒绝提供。

同时,不得强迫自证其罪也延伸到对证人的保护。证人出庭作证只是向法庭提供案件事实的有关信息,如果证人回答问题会使自己陷入被追究犯罪的危险境地,则违反了让证人出庭的初衷,证人可以就此主张此权利;但是如果证人作证可能会使自己仅仅承担民事责任,那么证人不可以主张此权利。当然,证人可以放弃此权利,证人和辩护律师都可以主张,在证人回答可能使自己受到犯罪追诉的问题而没有主张权利时,就视为权利被放弃。当证人同时是被告人时,证人出庭作证时也必须回答与指控有关的所有质询。

---

① See United Statde v. Robinson,485 U. S. 25(1988).

② See Gilbert v. California,388 U. S. 263(1967).

（二）获得迅速、公开、公平审判

迅速审判是指要对被告人进行及时、不拖延的审判，美国刑事诉讼法意义上的“被告人”是指一个人被正式指控，或者被逮捕后对指控进行答辩。起初，美国多数州认为，一个人被逮捕后就成为被告人，就享有迅速审判的权利，即使后来被保释。① 1967 年，美国联邦最高法院通过科勒普案（Kloper v. North Carolina）将迅速审判推至各州②，迅速审判的目的主要是减少审前羁押，减轻被告人在等候审判时的痛苦；避免因审前广泛的宣传而影响对被告人的公正审判；避免被告人自我辩护能力的削弱；让证人尽快出庭加强庭审的作用和可信度。1974 年通过的美国《联邦迅速审判法》对于联邦法院的诉讼程序规定了期限的要求，力求在逮捕后的 100 日内审判案件。如要在逮捕后的 30 日内提出指控或者起诉的申请，传讯要在随后的 10 日内完成，审判必须在传讯后的 60 日内完成。如果未在起诉后的 70 日内开始审判被告人又不认罪，可以撤销指控，这些规定都大大加快了美国联邦法院的审判流程。

美国联邦最高法院在 1980 年的理查蒙德报纸公司诉弗吉尼亚州案（Richmond Newspaper, Inc. v. Virginia）中明确规定刑事庭审必须公开。不仅如此，最高法院还扩大了公开审判的案件范围，规定新闻媒体可以参加审判，甚至对一些敏感的、性犯罪的未满 18 周岁的被告人案件也予以公开。（在州的法院庭审中，虽然未成年人没有公开审判的宪法权利，但是对审判过程不能进行新闻报道。）当然，公开并非绝对，庭审法官可以根据自己的判断，出于维护公共利益的动机要求全部或者部分旁听者离席，但是被告人的亲属和朋友除外。证人的安全受到威胁时，庭审法官也可以决定是否向所有人公开。联邦法院禁止对审判进行电视报道，但大部分州法院并不禁止。

获得公平审判是每个被告人的权利，关于何为公平审判，美国宪法并没有

---

① 参见[美]罗纳尔多·V. 戴尔卡门：《美国刑事诉讼——法律和实践》，张鸿巍等译，武汉大学出版社 2006 年版，第 535 页。

② 科勒普诉北卡罗来纳州案（Kloper v. North Carolina），被告人科勒普（Kloper）的一审判决被判无效，他试图弄清何时进行重审。检察官要求法庭许可对被告人“准予撤回起诉”，这是一种释放被告人但以后能够起诉被告人的措施。美国联邦最高法院认为，案中无理由地推迟对被告人的审判侵犯了宪法修正案保护的迅速审判权。

作出明确的规定,但《美国宪法第十四修正案》指出了大的方向和原则,根据此修正案,公平审判要遵循正当程序,给予被告人平等的法律保护。正当程序要求法庭是公正的,法官是中立的,法官进行裁判必须基于事实和证据,依据自己的良心和经验排除合理怀疑。平等的法律保护则是要在诉讼过程中落实无罪推定原则,不能制造出被告人有异于普通人的情况,如具有误导性的审前报道、对证人施加压力、不友好的旁听者、让被告人穿着囚服出庭等。为了消除这些不良影响,法官可以视情况将审判地点更换至一个具有更多公正陪审员的法院;还可以将陪审团集中在一起,严格限制陪审团与外界接触;如果庭审中对被告人存在严重偏见,可以延期审理,待偏见消除后再审;法官还可以颁布禁口令给特定的对象,禁止他们散布消息或者谈论与审判有关的事项;法官可以拒绝媒体报道审判,但这经常会引起言论自由与公正审判的平衡之争。美国联邦最高法院曾经推翻了一个有罪判决,就是因为最高法院认为媒体已经严重干扰了法官、陪审团等庭审参与人员正常的审判情绪,影响了被告人接受公平审判的权利。①

(三)获得陪审团审判

在美国,法庭审判分为法官审判和陪审团审判。根据宪法规定,被告人可以选择陪审团审判,也可以放弃陪审团审判而由法官审判。② 但在死刑案件中,被告人不能放弃接受陪审团审判的权利。被告人放弃陪审团审判,一般出于以下考虑:在审前,如果案件被媒体大量报道,公众对被告人的情况都比较熟悉,被告人的辩护律师通常会建议被告人放弃陪审团审判。因为这时公众对被告人的印象已经基本形成,很难再发生改观。另外,在一些专业性比较强的案件中,被告人的辩护律师会倾向于说服被告人选择法官审判,因为他认为只有在法官处才能更好地就专业问题进行辩护,陪审团成员都是非专业的普通公民,选择陪审团审判的话,辩护效果会打折扣。

---

① See Sheppard v. Maxwell,384 U. S. 333(1966).

② 根据1970年的鲍德温诉纽约州案(Baldwin v. New York),美国联邦最高法院裁决被告人只要可能被判处6个月以上监禁,在联邦刑事诉讼中,被告人就有权选择陪审团审判。美国各州可自行决定对于6个月以下监禁的案件是否可以选择陪审团审判。

美国的陪审团一般由6人或者12人组成，这并不是说必须有6人或者12人，事实上6—12人都是符合宪法规定的。① 在联邦法院中，死刑案件不会有少于12人的陪审团。在各州的法院中，只有犹他州、路易斯安那州、佛罗里达州等在重罪案件中仍然选用6人陪审团，其他州都采用12人陪审团。陪审团的成员需要从“社会中一个有代表性的层面”中选出，以保证陪审团审判的公正性。选择陪审员时不能因为种族、信仰、肤色、性别等问题而排除其陪审员资格，这是违背宪法的。检察官在使用无因回避原则时，也不能仅仅因为种族原则而要求和被告人同一种族的人回避，这样不仅侵犯了陪审员的宪法权利，也侵犯了被告人受法律平等保护的权利。② 同样，也不能仅仅因为性别而将某些陪审员排除在外，美国联邦最高法院裁决在选择陪审员时禁止性别歧视，这种歧视或是基于“性别”或是“基于仅仅因为某人是一个女人或一个男人而作出此人会在某一案件中存在偏见的假设”③。种族和性别是美国联邦最高法院最关注的两个因素，至于近些年兴起的对宗教、职业、社会地位等的讨论，最高法院还没有正面作出回应。

陪审团审判中，陪审团和法官的职责分工不同，陪审团负责认定犯罪事实，法官只负责法律适用问题，如证据的采用、证人出庭作证、控辩双方在庭审中的行为是否违反审判规则等。对于有效裁决（Unanimous Verdict），是否只有在陪审员意见一致的情况下才能作出呢？在1972年的阿波达卡诉俄勒冈州案（Apodaca v. Oregon）中④，美国联邦最高法院裁决认为，对于非死刑案件，联邦宪法并不要求必须陪审团意见一致时才能对被告人定罪，陪审员相当多数同意即可。对于相当多数的理解，美国联邦最高法院在另一案件中裁决9:3的意见可以判处被告人有罪。⑤ 所以，在12人的联邦法院陪审团中，同意对被告人

---

① 1970年，在威廉姆斯诉佛罗里达州案（Williams v. Florida）中，美国联邦最高法院裁决，由6人陪审团审判并没有剥夺被告人获得陪审团审判的宪法权利，12人的陪审团并不是陪审团的必须组成形式。

② See Batson v. Kentucky, 476 U. S. 79(1986).

③ 参见J. E. B v. Alabama, 511 U. S. 127(1994)。转引自［美］罗纳尔多·V. 戴尔卡门：《美国刑事诉讼——法律和实践》，张鸿巍等译，武汉大学出版社2006年版，第509页。

④ See Apodaca v. Oregon, 406 U. S. 404(1972).

⑤ See Johnson v. Louisiana, 406 U. S. 356(1972).

作有罪判决的票数不应少于9票。但对于6人陪审团,最高法院裁决不得以多数票给被告人定罪,必须全体陪审员一致认为被告人有罪时才能作出有罪判决。[①] 在存在“未决陪审团”(hung jury),即陪审团就被告人有罪与否存在争议达不到有效的定罪票数时,检察官可以选择是否对被告人进行再次审判,法律对再次审判的次数没有限制。在州法院层面,所有的州法院对死刑案件都要求陪审团意见一致,对于其他案件,各州之间规定并不尽相同,此处不再论述。

(四)对质权

《美国宪法第六修正案》规定刑事诉讼中的被告人有同对立证人质证的权利,并能以强制程序获得对其有利的证人。但同对立证人对质的权利并不适用于调查取证程序,如勘验、立法调查或者大陪审团会议等。被告人同对立的证人对质能够防止证人作伪证,虽然证人会向警察或者检察官作证,但这并不能保证证人证言的真实性。在庭审时,让证人出现在严肃的法庭上并宣誓作证,能让证人从法律和良心上谨慎审视自己的行为,提醒其讲出事实,有助于诉讼公正。被告人同对立证人对质权包括知晓对立证人的身份、庭审中同对立证人当面对质以及交叉询问证人。

知晓对立证人的身份是被告人知情权的一部分,这能够防止刑事指控沦为秘密告发的迫害。任何作出对被告人不利证言的证人,都要提供真实的姓名和住址,这样被告人和辩护律师才能针对证言提出有针对性的辩解和反驳。对于一些不能够对自己的身份作出解释的证人(如丧失记忆),可以用先前的庭外证据来对证人的身份进行确认,前提是必须能让被告人有公平的机会对证人进行适当的引导和质疑。[②]

知晓对立证人的身份,对于被告人来说并不是最重要的。对质权的核心内容是被告人能够同对立证人在庭审中当面对质,直接面对证人作证。起初,检察官一方的证人必须出庭在被告人面前作证,接受被告人一方的质询。例如,在一起儿童性虐待案[③]中,法庭在被告人和证人之间放置了一道屏风,证人作

---

① 参见马跃:《美国刑事司法制度》,中国政法大学出版社2004年版,第309页。

② See United States v. Owens,484 U.S. 554(1988).

③ See Coy v. Iowa,487 U.S. 1012(1988).

证时就看不到被告人。联邦最高法院否决了这个做法,认为这样违反了被告人同对立证人面对面对质的权利。但最高法院的这一裁定引起了不小的争议,也促使最高法院进行反思,对这项权利与其他利益的冲突进行更加慎重的权衡。两年之后,在另一起儿童性虐待案中,法庭让证人通过一个单向的闭路电视作证,被告人对此表示抗议。联邦最高法院驳回了抗议,认为被告人同对立证人面对面对质的权利虽然很重要,但并不是不可或缺的。[①] 在同对立证人对质的时候,不仅仅能够听取证人作证,对证人进行交叉询问也是非常重要的反驳手段,交叉询问可以发现证人证言中的虚假和错误之处,一方面能够推翻证人证言,另一方面也能够让被告人寻得有利的辩护机会。交叉询问是一项非常复杂和专业的询问技术,虽然是被告人的一项权利,但是真正运用的是被告人的辩护律师。庭审期间,对交叉询问的各种权利限制都由法官提出。

(五)获得律师辩护权

被告人可以为自己辩护,为何还需要律师帮助呢?对于这个疑问,美国联邦最高法院法官乔治·萨瑟兰(George Sutherland)在鲍威尔诉亚拉巴马州案(Powell v. Alabama)案中做了经典的阐述:"即使那些聪明的和受过教育的外行也对法律科学知之甚少甚至根本不懂。如果没有辩护律师的帮助,他可能在不恰当的指控下被送上审判席,并且根据与此案无关的或者其他不被承认的对他不利的不足证据被判有罪。没有辩护律师,即使他可能是无罪的,他也面临被定罪的危险,因为他不知道该如何证实自己的清白。"[②]在一切刑事诉讼中,被告人有权获得律师帮助辩护。此项权利并不是一开始就适用于全美,在1963年吉迪恩诉温赖特案(Gideon v. Wainwright)后才被推广至各州。[③]

被告人获得律师辩护可以分为被告人自己聘请律师和法院指定律师辩护,在本书中,获得律师辩护仅指法院指定律师辩护,因为美国的多数刑事案件涉及的都是法院指定辩护。法院指定律师辩护主要基于被告人经济困难,对于经

① See Maryland v. Craig,497 U.S. 836(1990).

② See Powell v. Alabama,U.S. 45(1932).转引自[美]罗纳尔多·V.戴尔卡门:《美国刑事诉讼——法律和实践》,张鸿巍等译,武汉大学出版社2006年版,第511页。

③ See Gideon v. Wainwright,372 U.S. 335(1963).

济困难并没有统一的标准，法官会从被告人的职业、生活水平、薪金水平考虑。被告人并没有权利选择辩护律师，要遵从法院的决定。法官可以从辩护律师名单中随机指定，也可以雇佣专职的公共辩护人为被告人进行辩护。在美国，辩护律师要忠实于被告人，有义务为被告人的利益提供尽可能好的辩护，也即要最大限度地为被告人提供有效辩护，如果辩护律师在审判时没有尽到有效辩护的义务，被告人可以对由此带来的有罪判决提出抗议。有效辩护对于被告人来说很重要，尤其是法院指定辩护律师的被告人。有效辩护的含义并不清晰，很难判定。1984 年，美国联邦最高法院通过两个案件对有效辩护进行了阐述，最高法院认为有效辩护需满足以下两个标准：被告人能够明确指出辩护律师的错误而不是指责辩护律师经验不足或者准备不充分等①；由于辩护律师的缘故，公正审判成为不可能②。被告人对于辩护律师的无效辩护指责需要提出证据证明，但这种证明对于被告人来讲几乎是不可能完成的，所以在实践中，很少有被告人成功对辩护律师提出无效辩护的抗议。

二、美国的庭审步骤

美国刑事诉讼的审判程序分为陪审团审判和法官独任审判，陪审团审判作为深具美国特色的程序，虽然在司法实践中已经不再大规模使用，但仍是美国当事人主义诉讼模式下审判中心主义的极好体现，故本书以陪审团审判为主介绍其审判程序。陪审团审判大致分为以下几个阶段：挑选陪审团、开场陈述、证据展示、终结辩论、法官指示陪审团、陪审团评议、作出判决。

（一）挑选陪审团

陪审团审判的基础是有一个合法而公正的陪审团，挑选一个具有代表性的陪审团就成了第一项要做的工作。陪审员是从陪审团名单上随机挑选的，这时称为候选陪审员。陪审团名单包括法院辖区内所有达到法定年龄的社区人员。

① See United States v. Cronic, 466 U. S. 648 (1984).

② See Strickland v. Washington, 466 U. S. 688 (1984).

美国的一些州将选民登记表作为候选陪审员的名单来源，另一些州则将驾驶员执照的名单作为候选陪审员的名单来源。当需要陪审团审判时，负责陪审团事务的法院书记官或者其他官员会向候选陪审员发出通知，传唤这些人。有时候还要在传票后附带调查表，调查表回馈的信息会在以后的程序中被律师用于挑选陪审员。陪审员存在豁免情形，联邦法律对于未满 18 周岁、不能用英语交流或者身体、精神状况不允许的人员都有规定；州法律中除了身体健康原因外，也有职业的豁免，如医生、牧师、教师等特定职业。候选陪审员接到法院的通知后，要向法院报告并接受询问以决定他们在法庭上是否应当回避，这被称为“预先审查”或者“说出真相”（voir dire）。预先审查是法官或律师通过对候选陪审员进行询问，了解陪审员对案件的认识和态度，以确定是否对其实施回避。候选陪审员的回避分为有因回避（challenge for cause）和无因回避（peremptory challenge），有因回避是指存在的法定情形使候审陪审员回避。常见的回避的法定事由大致包括：候选陪审员不是辖区的社区人员，候选陪审员受到重罪指控或者已经被判决有重罪，候选陪审员患有精神病，候选陪审员是案件的证人，候选陪审员是提出指控的大陪审团成员等。① 无因回避是指不需要说明任何理由而要求候选陪审员回避，无因回避完全由控辩双方根据自己的喜好自由裁量。诉讼中，控辩双方都希望能选择对自己一方有利的陪审员，他们会在候选陪审员中竭力寻找任何一个对自己一方显露出偏见的成员并将其排除出庭审，使自己的风险减至最低。当事人主义这样看待无因回避：“如果双方都享有平等的偏见机会撤免陪审团并受必须撤免明显偏见的陪审员的法官监管，结果是陪审团不会更偏向于控辩双方的任何一方。”②无因回避虽然没有理由限制，但是有次数限制，否则将会陷入控辩双方无休止的挑剔之中。无因回避并不是宪法权利，所以对于无因回避的次数由各州自行规定，而各州的规定也不尽相同。一般来说，无因回避的次数与罪行的轻重有关，越严重的罪行，可能获得的回避次数越多。例如，对轻罪案件控辩双方各自可以提出 6 次回避；对于重罪案件，

---

① 参见［美］罗纳尔多·V. 戴尔卡门：《美国刑事诉讼——法律和实践》，张鸿巍等译，武汉大学出版社 2006 年版，第 511 页。

② ［美］爱伦·豪切斯泰勒·斯黛丽、南希·弗兰克：《美国刑事法院诉讼程序》，陈卫东、徐美君译，中国人民大学出版社 2002 年版，第 518 页。

各自可以提出12次回避；对于死刑案件，则可以提出16—20次回避。虽然无因回避不需提出理由，但如果是基于种族和性别原因而提出无因回避，则会因为侵犯了被告人受法律平等保护的宪法权利而受到禁止，美国联邦最高法院认为基于种族和性别的无因回避是违宪的。

（二）开场陈述

确定后的陪审员在审判前需要进行宣誓，宣誓自己会依据法律公正履行自己的职责，宣誓后就正式进入庭审程序。庭审法官会向陪审员说明其要承担的任务以及法庭规则，特别强调陪审员在审判期间不能相互或者向其他人谈论案件的审理情况。必要的时候陪审员可能会被隔离，禁止陪审员接触无关的人，保证陪审员自始至终的中立，法官对于隔离陪审员要作出解释，告知陪审员隔离的地点、隔离的原因以及隔离期间注意的事项等。如果是法官独任审理，第一个证人宣誓后，庭审就正式开始了。陪审团宣誓后，法庭书记员向陪审团宣读起诉书，控辩双方就可以作开场陈述，陈述自己对指控的意见。通常先是检察官进行陈述，然后是辩护律师进行陈述。辩护律师也可以不作开场陈述，这取决于辩护律师对检察官陈述的认识以及自己对辩护的准备情况，有时根本就没有必要进行开场陈述。陈述面向陪审团作出，双方的陈述并不作为证据使用，而仅仅是一种观点。控方陈述的目的是向陪审团介绍案件的大致情况，指控被告人的罪行。陈述的内容通常包括对被告人犯罪行为的描述以及接下来要在法庭上提供的证人和证据情况。控方也会向陪审员解释排除合理怀疑的含义，提醒陪审团对被告人的定罪需要达到一种什么程度，其潜在意图是告诉陪审团判定被告人有罪只需达到什么程度而不是必须达到什么程度。控方的陈述并不是不受限制，陈述不得提及被告人以前的犯罪行为（如果有的话），如果提及，这将是非常大的错误，会导致审判无效（审判没有终结就会被宣告无效而不是终结后宣告）而进行重新审理。相较于控方的陈述，辩护律师的陈述则是偏重对案件过程的叙说以及强调被告人是无罪的，证明有罪的责任在于控方。陪审团不能将辩护律师的陈述当作是对案件的证明或者反驳。辩护律师不能使用误导性的言语使陪审团受到不适当的影响，法官也会紧密注意陈述，出现此种情形时，会马上提出并纠正。双方作开场陈述时，会根据当时的情况综合考虑策略(如案件的性质、证据以及自己准备的情况等),开场陈述没有内容长短的限制,可以长篇大论,也可以言简意赅。通常控辩双方都不会作长时间的陈述,而把重心都放在后续的证据调查上。开场陈述被认为是庭审劝说程序的重要组成部分,研究表明,80%的陪审员都会赞成开场陈述中比较有说服力的一方。尽管法官会提醒陪审员要待所有的证据质证后才能对案件作出结论,但是陪审员不可避免地在开场陈述后产生一些暂时的结论。[①]

(三)证据展示

开场陈述后,控辩双方就进入真正的较量,双方要向法庭和陪审团出示证据支持各自的主张。双方展示证据要依据一定的顺序,遵循一定的规则。如果一方的证据已经能够明显地证明被告人无罪或者有罪,控辩双方就会向法官提出动议,要求直接对被告人进行裁判。如果法官拒绝,继续下面的程序。证据展示可以分为以下几个步骤:

1. 控方出示证据

针对被告人有罪的情形,控方负举证责任,所以先由控方出示证据。控方出示的证据包括书证、物证及证人,证人除法定情形外,必须出庭作证,接受质证。有多个证人的,证人单独依次出庭,不得同时出庭作证,以免证人之间相互影响。检察官首先对自己传唤的证人进行直接询问(direct examination),直接询问的目的是从证人那里得到支持控方开场陈述中对被告人的有罪指控的证据,让陪审团相信指控是正确的。证人通常只能客观陈述他所看到的事实,而不能对事实进行推断,发表自己的意见,但是专家证人不限于此,如一个精神科专家可以对被告人当时的精神状态给出意见。检察官不得对证人进行诱导性提问(leading question),诱导性提问又称暗示询问,是指询问者为了获得自己想要的回答,在提问中加入有暗示性的内容,诱导回答者不自觉地回答,或者将有争议的假定事实当作真的事实向回答者发问。诱导性提问一般要求回答者回答"是"或者"不是",如"被告人驾驶的车辆是黑色的,是吗?"。禁止诱导性

① 参见[美]爱伦·豪切斯泰勒·斯黛丽、南希·弗兰克:《美国刑事法院诉讼程序》,陈卫东、徐美君译,中国人民大学出版社2002年版,第527页。

提问是因为提问者会妨碍证人的自主判断能力，会对证人施加不适当的影响。检察官直接询问结束后，被告人的辩护律师可以对证人进行交叉询问（cross-examination），交叉询问的目的是尽量从对证人的询问中发现证人不可信的地方或者找出证人与审判有着利害关系，从而破坏证人的可信度，推翻证人之前的证言。辩护律师对证人进行交叉询问时，可以进行诱导性提问。辩护律师交叉询问完毕后，检察官还可以对证人进行直接询问，辩护律师也可以在检察官直接询问结束后再进行交叉询问。这一过程可以反复多次，但法官通常不会允许过多次数的询问，控方出示完所有的证据后，也会自动停止。无论是检察官还是辩护律师，都可以对对方的证人证言表示反对，对对方的诱导性问题提出反对。如果法官认为反对无效，询问的一方可以继续按照原来的方法询问；如果法官支持反对，询问的一方必须马上停止并改变询问的方法。对证人进行交叉询问的规则非常复杂，过程也很冗长，控辩双方不停地攻守。美国学界非常推崇这种证据调查方式，认为它是查明案件事实的最佳法律装置。①

2. 辩方出示证据

控方出示完所有的证据后，辩方可以视情况作出不同的处理：辩护律师可以直接提出积极抗辩，请求陪审团直接作出被告人不负刑事责任（精神病发作、紧急避险、正当防卫等）的裁判；提供被告人不在场的证明；直接反驳控方，出示相反的证据。辩护律师同样可以提出书证、物证以及证人证言。辩方的证人出庭后，遵循之前控方的询问规则，辩护律师先直接询问，检察官再交叉询问，如此往复。同样，检察官对辩方证人进行交叉询问时也可以使用诱导性提问。除了普通的证人外，辩护律师也可以决定让被告人出庭作证，一旦被告人出庭作证，他就要像普通证人一样接受检察官的交叉询问，面临着自证其罪的风险。因为在美国，陪审团不得从被告人拒绝作证的行为中推断出对被告人不利的结论，如果被告人出庭作证，他就会因为在交叉询问中暴露出的问题而面临陪审团的不利影响。尽管存在风险，司法实践中辩护律师还是倾向于让被告人出庭作证。他们认为，如果被告人不出庭作证，会使陪审团产生怀疑，想知道

① 参见宋英辉等：《外国刑事诉讼法》，法律出版社2006年版，第188页。

被告人到底在隐瞒什么事实，从而偏向于有罪判决。[①] 辩方出示证据时，证据规则和反对权利对控辩双方都适用。

3. 出示反驳证据

当控辩双方出示完主要证据后，可以再出示反驳证据（rebuttal evidence）来削弱或者推翻对方的证据。出示反驳证据的形式也是多样的，可以再传唤新的证人或者提交其他证据，对证人进行询问、交叉询问。反驳证据必须是新的证据，不能与之前出示的证据重复。通常，不在犯罪现场的证明是极为有力的反驳证据。

4. 提出动议

当控方出示证据后，如果事实是如此明显，以至于没有必要再对被告人进行下一步的审判，辩护律师可以提出审前裁决动议，要求直接作出无罪判决或者无效审理。直接作出无罪判决，是指控方的证据达不到排除合理怀疑的程度，不足以证明被告人有罪（如控方的证据根本证明不了被告人案发时在现场）。从理论上讲，判决被告人是否有罪是陪审团的职责，法官不能越俎代庖，美国的一些州并不允许提出无罪判决动议。但是大多数州允许法官直接作出无罪判决，因为法官比陪审团更加专业，法官听取证据之后可以立即意识到庭审再进行下去已经没有必要，被告人的无罪事实在法律层面上已经很清楚。而无效审理的动议则是指因为庭审后的一些不当行为已经严重影响到陪审团的中立公正，需要撤销此前的审理，重新再审。无效审理动议的理由通常包括检察官对被告人之前犯罪行为的陈述、提交具有误导性、煽动性的证据等。

（四）终结辩论

证据展示之后，控辩双方向陪审团作终结辩论。终结辩论并不是强制的，双方可以放弃。如果选择作终结辩论，一般是先辩方后控方。不同于开场陈述主要对案件事实的介绍，控辩双方在终结辩论时都会强调证据的重要性，他们为陪审团分析证据，包括自己的证据也包括对方的证据，作出对自己有利的解释。控方会说明自己出示的证据已经形成了一个完整的证据锁链且达到了排

---

① 参见齐树洁主编：《美国司法制度》，厦门大学出版社2006年版，第661页。

除合理怀疑的程度,可以判定被告人有罪。控方还会从被害人的角度阐述被告人的犯罪行为已经给被害人和社会带来了危害,从情感上争取陪审团的同情。辩护律师则从证据和法律的角度提醒陪审团,控方的证据并没有达到排除合理怀疑的程度,只是对被告人是否从事犯罪行为提出了疑问,并没有得出确定的结论。辩护律师也会说出被告人值得同情的一些方面,在情感上争取陪审团。对于辩论律师来说,终结辩论是展示他们个人才华的重要机会,他们可以利用自己对陪审团成员心理的把握和娴熟的演技来争取陪审团支持。

(五)法官指示陪审团

控辩双方结束终结辩论后①,陪审团对案件事实和证据接触已经宣告结束,接下来陪审团就要根据法律来作出裁判。由于陪审员都是非专业人员,对相关的法律知识并不熟悉,这时就需要法官对陪审团在裁判过程中需要用到的法律知识和注意的问题作出指示,让陪审团明白裁判的规则。法官向陪审团说明被告人享有的权利、证据收集的方式、排除合理怀疑等,还要提醒陪审员不要受个人情感和偏见的干扰,公正地作出裁判。对于复杂的案件,法官需要花费不少时间来指示陪审团。对于陪审员来说,听取法官的指示可能会比较痛苦,因为法官的指示采用的都是专业的法律语言,这对于非专业的人员是非常严峻的考验,陪审员在听到指示后可能会较之前更加迷惑。控辩双方都有机会向法官提出他们希望法官给予陪审团的指示,通常控辩双方会在证据展示阶段向法官提出指示申请,法官要给出同意、否决或者修改的意见,同意的指示法官会向陪审团作出。法官和控辩双方也可以举行会议,就指示问题进行交流,但对于指示同意与否或者内容的决定权都在法官这边。

(六)陪审团评议

法官对陪审团作完指示后,陪审团要退庭评议。评议在封闭的环境中进行,陪审团不得同外界进行不必要的接触。是否需要对陪审团进行隔离,要视

---

① 在美国,并不是所有的州都规定必须在终结辩论后才可以对陪审团进行指示,有的州允许在终结辩论结束之前作出指示。

案件情况由法官决定。如果陪审团在审判时没有被隔离,则评议时很可能被隔离。一些案件如果在晚上九点或十点还没有完成,陪审员可能被安置在宾馆,另一些案件的陪审员则可能被允许回家。① 陪审团评议时,选出一个陪审员作为主席,主持评议并向法庭提交判决。陪审团评议时不能再询问证人或者查看证据,但可以讨论案件的事实,发表自己的看法。陪审团的意见必须达到一定比例后才能形成有效判决,联邦法院和州法院一般要求对刑事案件的裁决必须意见一致,但也有一些州要求多数裁决即可。② 如果出现未决陪审团(陪审团不能就被告人是否有罪达成有效意见),法官会先努力劝说陪审团再评议作出裁决,如果陪审团仍不能达成一致,法官会宣布未决裁判。对于未决裁判,被告人可以提出宣判无罪的动议,如果动议被拒绝,检察官要决定是否组成新的陪审团对案件进行重新审理。检察官综合考虑后,可以要求重新审理,也可以驳回指控。在法官独任审理的案件中,由法官作出判决,法官不仅要判定被告人有罪还是无罪,还要撰写事实认定和法律结论支持判决。

(七)宣布判决

陪审团作出判决的,法官以及控辩双方要到法庭听候判决。陪审团主席将判决交给法官,法官宣读判决书后将判决书交还给陪审团主席或者再让法庭书记员大声宣读判决书。宣布判决后,控辩双方可以就判决逐一询问陪审员,陪审员要说出他的投票结果,以保证他所作出的裁判没有受到不当的强制或干扰。最后,法官要向陪审团致谢,感谢他们在审判阶段所做的工作。

如果被告人被判决无罪,要立即释放被告人。根据禁止双重危险原则,检察官不得对无罪判决提起抗诉或者以同样的事实再次指控被告人。被告人不得就羁押提出赔偿要求,这是作为公民必须承担的一项配合国家侦查犯罪的义务,尽管事实上被告人会因此受到经济和名誉上的损害。如果被告人被判决有罪,那么法官将对被告人进行量刑,法官可以决定对被告人保释或者继续羁押

---

① 参见[美]爱伦·豪切斯泰勒·斯黛丽、南希·弗兰克:《美国刑事法院诉讼程序》,陈卫东、徐美君译,中国人民大学出版社 2002 年版,第 538 页。

② 在美国,蒙大拿州、得克萨斯州、俄勒冈州、路易斯安那州、俄克拉荷马州要求刑事案件中的 12 人陪审团要作出多数裁决。

等待刑罚的确定。被告人对于有罪判决可以提出动议,要求宣告无罪,理由是控方的证据并没有达到排除合理怀疑的程度。实践中,此时提出的无罪动议很少被批准,因为在此之前辩方有充分的机会提出无罪动议。最后,法官签署有罪判决的指令,使陪审团的判决生效,被告人在法律意义上被判决有罪,此时法官开始考虑对被告人适用的刑罚,庭审正式结束而进入量刑程序。

第三节　日本的庭审方式

在世界范围的刑事诉讼模式中,日本的刑事诉讼模式可谓独具特色。日本刑事诉讼主要是学习外来的经验,移植别国的诉讼模式。而日本学习的国家并不单一,且不是沿用同一个刑事诉讼模式的国家,所以从日本的刑事诉讼模式演变历史中可以看到不同模式的影子。在上古时代,日本处于法制的萌芽期,除《宪法十七条》外①,日本实行弹劾式诉讼模式。② 日本深受中国的影响,尤其是唐朝时的中国,日本大化改新③后,全面学习唐朝的政治与法律制度,成为中华法系的一员,刑事诉讼模式也由弹劾式转向纠问式。日本明治维新④后,又学习欧洲大陆的法国和德国,移植了职权主义诉讼模式。“二战”战败后,美国军事占领了日本,在占领的7年里,美国的制度对日本影响巨大。日本再次通过司法改革移植英美法系中的当事人主义诉讼模式,与一直实行的职权主义诉讼模式融合,形成了职权主义与当事人主义并存的被学界称为混合式诉讼模式的新诉讼模式。现在,日本依然在不断地向英美法系国家借鉴经验,改造着本国的司法制度。

---

① 604年,日本圣德太子推行“推古朝改革”,制定《宪法十七条》。《宪法十七条》用汉文制定,主要用来规范国家的政治准则和官员的行为,是日本第一部成文法。

② 参见汪振林:《日本刑事诉讼模式变迁研究》,四川大学出版社2011年版,第30页。

③ 大化改新是指中大兄皇子掌权后于645—649年推行的政治改革,主要是在日本国内废除奴隶制,建立封建制的改革运动。

④ 德川幕府末期,日本国内腐败,西方资本主义国家入侵,日本同这些国家签订了一系列不平等条约,加剧了国内的动荡。倒幕运动爆发后,推翻了幕府统治,建立起明治政府。明治政府于1868—1873年进行了资本主义改革,使日本走上了资本主义道路。

一、日本混合式诉讼模式的特征

日本的混合式诉讼以职权主义诉讼模式为基础，融合当事人主义诉讼模式的因素，所以在不同的诉讼程序中，能够看到两者各自的特点。

（一）侦查程序的特点

日本的侦查程序既有职权主义诉讼模式的特点，又有当事人主义诉讼模式的特点。体现职权主义诉讼模式特点的主要是日本的检警关系。日本检察官和警察的关系决定了侦查机关的优势地位在诉讼中更为明显。日本的侦查主体包括检察官、检察事务官和司法警察，检察官可以指示、指挥司法警察侦查。在发现犯罪行为时，司法警察进行初步侦查，搜查犯罪嫌疑人和搜集证据，在此基础上，检察官进行补充侦查。检察官认为必要时，也可以自行侦查。检察官是从公诉角度对警察进行指示、指挥，二者属于协作关系。日本的这种检警关系客观上加强了侦查的力量，不仅可以在侦查程序中对犯罪嫌疑人实施逮捕、羁押、扣押等强制措施，还可以进行特殊侦查，与犯罪嫌疑人的诉讼力量相比，显得强大而具有明显的优势地位。

而体现当事人主义要素的方面主要有：(1)不得强迫自证其罪。根据《日本宪法》第38条规定，不得强迫任何人作不利于自己的陈述。据此，在刑事诉讼中，检察官、检察事务官和司法警察不得强迫犯罪嫌疑人提供自我归罪的供述，犯罪嫌疑人对讯问有权保持沉默。(2)对于不合理的羁押，犯罪嫌疑人有权要求侦查机关给出正当的羁押理由，有权提出抗告，要求停止羁押。(3)犯罪嫌疑人有委托辩护人的权利。根据《日本刑事诉讼法》第39条第1项规定，犯罪嫌疑人被羁押的，在有见证人的情况下，可以和辩护人见面并接受物品。这项权利被认为是侦查阶段犯罪嫌疑人享有的最基本的防御权利。(4)犯罪嫌疑人或者其辩护人享有在场权。在检察官、检察事务官或者司法警察进行侦查时，如查封、扣押、询问证人等，犯罪嫌疑人或者其辩护人可以到场监督。(5)犯罪嫌疑人或者其辩护人有申请保全证据的权利。如果不事前保全证据就会使证据面临丢失损毁的风险，犯罪嫌疑人可以申请法官提前扣押、搜查或者鉴定等。犯罪嫌疑人和辩护人在征得法院同意后可以查阅和摘抄证据。

(二)起诉方式的特点

日本起诉程序的一个首要特点就是起诉裁量主义。明治维新后，日本学习法国，建立检察官制度，实行起诉垄断主义。但是所有的刑事案件都由国家起诉，耗费了国家大量的财物，诉讼效益无从谈起。到明治时代后期，日本在实践中出现了对于一些案件性质轻微的或者不轻微但根据情节不予起诉的做法，虽然这时候并没有法律规定。直到1922年，日本修改刑事诉讼法，将实践中的做法纳入法律层面，规定了起诉裁量主义。"二战"后，日本对刑事诉讼法又作了修改，在原来起诉材料主义的基础上作了小小的修改，由原来的"根据犯罪的情节"改为"根据犯罪的轻重"。与法、德的起诉法定主义相比，日本进入庭审的案件都是检察官认为应该追诉的案件，而不是所有构成犯罪的案件。

除了起诉裁量主义，日本起诉程序的另一个特点就是起诉状一本主义。日本之前的起诉实行卷宗移送主义，要将起诉状和所有的侦查笔录、鉴定报告书以及搜集的物证全部移送至法院。① 不过，日本在吸收了当事人主义的因素后，将卷宗移送主义改为了起诉状一本主义。现行《日本刑事诉讼法》第246条规定，提起公诉时移交起诉状，列明被告人的信息、公诉事实以及罪名。而且第256条第6款规定除了起诉状外，不得附加任何可能使法官产生预断的证据或者文书。第338条第4项规定，违反起诉状一本主义的，起诉无效，要驳回公诉。起诉状一本主义切断了侦查与审判的联系，能够防止法官在还没有庭审之前就接触证据而引起的预断。检察官起诉时，只能对被告人提出罪状的指控，证明罪状的证据只能待庭审时提交，这样就把控方的主张和举证分为庭前和庭上两个步骤。法官在庭审前接触不到证据，只有在庭审时认真听取控辩双方的质证才能对案件进行评断，从而使庭审真正成为刑事诉讼的中心，同时保障审判公开、直接言词原则等诉讼原则的实现，保证控辩双方的平等对抗。起诉状一本主义的必然结果就是庭审程序的当事人化，由于法官缺少对证据的了解，

---

① 旧的《日本刑事诉讼法》第345条规定，检察官提起公诉，一般要将起诉状与案件卷宗一起提交。

庭审时出示证据的范围主要由控辩双方决定,对于证据的调查质证,也要依当事人的申请进行,由法官主导调查改为控辩双方调查,这里最直接的体现就是庭审时以法官询问为主变为以控辩双方交叉询问为主。法官在庭审中的主要作用不再是推进庭审进程,而更多是主持程序。

但是,相较于美国的起诉状一本主义,日本的起诉状一本主义又不够彻底。美国陪审团心证的形成完全依赖庭审,审前陪审团没有接触证据的机会。而根据《日本刑事诉讼规则》规定[①],第一次开庭后的准备程序中,法官就不再受起诉状一本主义的约束,法官可以接触证据。所以,对于需要多次开庭的案件,起诉状一本主义的功能并不突出。

起诉状一本主义要求检察官不能提交证据,因此对于被告人来说,其事前知晓控方证据准备辩护的难度就增大了,不利于双方力量的平衡。为此,日本设置了证据开示制度,让控辩双方在审前交流证据。[②] 根据《日本刑事诉讼法》第 299 条第 1 款规定,日本的证据开示不是完全的证据开示,因为开示的内容除证人的姓名和地址外,仅包括书证和物证,其他的如被告人供述等都不在开示的范围内。且日本的证据开示也没有规定检察官掌握的对于被告人有利的证据要向被告人开示,这使得被告人及其辩护人实际上很难得到实质性的有价值的辩护证据,在审前已经处于弱势。

(三)审判程序的特点

日本的审判程序的特点,一方面体现在诉因[③]制度,另一方面体现在审判

---

① 参见《日本刑事诉讼规则》第 195 条。

② 《日本刑事诉讼法》第 299 条第 1 款规定:"检察官、被告人或者辩护人请求询问证人、鉴定人、口译人或者笔译人时,应当预先向对方提供知悉以上的人的姓名及住宅的机会。在请求调查证据文书或者证物时,应当预先向对方提供阅览的机会。但对方没有异议时,不在此限。"转引自奎奎:《论刑事诉讼中的证据展示》,载郑州市惠济区人民法院网 2013 年 9 月 5 日,https://hjqfy.hncourt.gov.cn/public/detail.php?id=1157。

③ 就何为"诉因",日本学者的观点有:诉因是检察官主张的审理范围;诉因是被告人的犯罪构成要件之具体主张;诉因不仅是检察官对于被告人犯罪事实的具体主张,还是对犯罪构成要件之主张。参见《刑事诉讼可否采行诉因制度研究讨论会》,台北,普林特印刷有限公司 1994 年版,第 40 页。我国有学者认为,诉因是指为了使控诉主张得到法官的支持而提出的相当于犯罪构成要件的事实。参见宋英辉、吴宏耀:《刑事审判前程序研究》,中国政法大学出版社 2002 年版,第 334 页。

方式上的一些独特之处。

1. 诉因制度

在职权主义诉讼模式中,法院审判的对象是犯罪事实,但这种犯罪事实并不限于检察官提交给法院的起诉状上指控的犯罪事实,法院可以将起诉状上未记录的犯罪事实纳入审理范围,只要法院认为与审理有关。① 而在当事人主义诉讼模式下,法院审判的对象或者范围要严格遵从起诉状上指控的范围,不能超越起诉状上指控的犯罪事实,否则审理无效,这就是诉因制度。日本在“二战”前并未建立诉因制度,法院可以审理它认为与案件事实有关的事实,而不受制于起诉状。“二战”后,日本引进了诉因制度,以尊重检察官的起诉意愿,同时方便被告人准备辩护内容。根据《日本刑事诉讼法》第256条规定,检察官提起的起诉状要记载被告人的姓名、公诉事实及指控的罪名。对于公诉事实,要尽可能载明时间、地点和方法,要特别指明构成犯罪的事实。② 诉因必须特定,一人受到数罪指控时,每一个犯罪事实的诉因都要记载,否则起诉状无效。诉因可以择一性记载。所谓择一性记载,是指“同一公诉事实记载数个诉因,请求法院认定其中之一”③。诉因的择一性记载必须基于公诉事实的同一性,也就是基于一个实质一罪的犯罪构成。

与英美法系的诉因制度相比,日本诉因制度的独特之处在于诉因能够变更,诉因的变更是指当判明的犯罪事实与当初的诉因不同时,可以变更当初的诉因。④ 诉因的变更包括诉因的追加、撤回以及变更(狭义的变更,变更具体的一项诉因内容)。对于诉因变更,存在着不同的观点。有观点认为,刑事诉讼的本质为职权主义,法院的审判范围不受起诉状的限制,但诉因制度是为了保障被告人的辩护权,当认定与诉因不同的犯罪事实时,需要变更诉因;也有观点认为,刑事诉讼的本质是当事人主义,法院的审判范围只能限定在检察官的起诉状中的指控,即诉因。对于诉因以外的犯罪事实进行追诉时,必须另行起诉。

---

① 例如,如果检察官起诉状上指控的是被告人伤害被害人的事实,但被告人的最初目的是想进入被害人家盗窃,检察官并没有起诉盗窃一事,法官在审理时可以就盗窃事实一并进行审理。

② 参见《日本刑事诉讼法》,宋英辉译,中国政法大学出版社2000年版,第59页。

③ 汪振林:《日本刑事诉讼模式变迁研究》,四川大学出版社2011年版,第12—13页。

④ 《日本刑事诉讼法》第312条第1款、第2款规定,检察官提出追加、撤回或变更诉因或者罚条的,法院在不妨碍公诉事实的同一性下,可以准许。

但如果在同一诉讼中审理对被告人更加有利或者诉讼更为经济,或者对于已经查证的事实继续审理可以发现新的案件事实和证据,也能变更诉因。[①] 日本的诉因虽然能够变更,但并不是没有限度,日本的诉因变更属于有限的变更,也即“不损害公诉事实的同一性”(《日本刑事诉讼法》第12条第1款)。变更诉因必须通过书面形式,被告人在庭的,可以口头变更。法院必须通知被告人变更诉因的事实和内容,将检察官变更诉因的副本送达给被告人。庭审时,检察官应当宣读变更书,给被告人及其辩护人发表意见的机会。在被告人及其辩护人认为因诉因变更导致辩护遇到困难时,法院可以中止审判,给被告人及其辩护人准备辩护的时间。如果法院认为中止审判也不能消除给被告人及其辩护人的辩护带来的不利,可以取消变更。在审理中,如果法院认为有必要,可以命令检察官变更起诉,以维护公诉之公正。法院命令检察官变更诉因是为了防止检察官的错误和不作为,对于法官命令变更诉因的案件范围,日本最高法院在审理将故意杀人罪变更为过失致人死亡罪的案件中如此阐述:“在涉及人的生命的重大案件中,在证据确凿的情况下,法院有义务督促或命令检察官进行诉因变更。”[②]

诉因变更的意义是减轻检察官的指控压力,减轻被告人的辩护负担。诉因变更,一方面可以将原先未纳入诉因的事实吸收到诉因中,进入审理范围,避免因诉因不同而重新起诉带来的司法资源浪费。另一方面,诉因的变更只能在同一公诉事实的前提下,被告人不用担心就同一公诉事实再次受到责任追诉;而且在同一事实的基础上准备辩护,不必就新的公诉事实再作另外的辩护,从而减轻了辩护负担。相较来说,英美法系的诉因制度原则上不能变更诉因,司法实践中的变更也只是形式上的变更,不能够增加新罪。而日本的诉因变更则是在同一公诉事实的前提下,检察官可以追加罪名。日本的诉因制度也使法院的审理范围与职权主义诉讼的审理范围一致,但这仰赖检察官的行动。

2. 审判方式

职权主义诉讼模式与当事人主义诉讼模式重大区别之一就在于审判方式

① 参见[日]田口守一:《刑事诉讼法》,刘迪等译,法律出版社2000年版,第167—169页。

② 日本最高法院裁判所昭和43年11月26日《刑集》第22卷第12号第1352页。

的不同，职权主义诉讼模式下的审判由法官主导，法官是审判者，也是证据调查者；而当事人主义诉讼模式的审判则以当事人的对抗为主导，法官只是一个消极的听证者。"二战"后，日本将对抗式庭审引入审判中，与传统的审问方式结合，形成了独具特色的审判方式。

在进行证据调查时，根据《日本刑事诉讼法》第304条规定，首先由审判长或者陪审法官询问证人，然后由检察官、被告人或者辩护人依次询问。但检察官和被告人或者辩护人提出首先询问的意见，法院认为合适的，也可以更改询问顺序。① 由此可见，日本对于庭审的证据调查，采用的是法官依职权审问为先、当事人的交叉询问在后的原则。该原则不是法官依职权审问为主、当事人交叉询问为辅或者当事人交叉询问为主、法官依职权审问为辅的混合模式。

在庭审中，不同于美国的交叉询问，日本的交叉询问加入了法官依职权审问的因素，所以日本的交叉询问是一种带有混合色彩的询问制度。根据《日本刑事诉讼法》相关规定，在控辩双方询问证人、鉴定人或者翻译人的时候，法官认为有必要，可以中止控辩双方的询问，自己来询问。在法官依职权首先询问证人时，如果证人是由法官依职权传唤出庭的，法官询问证人完毕后，控辩双方的询问遵照"反询问"的规则进行；如果证人是由控辩双方传唤出庭的，法官询问完毕后，控辩双方遵照交叉询问的规则进行询问。而在交叉询问中，日本的反询问权与其说是对主询问所作的供述的审查，更像是让法官借助证人对反询问者所作的供述形成心证。② 在日本的刑事诉讼中，这表现为无论是普通证人还是被害人抑或是犯罪嫌疑人的亲属，都会被侦查机关调查，这不仅是因为侦查机关必须搜集对被告人有利的证据，还因为所有的诉讼参考人都被视为法院一方的证人。

二、日本的庭审方式

"二战"后，日本学习英美法系，对刑事诉讼进行了较大幅度的改造，庭审

① 参见《日本刑事诉讼法》，宋英辉译，中国政法大学出版社2000年版，第69页。
② 参见汪振林：《日本刑事诉讼模式变迁研究》，四川大学出版社2011年版，第251页。

方式也在原先职权主义的基础上加强了控辩双方的对抗，日本的庭审逐渐向当事人主义诉讼模式靠拢，现今的日本庭审以当事人的抗辩为核心来推动诉讼的进程。

（一）庭审审判的原则

日本诉讼模式的基础承继于大陆法系的法、德，所以在审判原则上，也沿用了这些国家所坚持的审判公开原则、直接言词原则和迅速审判原则，但在庭审的证据调查上，日本又提倡当事人主义原则，可谓融合了两大诉讼模式的优点。

1. 审判公开原则

审判公开原则要求审判不能秘密进行，要在公开的法庭上接受公众的监督。在日本，审判公开不仅是被告人在刑事诉讼中的基本权利，而且还是宪法权利，违反审判公开原则可以成为上诉的理由。[①] 审判公开原则不仅要求庭审过程向公众开放，允许公众到庭旁听，还要求在审判后公开诉讼记录以让公众查阅。[②] 但在日本，审判公开原则并不意味着公众有要求审判公开的权利，也不意味着所有的公众都可以无条件旁听庭审。[③] 而且，审判公开原则并不是任何时候都处于首要的位置，还要与其他的权利原则相平衡作出取舍。例如，审判公开与新闻报道的自由该如何取舍，依据审判公开，新闻媒体可以对案件进行报道，向不能到场的公众传达审判消息。但是根据无罪推定原则，任何人未被有效判决确定时，都应被视为无罪的人，新闻媒体报道庭审情况不可避免地会对被告人的声誉产生影响，此时就需要平衡二者。在日本，新闻媒体可以到庭对庭审情况作报道，但如果要拍摄、录音或者播放法庭审理情况，原则上应当征得法官同意。[④]

2. 直接言词原则

直接言词原则是直接原则和言词原则的结合，一方面是指法官要直接参与

---

① 《日本刑事诉讼法》第 377 条第 3 款规定，违反审判公开的，可以成为控诉申请（上诉）的理由。

② 《日本刑事诉讼法》第 53 条第 1 款规定，案件终结后，除非公开诉讼记录有碍于诉讼记录的保存或者有碍于检察厅或法院的事务时，否则任何人都可以查阅诉讼记录。

③ 这里的无条件是指限于法院的客观环境如法庭容纳旁听者的数量有限、旁听者违反庭审纪律等，出现客观情况时，法官可以决定限制旁听者的数量，对违反法庭纪律的旁听者予以驱逐等。

④ 参见《日本刑事诉讼规则》第 215 条。

庭审,进行证据调查和认证,只有经过法官质证的证据才能作为定案的依据,也即法官应当依据原始的证据形成内心确信;另一方面是指庭审的诉讼活动要以口头方式进行,包括法官调查证据的活动、控辩双方抗辩的活动以及其他诉讼参与人参与庭审的活动。《日本刑事诉讼法》对于言词原则的规定如下:判决的作出,应当根据口头辩论①;在调查证据时,法官、检察官、被告人或者辩护人以及其他诉讼参与人应当出庭;对于文书证据,法官应当以口头方式宣读②。在言词原则下,控辩双方也要展开积极的口头辩论,通过提出诉讼主张和证据来开展控辩,推进案件真实的发现。直接言词原则要求同一法官持续地不间断地参与同一庭审,禁止中途更换法官或者采用间接审理的方式审理案件。如果法官中途因故不能继续审理,应当委派新的法官重新审理案件。

3. 迅速审判原则

迅速审判是为了实现诉讼效益、减轻被追诉人的痛苦而推行的诉讼原则,诉讼公正是诉讼活动的终极目的,但不能为了追求公正无限制地进行诉讼,“迟来的正义非正义”。在诉讼过程中,被追诉人承受着来自追诉机关和社会的巨大压力,都希望尽快从诉讼的泥潭中脱身,求得自由,无限制的拖延会使被追诉人的痛苦加剧。而且随着时间的推移,证据也会逐渐灭失,能否收集到可靠的证据、发现案件事实也会成为疑问。刑事案件不断涌现,不适当的拖延会导致大量案件堆积,诉讼效率难以提高。为此,日本将迅速审判作为被告人的宪法权利加以保护。③ 但是,单纯地强调审判的迅速并不能充分地保障被告人的权利,司法机关可能会为了追求诉讼的快速而忽视了证据的收集,尤其是有利于被告人的证据,忽略诉讼程序的规范性,最后反而会损害被告人的权利。因此,日本在强调审判迅速的同时也强调审判的正当性④,力图实现庭审审判的效率与公正协调统一。在司法实践中,快速审判的情况并不理想,有学者对日本的审判周期进行了研究,发现日本的审判周期是跳跃式的,庭审的平均间

---

① 参见《日本刑事诉讼法》第43条第1款。

② 参见《日本刑事诉讼法》第305条。

③ 《日本宪法》第37条第1款规定:“被告人有权接受迅速审判。”

④ 《日本刑事诉讼法》第1条规定日本刑事诉讼法的目的就是发现案件真实,保障人权,正当而迅速地适用法律。

隔大约为一个月，日本学者将此称之为“牙科治疗式、按揭付款式审判”。[①] 造成这一现象的原因是多方面的，日本的侦查非常细致，使得辩护方需要准备很长时间；日本也没有专门的刑事律师，刑事案件的辩护都由民事律师代理，为了避免冲突，需要一定的间隔；日本法官的审判任务非常繁重，大量的案件迫使法官选择间隔性审理。对于违反迅速审判的案件，最高裁判所作出裁决，要对延迟的理由、性质、是否违背了宪法的精神等予以判断，如果确实侵犯了宪法保护的迅速审判的权利，要免于起诉并且中止诉讼。

（二）庭审的方式

1. 审前准备

刑事案件经过审查起诉后被提起公诉，就进入了审判程序。在正式庭审前，为保证庭审的顺利进行，需要进行一系列的准备程序。庭审的中心活动是审理被告人，确定被告人是否犯指控之罪行并应承担何种刑事惩罚，所以被告人应当出庭接受审判，为此庭审前必须采取措施保证被告人能够出庭。认定被告人罪行的唯一手段就是证据，且证据必须是控辩双方都知晓的，否则一方尤其是控方在庭审中搞证据突袭，会使平等的对抗发生倾斜，庭审的作用也将打折扣甚至会流于形式，所以庭审前控辩双方就证据进行交流也很有必要。这些要求就决定了庭审前的准备程序，一方面要保证被告人能够出庭，另一方面也要保证证据的交流。

为了保证被告人顺利出庭，日本的刑事诉讼规定了一系列强制措施，这些措施包括传唤、拘传和羁押，对于一般的被告人，通常给予保释。传唤是法官命令被告人在特定的时间到庭参加审判，法院传唤被告人时，应当发出传票，且应当与开庭时间保持一定的间隔，但不能采取强制性措施。[②] 除非被告人因疾病等客观原因不能出庭，否则法院得以拘传。[③] 除了传唤，类似的非强制通知被告人到庭的措施还有到庭命令，即法官口头命令被告人到庭参加审判，到庭命令不需要间隔时间，通常用于勘验时。到庭命令比传唤的拘束力要小，正式程

---

① 彭勃：《日本刑事诉讼法通论》，中国政法大学出版社2002年版，第193—194页。

② 参见《日本刑事诉讼法》第275条。

③ 参见《日本刑事诉讼法》第278条。

度也低,传唤可以代替到庭命令,但到庭命令不可以代替传唤。

相较于传唤,拘传[①]是强制力稍强的一种强制措施,拘传时不能直接使用强制力。拘传由法官签发拘传票,检察官指挥检察事务官或者司法警察执行。[②] 被告人有逃跑的风险或者居所不定时,没有拘传票也可以先予执行。[③] 拘传被告人时,应告知被告人所涉及的犯罪事实,告知被告人有委托辩护律师的权利和获得指定辩护的权利。[④] 拘传被告人到庭的过程中,可以将其短暂放置于监狱中。[⑤] 审理法院可以委托其他法院的法官拘传被告人,受委托的法官还可以再转托有权限的其他法院的法官。[⑥] 被拘传的被告人被带至法院后,应当在 24 小时以后释放。[⑦]

为了防止被告人逃避审判或者隐匿证据,法官可以对被告人实施羁押,限制被告人的人身自由。对于已经被逮捕但没有被羁押的被告人,法官可以决定予以羁押还是释放[⑧];对于没有被逮捕又没有被羁押的被告人,检察官可以在起诉状中提出对被告人羁押的申请,由法官决定是否羁押。法官对被告人进行羁押并不是随意的,而要进行羁押的必要性调查,举行羁押听证,听取被告人的陈述,然后再作出是否羁押的决定。由于作出羁押决定会让法官对被告人产生不好的印象,为保证法官的中立性,在一审前,由庭审法官以外的法官负责被告人的羁押决定,上诉期间,由原审法院决定羁押事宜。羁押的期间为两个月,需要延长羁押的,经过法院批准可延长一个月。通常羁押只能延长一次,但被告人被判处有期徒刑以上的,不受此限。另外,日本的羁押可以折抵刑期,被告人如果被判决有罪,判决之前的羁押时间计入刑期内。

羁押时,限制被告人人身自由的强制措施适用不当,会侵犯被告人合法的人身权利,并且有违无罪推定的精神。大量的羁押需要足够的场所和供给被羁

---

① 根据《日本刑事诉讼法》第 58 条规定,被告人没有固定的住所,无正当理由不接受传唤或者有可能不接受传唤时,法院可以拘传被告人。

② 参见《日本刑事诉讼法》第 70 条。

③ 参见《日本刑事诉讼法》第 73 条第 3 款。

④ 参见《日本刑事诉讼法》第 76 条。

⑤ 参见《日本刑事诉讼法》第 75 条。

⑥ 参见《日本刑事诉讼法》第 66 条。

⑦ 参见《日本刑事诉讼法》第 59 条。

⑧ 参见《日本刑事诉讼法》第 280 条。

押人的物品,会给国家带来不小的负担。对于一些案件性质轻微、没有恶意的被告人,完全没有羁押的必要。所以,现代法治国家原则上采用替代性措施取代羁押。在日本,保释作为羁押的替代性措施被广泛应用。保释就是以被告人缴纳保证金,作出审判时按时到庭的保证,换取不被羁押,恢复人身自由的制度。保释由被告人或者被告人的辩护人、法定代理人、监护人、配偶、直系亲属或者兄弟姐妹向法院提出①,申请可以口头提出也可以书面提出(通常都是固定的书面形式)。法院根据情况,决定是否保释。② 但是,即使存在法定的不适用保释事由,法院也可以依职权保释被告人,这被称作裁量保释。③ 如果被告人的羁押时间过长,出现不适当羁押④,法院也可以决定对被告人进行保释,这被称为义务性保释。裁量保释和义务性保释并不常见,只在个别情况下才适用。

法官在作出保释的决定时,要征求检察官的意见,尤其是第一次庭审前,检察官的意见对于法官作出保释决定有着重要作用。尽管如此,法官还是可以不受检察官意见的约束,自由决定保释与否。准许保释的,要确定保证金的金额,金额不能太大让被告人负担不起,也不能太小对被告人起不到威慑作用,要足以能保证被告人及时到案。⑤ 保释时,法官还可以对被告人附加条件,如禁止被告人与特定的人见面等。保证金的形式不限于现金,有价证券或者被告人以外的人出具的保证书都可以,保证金也可以由被告人以外的人缴纳。保释后,当出现违反保释义务的情况时⑥,法官可以决定取消保释,同时没收部分或全

---

① 参见《日本刑事诉讼法》第88条第1款。

② 根据《日本刑事诉讼法》第89条之规定,被告人有不适合保释的情形的,法官可以驳回保释申请。这些事由包括:被告人可能被判处死刑、无期惩役或无期徒刑以及1年以上惩役或徒刑的,被告人曾被判处死刑、无期惩役或无期徒刑以及超过10年惩役或徒刑的,被告人因为惯犯被判处3年以上惩役或徒刑的,被告人很有可能隐灭证据的,被告人可能加害被害人或者其与审理有关的人的,被告人的姓名或者住所不明的。

③ 参见彭勃:《日本刑事诉讼法通论》,中国政法大学出版社2002年版,第214页。

④ 何为不适当的羁押,法律并没有明确规定。实践中,一般从案件的性质、羁押时间的长短、被告人的个人情况及其家庭状况、羁押的理由以及审理的状况等方面考虑。

⑤ 根据《日本刑事诉讼法》第93条规定,法官决定保证金的金额,应当考虑犯罪的性质和情节、证据的证明力、被告人的性格和财产。

⑥ 违反保释义务的情况通常包括无正当理由不到庭、逃跑或者毁灭证据、危害被害人或者与审理有关的其他人、违反附加义务等。

部保证金。如果被告人被判处刑罚,保释就自动失效,被告人被收监后,可以再次保释。

除了要保证被告人顺利出庭,还要在庭审前保证控辩双方能够交流证据,掌握对方的证据信息,为庭审做好充分的准备,这就是证据展示制度(美国称为证据开示制度)。英美法系国家实行当事人主义诉讼模式,特别注重庭审中控辩双方的平等武装。为确保双方力量的平衡,防止证据突袭,加强双方对证据的了解,设立了证据开示制度以防止庭审秩序出现不可预知的混乱和庭审的延迟。在理论上,日本学界更强调证据展示制度能够保障被告人的防御权,加强被告人的辩护能力。日本刑事诉讼中,侦查机关的能力要远远强于被告人一方,侦查机关掌握着对被告人定罪量刑有重要影响的证据,尤其是证明被告人无罪的证据,而被告人由于收集证据的能力有限,很难收集到这些证据。随着庭审中控辩双方对抗的加剧,必须加强被告人从检察官那里获得和利用证据的机会。

2004 年,日本制定了《关于修改刑事诉讼法等部分条文的法律》。该法设立了争点及证据整理程序(以下简称整理程序),以对之前的证据展示制度进行完善,整理程序包括对控辩双方有争议的事项进行审前整理以及控辩双方进行证据展示。

整理程序是为使庭审持续、有序以及迅速地进行而在第一次庭审前由法院裁定召集并开展的程序,整理程序由法官主持,检察官和辩护人都要参加,如果被告人自行辩护没有选任辩护人,整理程序就不得召开。法官可以为被告人指定辩护人,被告人也可以出席整理程序,法官要告知被告人有沉默权。在整理程序中,控辩双方可以就诉因、罚条、对案件有争议的主张以及证据调查等问题进行辩论。① 整理程序结束后,控辩双方不能再提出证据调查的申请,除非存在不得已的情况,但法院认为必要时,也可以依职权启动证据调查。

---

① 具体来说,整理程序中可以进行以下活动:明确诉因或者罚条;准许追加、撤销或者变更诉因或者罚条;明确预定在公审期日的主张,整理案件的争点;提出调查证据的请求;明确请求调查的证据的立证意图和询问事项等;确认关于证据调查请求的意见;作出调查证据的裁定或者裁定驳回调查证据的请求;对于裁定调查的证据,确定调查的顺序及方法;对证据调查的异议申请作出裁定;作出关于证据展示的裁定;确定或者变更公审期日,确定其他与公审程序有关的必要事项。参见宋英辉、刘兰秋:《日本 1999 至 2005 年刑事诉讼改革介评》,载《比较法研究》2007 年第 4 期。

在整理程序中展示证据的，检察官要向法官提交在庭审时要证明的案件事实的书面材料和证据，同时也要向辩方送交并展示。对于证明案件事实以外的证据，检察官要综合考虑其对于被告人行使辩护权的重要性、展示后可能产生的影响等因素，再作决定。在此种情形下，检察官可以决定展示的时间或者方式。在检察官展示证据后，辩方要将自己在庭审中要证明的案件事实和收集到的证据向检察官展示。待控辩双方都展示完毕后，还可以对案件事实进行变更，变更后适用同样的程序展示证据。双方对证据展示有争议的，由法官裁定。法官听取意见后，可以指定展示的时间、方式或者附加展示条件。对于应当展示而不作展示的一方，法官可以命令强制展示。应当注意，不仅在第一审庭审之前能够进行整理程序，在庭审期间也可以进行整理程序，有关规定与庭审前的整理程序相同。

2. 庭审

在相关的准备完成后，庭审也就正式开始。日本的庭审步骤分为开庭、证据调查、最终辩论和宣判。在庭审中，日本以当事人之间的控辩和证据调查为主要内容，必要时，法院依职权调查证据。

(1)开庭。开庭是庭审审理的开端，审判长宣布开庭后，下令把被告人带至法庭，并询问被告人的姓名、年龄、职业等个人信息，核实被告人的身份，以保证与被指控的人同一。① 被告人的身份核实无误后，检察官宣读起诉状。对于起诉状中包含被告人供述的部分，被告人有权作出辩解，还可以更正其中的供述。随后法官告知被告人在庭审中享有沉默权，可以拒绝回答某些提问，也可以在整个庭审过程中保持沉默。审判长还应当告知被告人有权进行陈述，无论是有利于己的陈述还是不利于己的陈述。除此之外，审判长还应当告知被告人享有其他权利，如证据调查请求权等。如果审判长认为被告人不能理解庭审中的诉讼权利，应当向被告人作出解释说明。② 这时审判长仅能告知被告人权利事项，不能主动要求被告人交代犯罪前科、过往经历或者犯罪动机，否则会被视为违反宪法。③ 在审判长告知被告人权利后，被告人及其辩护人可以就检察官

① 参见《日本刑事诉讼规则》第196条。
② 参见《日本刑事诉讼规则》第197条。
③ 参见彭勃：《日本刑事诉讼法通论》，中国政法大学出版社2002年版，第232页。

的指控发表意见,可以就诉讼的程序问题进行陈述,如法院的管辖权异议、主张驳回起诉等。被告人及其辩护人也可以就实体进行陈述,可以直接否认或者承认罪行,否认罪行的,案件会进入证据调查阶段;承认罪行的,且是基于被告人自由意志的,案件会进入简易程序审理,这被称为认罪程序。① 日本的认罪程序与美国的辩诉交易不同,在美国的辩诉交易中,被告人认罪后,庭审直接进入判决程序和量刑程序,而不再进行证据调查和辩论。美国的辩诉交易是当事人自由处理诉讼权利和利益的极好体现,诉讼效率高。在日本的认罪程序中,被告人认罪后,案件也不会直接进入判决程序,而是在考察被告人的有罪陈述是否真实、出于自己的意愿后,选择性地适用简易程序,并没有对指控作出实质性的处理,认罪程序是开庭阶段的一道必经程序。

(2)证据调查。被告人在认罪程序中作无罪答辩,此时庭审就进入了最重要、最核心的阶段:证据调查。进入证据调查由审判长宣布,检察官先作开头陈述,说明接下来由证据证明的事实,事实包括与案件有关的直接事实、间接事实以及犯罪动机等。在一些重大、复杂的案件进行调查时,检察官还会提交陈述书。无论是检察官的口头陈述还是陈述中的书面陈词,提及的事实都不会作为证据证明被告人的罪行,检察官也不得据此陈述可能会误导法官的其他事项。对于检察官的开头陈述,被告人可以选择随即进行陈述,也可以在后来举证时再作陈述。

在开头陈述后,控辩双方可以申请证据调查。申请的时间可以在庭审期间,也可以在庭审时间之外。② 在申请的顺序上,先由检察官提出调查庭审所需所有证据的要求,接着由被告人提出申请。③ 法官听取双方的申请意见后作出决定,在必要的时候,法官也可以依职权主动调查证据④(依职权调查证据的,法院要听取控辩双方的意见),但是法官依职权所作的证据调查应在控辩双方的证据调查结束后进行。法官决定开展证据调查的,同时决定调查的范

① 参见《日本刑事诉讼规则》第197条之二。

② 参见《日本刑事诉讼规则》第194条之3第4款。

③ 参见《日本刑事诉讼规则》第193条。

④ 根据《日本刑事诉讼法》第303条和《日本刑事诉讼规则》第213条第2款第3号之规定,法院依职权调查证据的范围包括:在审前准备阶段作出的证人证言、勘验笔录、搜查笔录、扣押笔录等;审判程序变更的,法院依职权调查在之前审判中制作的被告人供述笔录和勘验笔录。

围、顺序和方法。根据日本对刑事证据的分类，证据调查的方法有询问证人、讯问被告人、询问鉴定人、调取书证、调取物证等。其中，询问证人在调查活动中具有重要的地位，这是日本贯彻直接言词原则的体现。根据《日本刑事诉讼法》的相关规定，当事人先对证人进行询问，如果有必要，审判长或者陪审法官再补充询问。[①] 询问采用交叉询问，请求询问证人的一方主询问，对方反询问。在特定情况下，主询问不得提问诱导性问题。[②] 第一轮交叉询问后，可以再次主询问，然后再次反询问。反询问应当针对主询问中的事项及与此有联系的事项，以及对证人供述有异议时对供述的证明力，反询问中也可以进行诱导性询问，审判长可以限制不适当的诱导询问。[③]

在控辩双方进行询问时，审判长如果认为有必要，可以中止询问，自行进行询问。[④] 被告人、证人、鉴定人、翻译人等在某些人面前不能充分供述时，可以要求这些人暂时退庭。[⑤] 控辩双方可以对证据提出异议，法官听取意见后依职权决定排除部分或者全部证据。除此之外，控辩双方还可以对证据调查的其他方面，如开头陈述、调查顺序或方法等提出异议，法官经过审查后，应当作出中止、撤销或变更的命令。[⑥] 调查完毕后的证据应立即提交法院，经许可后也可以提交副本。[⑦] 自此，证据调查阶段宣告结束。

(3)最终辩论。证据调查结束后，进入最终辩论阶段。在此阶段，控辩双方要对证据调查的结果发表意见。检察官对犯罪事实、适用法律以及量刑发表

---

① 根据《日本刑事诉讼法》第304条第1、2款规定，调查顺序为审判长或者陪审法官、请求调查的当事人、对方当事人。这是以前为防止控辩双方交叉询问出现混乱而规定的，现在则是依照第304条第3款规定的顺序进行。

② 在下列情况下，可以进行诱导性询问：涉及证人的身份、经历等准备性事项，双方没有争议的事项，为唤起证人回忆的事项，证人对主询问人有明显敌意时，证人意图回避询问，证人作的陈述前后不一致时，其他特别情形。诱导询问，应注意避免有可能对朗读书面材料或其他证人供述带来不当影响的方法。参见《日本刑事诉讼规则》第199条之三。

③ 参见《日本刑事诉讼规则》第199条之四。同时，在询问证人时，控辩双方在法定情形以外，不得对证人进行以下询问：威吓性或者侮辱性的询问，重复询问，要求意见或议论的询问，证人未直接经历的事实的询问。参见《日本刑事诉讼规则》第199条之十三。

④ 参见《日本刑事诉讼规则》第201条。

⑤ 参见《日本刑事诉讼规则》第202条。

⑥ 参见《日本刑事诉讼法》第309条。

⑦ 参见《日本刑事诉讼法》第310条。

意见。[①] 论告后,由辩护人对检察官的意见进行辩论,最后由被告人作最后陈述。此后,法庭审理就告结束,即是“终审”。法院如果认为有必要,可以再次辩论。

(4)宣判。经过审理,法院作出判决,制作判决书并宣读。判决书由审判长在公开的法庭上宣读,可以宣读判决书主文和判决理由或者判决理由要旨。判决被告人有罪的,应告知被告人上诉的有关事项。宣告判决后,审判长可以对被告人进行适当的训诫。[②] 宣告判决后,一审庭审即正式结束。

在庭审中,并不是所有的案件都会按照正常的庭审程序进行下去,有些案件在庭审中会出现特殊情况而需要对庭审程序进行必要的变更,这成为庭审的特别形态。根据《日本刑事诉讼法》规定,庭审程序可能会出现以下三种特别形态:一是辩论的分离、合并和再开。刑事案件通常是一个被告人对应一个犯罪指控,如果一个被告人被指控多项罪名,法院从方便诉讼的角度出发,可以依当事人的请求或者依职权将辩论程序合并。如果一个案件中多个被告人的辩护权发生冲突的,法院可以将辩论分离。法院还可以视情况再开始已经终结的辩论[③]。二是中止庭审。在庭审过程中,出现客观障碍庭审无法继续进行下去时,法官可以决定暂时中止庭审,待障碍消除后继续审理。中止庭审的客观障碍一般包括被告人的精神状态不允许再继续参加庭审、被告人患病、重要证人因病不能到庭以及因变更诉因而导致被告人不能有效辩护等情形。[④] 三是更新庭审。开庭后因被告人心神丧失而停止的庭审或者开庭后长时间未再开庭的审理,法官认为必要的,可以更新庭审。[⑤] 更新庭审原则上要求重新开始庭审程序,要求检察官重新陈述指控的主旨、被告人或者辩护人重新作出陈述、重新进行证据调查等,如果控辩双方没有争议,也可以简化更新庭审程序。[⑥]

对于庭审的过程和诉讼内容,法院要予以记录并制作庭审卷宗,以方便控辩双方确认。庭审卷宗由法院书记员制作,审判长负责对卷宗审查认定。庭审

---

① 此行为被称作论述控告或者论告。

② 参见《日本刑事诉讼规则》第 221 条。

③ 参见《日本刑事诉讼法》第 313 条,《日本刑事诉讼规则》第 210 条。

④ 除以上情形外还包括《日本刑事诉讼规则》第 6、11、285 条规定之情形。

⑤ 参见《日本刑事诉讼规则》第 213 条。

⑥ 参见《日本刑事诉讼规则》第 213 条之二。

结束后，对卷宗的整理应在宣判之前完成，宣判的部分自宣判之日起7日内完成。[①] 对于卷宗中记载的诉讼程序，卷宗本身可以证明，但是对于卷宗中记载的被告人供述或者证人证言，卷宗只能证明被告人或者证人确实作过此陈述，并不能证明供述或证言的可信性，因为卷宗只是对客观事件的记载，而不是作为记载的证据。如果整理在下次审判开始时未完成，法院书记员必须告知前次庭审时证人证言的主旨。如果前次庭审被告人或者辩护人没有出庭，还要告知前次庭审中有关审理的其他事项。控辩双方对庭审卷宗可以提出异议，有权阅览卷宗。[②]

① 参见《日本刑事诉讼法》第48条第3款、第52条。
② 参见彭勃：《日本刑事诉讼法通论》，中国政法大学出版社2002年版，第242页。

第五章 中国刑事诉讼法律法规与庭审演变之通览

中华人民共和国成立后，我国废除了民国时期的“六法全书”[①]，走上了发展社会主义法制的道路。当时没有专门的刑事诉讼法，在吸收新民主主义革命时期刑事诉讼经验的基础上，制定了一些与之相关的法律条例，规定了刑事诉讼的一些事项[②]。1954 年《宪法》的制定为刑事诉讼法学研究提供了宪法基础，开始从宪法的视角研究刑事诉讼制度和程序。1960 年后，《中华人民共和国刑事诉讼法草案（草稿）》开始重新征求意见，我国开始较系统地探讨司法机关职权配置及相互关系、辩护制度以及证据法等相关问题[③]。1979 年，我国第一部刑事诉讼法颁布，标志着我国刑事诉讼制度建设走上正规化轨道。

---

① “六法全书”是南京国民政府成立后制定的法律法规汇编，主要包括宪法、民法、刑法、商法、诉讼法和行政法等，这些法律体系的特点和结构都体现了大陆法系的特征。

② 1951 年，当时的中央人民政府委员会颁布了《中华人民共和国人民法院暂行组织条例》、《中央人民政府最高人民检察署暂行组织条例》以及《各级地方人民检察署组织条例》（均已失效），这些条例在规定法院、检察署的组织形式时，也涉及刑事诉讼的内容，如审判公开原则、巡回审判、陪审制度等。1954 年，全国人民代表大会颁布了《宪法》，1954 年《宪法》第二章第六节专门规定了人民法院和人民检察院的原则和制度，规定人民法院和人民检察独立进行审判和行使职权。同时还规定了诉讼的原则，有关刑事诉讼的有人民陪审员制度、审判公开原则、被告人有辩护权、使用本民族语言文字进行诉讼的权利等。1954 年《宪法》对刑事诉讼的规定很少，无论是制度还是原则，这与当时我国的法制状态以及我国宪法内容的特点有关。除了颁布 1954 年《宪法》外，全国人民代表大会还颁布了《人民法院组织法》和《检察院组织法》，这两部法律进一步细化了刑事诉讼的规则，完善了我国当时的审判制度和检察制度。

③ 卞建林、肖峰：《为实现刑事司法现代化提供理论支撑——新中国成立 75 年来刑事诉讼法学理论研究发展之路》，载《检察日报》2024 年 9 月 28 日，第 3 版。

第一节　1979 年后刑事诉讼立法之通览

1978 年 12 月 18 日，中国共产党第十一届中央委员会第三次全体会议(以下简称党的十一届三中全会)召开，会议提出健全社会主义民主和加强社会主义法制的任务。大会还发表了全体公报，公报指出："为了保障人民民主，必须加强社会主义法制，……应当把立法工作摆到全国人民代表大会及其常务委员会的重要议程上来。……"[①]党的十一届三中全会后，我国的各项建设重回正轨，司法制度也逐步恢复和重建。而司法制度的建设，首先从立法开始，1978 年起，我国制定了大量的覆盖大多数领域的法律法规。对于刑事诉讼，包括宪法、先后三部刑事诉讼法、司法解释在内的法律法规使我国的刑事诉讼活动不断完善。

一、宪法

宪法是一国的根本大法，规定了国家的政治制度、国家的组织机构以及公民的基本权利义务等。我国分别于 1954 年和 1975 年制定了两部宪法，1954 年《宪法》是第一部社会主义宪法，它反映了国家在过渡时期的根本要求，提高了人民建设社会主义的积极性，为社会主义民主和法制建设奠定了基础。但此后 1954 年《宪法》被 1975 年《宪法》取代，1975 年《宪法》是在"文化大革命"的环境中制定的，奉行以阶级斗争为纲的路线，与当时的社会生产生活脱节，难以起到根本法的作用。从实施情况来看，1975 年《宪法》几乎未被实施，就随着"文化大革命"的结束而被废止。1978 年 3 月 5 日，第五届全国人大第二次会议通过了我国的第三部宪法——1978 年《宪法》。1978 年《宪法》主要恢复了 1954 年《宪法》的规定，包括序言和四章一共 60 条。从内容上看，1978 年《宪法》恢复了检察院和公民的权利义务。但不足的是，1978 年《宪法》仍未能否认一些

---

① 《中国共产党第十一届中央委员会第三次全体会议公报》，载中国政府网，https://www.gov.cn/test/2009-10/13/content_1437683.htm。

极左的思想,未能恢复公民在法律面前一律平等的宪法原则。[①] 党的十一届三中全会后,这部宪法显得过时,不能与新形势相适应,需要制定新的宪法以指导国家各项建设,于是1982年《宪法》便应运而生。

《宪法》继承和发展了1954年《宪法》的基本原则,总结了中国社会主义发展的经验,并吸收了国际经验,是一部有中国特色的宪法。宪法分为序言,总纲,公民的基本权利和义务,国家机构,国旗、国徽、首都五个部分,共138条。《宪法》规定了我国司法机关的关系原则和人民检察院、人民法院的组织形式、活动原则,为我国司法制度的恢复和发展提供了根本保障。《宪法》第三章第七节规定了人民法院和人民检察院,涉及刑事诉讼中的机关设置以及原则。例如,《宪法》第130条恢复了审判公开原则和辩护原则[②];第131条恢复了法院的依法独立行使审判权[③];第132条恢复了1954年《宪法》的规定,规定了上下级法院的关系[④];第136条规定了检察院依法独立行使检察权[⑤];第139条规定了在诉讼中各民族人民有使用本民族语言文字进行诉讼的权利;第140条则规定了公、检、法三机关的分工负责、互相配合、互相制约的关系[⑥]。

1982年《宪法》对于我国政治、经济、文化和社会生活发展发挥了极其重要的作用,宪法所确立的司法机关的组织关系以及部分诉讼原则成为我国刑事诉讼的基本原则,成为以后刑事诉讼立法的基础。随着社会经济的发展,《宪法》又顺应形势分别于1988年、1993年、1999年、2004年和2018年作了五次修改。2004年《宪法修正案》在《宪法》第33条增加一款“国家尊重和保障人权”作为第3款,这条规定被我国2012年《刑事诉讼法》吸收,成为我国刑事诉讼法的根

---

① 参见林乾、赵晓华:《百年法律省思》,中国经济出版社2001年版,第301、302页。

② 《宪法》第130条规定:“人民法院审理案件,除法律规定的特别情况外,一律公开进行。被告人有权获得辩护。”

③ 《宪法》第131条规定:“人民法院依照法律规定独立行使审判权,不受行政机关、社会团体和个人的干涉。”

④ 《宪法》第132条规定:“最高人民法院是最高审判机关。最高人民法院监督地方各级人民法院和专门人民法院的审判工作,上级人民法院监督下级人民法院的审判工作。”

⑤ 《宪法》第136条规定:“人民检察院依照法律规定独立行使检察权,不受行政机关、社会团体和个人的干涉。”此处与1954年宪法规定有所不同,1954年宪法第83条规定地方各级人民检察院独立行使职权,不受地方国家机关的干涉。

⑥ 《宪法》第140条规定:“人民法院、人民检察院和公安机关办理刑事案件,应当分工负责,互相配合,互相制约,以保证准确有效地执行法律。”

本任务之一,促进了我国刑事诉讼的民主化。2018 年《宪法修正案》将《宪法》序言第七自然段中"健全社会主义法制"修改为"健全社会主义法治",强调实行动态的法治理念。

二、刑事诉讼法

(一)1979 年《刑事诉讼法》

刑事诉讼法作为一部重要的部门法,对于调整国家的刑事诉讼活动不可或缺。早在 1954 年,全国人大就开始我国刑事诉讼法的起草工作,并拟定了《中华人民共和国刑事诉讼法条例(草案)》。此后,全国人大常委会还组成了刑事诉讼法的专门起草机构并于 1957 年 6 月拟定了《中华人民共和国刑事诉讼法(初稿)》,但后来由于种种原因停止了制定工作。此后,1963 年 4 月又形成了"草案",后因"文化大革命",起草修订长期停止。"文化大革命"结束后,党和国家领导人对诉讼活动无法可依的状况表示了担忧。1979 年 7 月,邓小平在中央工作会议闭幕会上的讲话中指出:"很多法律还没有制定出来,应该集中力量制定刑法、民法、诉讼法和其他各种必要的法律。"[①]领导人的指示,为我国刑事诉讼法的制定提供了强有力的支持,促使刑事诉讼法的制定提上立法日程。1979 年 2 月成立了全国人大常委会法制委员会,同年 7 月 1 日,全国人大常委会法制委员会通过了《刑事诉讼法》(以下简称 1979《刑诉法》)等 7 部法律,我国的第一部刑事诉讼法就此诞生。

从开始筹备到通过颁布,1979《刑诉法》的制定时间只有短短的几个月,当时的国家形势又是百废待兴,我国正处于计划经济时代,所以这部刑事诉讼法带有深刻的时代烙印。[②] 1979《刑诉法》有四编 164 条,基本涵盖了我国刑事诉讼活动的基本内容,但比较粗疏,原则性很强,操作性差,很多细节没有规定到

① 《1979 年刑诉法从无到有》,载内江长安网,https://www.neijiangpeace.gov.cn/llqy/20210615/2447208.html。

② 如 1979《刑诉法》第 1 条规定:"中华人民共和国刑事诉讼法,以马克思列宁主义毛泽东思想为指针,以宪法为根据,结合我国各族人民实行无产阶级领导的、工农联盟为基础的人民民主专政即无产阶级专政的具体经验和打击敌人、保护人民的实际需要制定。"

位,在实践中难以参考。刑事诉讼法制定后,我国陆续出台了相关的法律或条例,但是出现了刑事诉讼法与这些法律条例不衔接甚至冲突的现象。[①] 从总体上看,1979《刑诉法》重实体、轻程序;重配合,轻制约;重公诉权,轻辩护权。在司法实践中,超期羁押,审判走过场、流于形式的问题比较严重。虽然在制定初期能够适应和满足当时的形势和需要,但随着社会经济的快速发展,1979《刑诉法》显得越来越落后。

(二)1996 年《刑事诉讼法》

改革开放促使我国的商品经济迅速发展,同时也滋生了大量的犯罪,大量刑事案件涌现,威胁到社会秩序的稳定,这些都要求刑事诉讼原则、诉讼程序等方面及时作出调整,以应对国内政治、经济的需要。在与日俱增的对外交流中,域外有关刑事诉讼的理念或者制度开始影响我国学界和实务界,在本国理论不成熟和实务迫切需要的背景下,向国外学习成熟的刑事诉讼理论和制度成为改造和完善我国刑事诉讼的重要途径。随着《宪法》以及其他法律法规的颁行,刑事诉讼法与这些法律出现了一些不协调的情况,本着“后法优于前法”的原则,需要对 1979《刑诉法》进行修改。同时,1979《刑诉法》由于自身问题,不能很好地解决实践中的刑讯逼供等问题,这也要求对 1979《刑诉法》进行修改。1991 年,全国人大常委会法制工作委员会(以下简称全国人大法工委)刑法室在中国政法大学召开座谈会,探讨刑事诉讼法修改问题,参会学者对此表示支持。1993 年 10 月,中国政法大学受全国人大法工委委托对刑事诉讼法修改提出修改方案,修改方案由中国政法大学终身教授陈光中牵头负责。修改研究小组在对国内外进行调研考察的基础上,几易其稿,完成了《刑事诉讼法修改建议稿》的草拟工作。1995 年 10 月,全国人大法工委向相关部门发出《中华人民共和国刑事诉讼法(修改草案)(征求意见稿)》(以下简称草案)并征求意见。同年 12 月,全国人大常委会第十七次会议对草案进行了初步审议,原则上对草案表示赞同。1996 年 3 月 17 日,全国人大通过了《关于修改〈中华人民共和国

① 如 1979《刑诉法》第 53 条第 1 款规定附带民事诉讼的赔偿范围仅限于物质损失,而 1986 年《民法通则》则规定民事诉讼的赔偿范围包括物质损失和精神损失。

刑事诉讼法〉的决定》。至此,我国第二部正式的刑事诉讼法终于面世(该法于1997年1月1日起施行,由于该法在1996年通过,所以习惯上被称作1996《刑诉法》,本书也沿用习惯叫法)。

1996《刑诉法》比1979《刑诉法》增加了61条,共有条文225条,对1979《刑诉法》的修改涉及70条、143处。[①] 1996《刑诉法》修改涉及的内容广泛,对我国刑事诉讼进行了大范围的改造和完善,大大促进了我国的司法制度建设。1996《刑诉法》主要修改内容如下:

(1)确立了人民法院的定罪权。虽然1979《刑诉法》制定以后都是由法院统一定罪,但该原则正式确立还是1996《刑诉法》第12条[②],这其实是刑事诉讼无罪推定原则的不完全表述。

(2)完善强制措施。对于取保候审和监视居住,增加了保证方式,明确了应当履行的义务和承担的责任[③];废除了行政强制手段的收容审查,对特定情形下的犯罪嫌疑人予以拘留[④];修改了逮捕条件[⑤]。

(3)改革辩护制度。律师在侦查和审查起诉阶段可进入刑事诉讼,为犯罪嫌疑人和被告人提供法律帮助和辩护。[⑥]

(4)增加被害人的诉讼权利。增加了被害人的申请回避权、委托诉讼代理人权、被害人直接向法院起诉的权利以及申请检察院抗诉权。[⑦]

(5)完善检察制度。规定了检察机关侦查案件的范围[⑧],这就明确了检察机关和公安机关的管辖权限,避免相互推诿或者争夺管辖权,也有利于检察机

---

① 参见王敏远:《我国刑事诉讼法修改述评》,载《法学家》1996年第4期。

② 1996《刑诉法》第12条规定:"未经人民法院依法判决,对任何人都不得确定有罪。"

③ 参见1996《刑诉法》第53、55、56条。

④ 特定情形为不讲真实姓名、住址,身份不明和有流窜作案、多次作案、结伙作案的现行犯或者重大嫌疑分子。

⑤ 参见1996《刑诉法》第60条。

⑥ 参见1996《刑诉法》第33条。

⑦ 参见1996《刑诉法》第28、40、88和182条。

⑧ 参见1996《刑诉法》第18条第2款规定:"贪污贿赂犯罪,国家工作人员的渎职犯罪,国家机关工作人员利用职权实施的非法拘禁、刑讯逼供、报复陷害、非法搜查的侵犯公民人身权利的犯罪以及侵犯公民民主权利的犯罪,由人民检察院立案侦查。对于国家机关工作人员利用职权实施的其他重大的犯罪案件,需要由人民检察院直接受理的时候,经省级以上人民检察院决定,可以由人民检察院立案侦查。"

关加强对公安机关的监督。另外,废除免予起诉制度,扩大了不起诉范围。[①]1979《刑诉法》规定的免予起诉制度事实上侵犯了法院的审判权,对无罪的人免予起诉,也侵犯了被告人的合法权利。司法实践中,还出现了对应当判刑的人免予起诉的现象。

(6)完善庭审方式。这是1996《刑诉法》修改力度比较大的一部分,吸收了不少当事人主义庭审方式的对抗因素,成为该次修正的一大亮点。关于这方面的内容将在后文进行详细的介绍。

(7)加强诉讼监督。赋予了检察机关法律监督权[②]、立案监督权[③]、二审监督权[④]以及执行监督权[⑤]等。

总体来看,1996《刑诉法》吸收了无罪推定原则的合理内核,未经人民法院判决,对任何人不得宣告有罪;对证据不足的,要作无罪判决等都是无罪推定的体现。但是,这次修正没有全部肯定无罪推定原则,没有规定犯罪嫌疑人、被告人的沉默权,也没有规定非法证据排除规则,而这两项是无罪推定原则的核心内容。1996《刑诉法》规定了公、检、法的立案管辖范围,明确了三机关的职责。1996《刑诉法》通过规定平等适用法律、审判公开等诉讼原则以及完善强制措施和辩护制度,进一步保障了被追诉人的权利,努力把诉讼向平等对抗的方向推进。更重要的是,1996《刑诉法》对审判制度的深度改造,使庭审合议庭的工作方法和重心发生变化,证据调查和法庭辩论受到合议庭的重视,有利于庭审作用的实质发挥。[⑥]

---

① 参见1996《刑诉法》第142条第1、2款规定:“犯罪嫌疑人有本法第十五条规定的情形之一的,人民检察院应当作出不起诉决定。对于犯罪情节轻微,依照刑法规定不需要判处刑罚或者免除刑罚的,人民检察院可以作出不起诉决定。”

② 1996《刑诉法》第8条规定:“人民检察院依法对刑事诉讼实行法律监督。”

③ 1996《刑诉法》第87条规定:“人民检察院认为公安机关对应当立案侦查的案件而不立案侦查的,或者被害人认为公安机关对应当立案侦查的案件而不立案侦查,向人民检察院提出的,人民检察院应当要求公安机关说明不立案的理由。人民检察院认为公安机关不立案理由不能成立的,应当通知公安机关立案,公安机关接到通知后应当立案。”

④ 1996《刑诉法》第188条规定:“人民检察院提出抗诉的案件或者第二审人民法院开庭审理的公诉案件,同级人民检察院都应当派员出庭。第二审人民法院必须在开庭十日以前通知人民检察院查阅案卷。”

⑤ 1996《刑诉法》第224条规定:“人民检察院对执行机关执行刑罚的活动是否合法实行监督。如果发现有违法的情况,应当通知执行机关纠正。”

⑥ 参见王敏远:《我国刑事诉讼法修改述评》,载《法学家》1996年第4期。

但是,1996《刑诉法》也留下了不少问题,如非法证据的排除问题并没有得到解决,实践中刑讯逼供现象仍比较严重;证人出庭作证的概率还是很低,被告人的对质权得不到充分保障;庭审的对抗并没有达到理想的状况,走过场、流于形式依然是很多庭审的最后结果。

（三）2012 年《刑事诉讼法》

1996《刑诉法》修正之后,我国的法治建设得到了长足发展,1999 年《宪法修正案》将“依法治国”载入宪法,依法治国成为治国理政的基本方略。同时,我国的民主政治建设也日益发展,2004 年《宪法》修正增加了“国家尊重和保障人权”的规定,促进了我国政治文明的进步。作为“小宪法”的刑事诉讼法对此应当予以回应,改变传统的“重打击,轻保护”“重实体,轻程序”观念,在刑事诉讼中落实宪法精神,这就需要通过修改刑事诉讼法来体现以上理念。[①] 同时,随着经济越来越发达,我国的经济犯罪尤其是涉及经济的职务犯罪骤然增多,腐败现象比较严重,携带资产外逃现象比较严重;高科技犯罪、恐怖犯罪日益猖狂,而这些新的犯罪形式都处于我国 1996《刑诉法》规范的真空地带。没有相应的诉讼程序处理这些犯罪,国家安全、财产和利益遭受了严重损失,亟须建立相关诉讼程序来应对。另外,1996《刑诉法》没有解决好的问题在司法实践中未得到根本遏制,有的问题反倒越来越严重,如超期羁押屡禁不止,成为刑事诉讼的顽疾;律师辩护“三难”问题(会见难、阅卷难、调查取证难)长期得不到解决;刑讯逼供造成的冤错案屡屡被曝光,在社会公众中造成了恶劣影响,削弱了司法权威。[②] 在这样的背景下,1996《刑诉法》再修改已势在必行。

2003 年,刑事诉讼法再修改纳入全国人大常委会立法规划,但是由于种种原因未能正式进入立法程序。2010 年起,全国人大法工委连续召开座谈会,征求修改意见。2011 年 6 月 10 日,全国人大法工委向中央政法委全体会议汇报了《中华人民共和国刑事诉讼法修正案(草案)》(以下简称《修正案草案》)。2011 年 8 月 24 日和 12 月 26 日,第十一届全国人大常委会对《修正案草案》进

① 参见陈光中主编:《〈中华人民共和国刑事诉讼法〉修改条文释义与点评》,人民法院出版社 2012 年版,第 2 页。

② 比较著名的有佘祥林案、杜培武案以及赵作海案。

行了两次审议并作出进一步修改。2012 年 3 月 14 日，第十一届全国人大第五次会议高票通过《全国人民代表大会关于修改〈中华人民共和国刑事诉讼法〉的决定》，刑事诉讼法第二次修改完成。

2012 年《刑事诉讼法》（以下简称 2012《刑诉法》）共 290 条，相较于 1996《刑诉法》修改了 80 条，增加了 66 条，删除了 1 条。主要内容如下：

（1）添加"尊重和保障人权"。将 2004 年《宪法》中的"国家尊重和保障人权"纳入刑事诉讼法中，并以此指导刑事诉讼原则和程序的设立，保障人权的理念在辩护制度、证据制度、审判制度等多处均有体现。①

（2）继续完善辩护制度。律师在侦查阶段的辩护人地位得到认可②；增加辩护人的程序辩护责任，维护被告人的"诉讼权利"③；简化律师会见程序④；扩大辩护人的阅卷权⑤；明确辩护人刑事责任的管辖权⑥；规定律师的保密权⑦；扩大法律援助的适用阶段和范围⑧。

（3）完善证据制度。规定"不得强迫任何人证实自己有罪"，增加"电子证据"种类，细化证据"确实、充分"的标准⑨，确立非法证据排除规则⑩。

（4）完善强制措施。将监视居住和取保候审的条件分开，增加指定居所监视居住⑪；修改逮捕条件和范围⑫；对于指定居所、拘留、逮捕的，除无法通知或者部分犯罪通知后可能有碍侦查的，要在执行后的 24 小时内通知家属。

---

① 参见 2012《刑诉法》第 14 条第 1 款规定："人民法院、人民检察院和公安机关应当保障犯罪嫌疑人、被告人和其他诉讼参与人依法享有的辩护权和其他诉讼权利。"

② 参见 2012《刑诉法》第 33 条第 1 款规定："犯罪嫌疑人自被侦查机关第一次讯问或者采取强制措施之日起，有权委托辩护人；在侦查期间，只能委托律师作为辩护人。被告人有权随时委托辩护人。"

③ 参见 2012《刑诉法》第 35 条之规定。

④ 参见 2012《刑诉法》第 37 条之规定。

⑤ 参见 2012《刑诉法》第 37 条之规定。

⑥ 2012《刑诉法》第 42 条第 2 款规定："违反前款规定的，应当依法追究法律责任，辩护人涉嫌犯罪的，应当由办理辩护人所承办案件的侦查机关以外的侦查机关办理。……"

⑦ 参见 2012《刑诉法》第 46 条之规定。

⑧ 参见 2012《刑诉法》第 33、34 条之规定。

⑨ 2012《刑诉法》第 53 条第 2 款规定："证据确实、充分，应当符合以下条件：（一）定罪量刑的事实都有证据证明；（二）据以定案的证据均经法定程序查证属实；（三）综合全案证据，对所认定事实已排除合理怀疑。"

⑩ 参见 2012《刑诉法》第 54—58 条之规定。

⑪ 参见 2012《刑诉法》第 72、73 条。

⑫ 参见 2012《刑诉法》第 79 条。

(5)规范侦查阶段询问犯罪嫌疑人。为防止刑讯逼供,犯罪嫌疑人被拘留24小时以内要送至看守所;讯问要在看守所内进行;建立录音录像制度。①

(6)增加技术侦查。为了加强侦查能力,应对复杂犯罪,增加技术侦查措施。②

(7)完善审判制度。完善一审程序证人、鉴定人出庭作证制度③;扩大简易程序适用范围④;修改二审开庭审理案件范围,完善二审发回重审和上诉不加刑原则⑤;改革死刑复核程序⑥。

(8)增设特别程序。为应对特殊形式的犯罪,2012《刑诉法》吸收之前的法律规定增设新的程序,规定了四种特别诉讼程序,分别是未成年人刑事案件诉讼程序,当事人和解的公诉案件诉讼程序,犯罪嫌疑人、被告人逃匿、死亡案件违法所得的没收程序,依法不负刑事责任的精神病人的强制医疗程序。

2012《刑诉法》追求惩罚犯罪和保障人权的平衡,一方面加强侦查能力,增设了没收程序,加大了打击犯罪的能力;另一方面又加强辩护权,遏制非法取证等,实现了从“人权入宪”到“人权入法”的突破⑦,是我国立法的一次重大进步。但是,加大打击犯罪能力的同时也不适当地进行了放权,如指定居所监视居住、技术侦查措施缺少司法审查等,容易使侦查机关滥用权力。同时,一些规定过于原则,缺乏操作性,如被告人、辩护人等的申诉权行使程序不明确等,影响了权利的实现。再者,此次立法的一些遣词造句也值得商榷,一些词语不够严谨,如不得强迫任何人证实自己有罪中的“证实”一词,有虚化不得强迫自证其罪原则之嫌疑,这对于一部规范国家刑事诉讼活动的法律来说,是不应该出现的。

---

① 参见2012《刑诉法》第121条规定:“侦查人员在讯问犯罪嫌疑人的时候,可以对讯问过程进行录音或者录像;对于可能判处无期徒刑、死刑的案件或者其他重大犯罪案件,应当对讯问过程进行录音或者录像。录音或者录像应当全程进行,保持完整性。”

② 参见2012《刑诉法》第148—152条。

③ 参见2012《刑诉法》第187、188、189、192条。

④ 参见2012《刑诉法》第208条。

⑤ 参见2012《刑诉法》第223、225、226条。

⑥ 参见2012《刑诉法》第238、239条。

⑦ 参见陈光中主编:《〈中华人民共和国刑事诉讼法〉修改条文释义与点评》,人民法院出版社2012年版,第15页。

(四)2018年《刑事诉讼法》

党的十八大以来,党中央在深化国家监察体制改革、反腐败追逃追赃、深化司法体制改革等方面作出了一系列重大决策部署,取得了重大成果和进展。例如,2018年3月,《宪法》进行了修改,其中有11条和国家监察体制改革相关,为监察委员会行使职权提供了宪法依据。同月,监察法也正式通过,监察机关办理的案件陆续进入司法程序,刑事诉讼法需要与这些法律相衔接,以保证法律体系的一致性和协调性。随着社会的发展和司法实践的不断深入,一些新的问题和挑战不断涌现,如案多人少的矛盾、犯罪形式的多样化等,需要对《刑事诉讼法》进行修订以适应实践的需要。为了将这些成果以法律形式固定下来,确保改革在法治轨道上推进,《刑事诉讼法》进行了修正。刑事诉讼法不仅是追究犯罪的工具,更应是保障公民人权的重要法宝。此次修订通过完善相关制度,如值班律师制度等,保障当事人的合法权益,防止国家滥用刑罚权,彰显法治文明的进步。通过增设速裁程序、完善认罪认罚从宽制度等,对案件进行分流处理,使不同类型的案件能够适用不同的诉讼程序,合理利用司法资源,提高诉讼效率。确保刑事诉讼活动公正是刑事诉讼法的重要目标。2018年修正后的《刑事诉讼法》(现行有效)在证据制度、审判程序等方面更加完善,加强了对诉讼活动的监督,有利于维护司法公正。具体如下:

(1)缺席审判制度的建立。对于一些犯罪嫌疑人、被告人潜逃境外的案件,长期以来存在无法及时审判的问题。建立缺席审判制度,能够有效打击跨国犯罪、追逃追赃,维护国家的司法主权和法律尊严。

(2)案多人少的矛盾。司法实践中,案件数量不断增加,而司法资源有限,导致案多人少的矛盾日益突出。认罪认罚从宽制度和速裁程序的建立,能够简化诉讼程序,加快案件的处理速度,缓解案多人少的矛盾。

(3)律师辩护制度的完善。刑事辩护全覆盖是保障被告人合法权益的重要举措。值班律师制度的建立,为犯罪嫌疑人、被告人提供了及时的法律帮助,保障了他们的辩护权,完善了律师辩护制度。

2018年修正的《刑事诉讼法》与2012《刑诉法》相比增加了以下一些重要内容。

1. 增加了“尊重和保障人权”原则的进一步落实措施。例如，在一些具体的诉讼程序和制度设计上，更加强化对犯罪嫌疑人、被告人权利的保护，使其贯穿于刑事诉讼的各个环节，这是对刑事诉讼基本原则的重要发展和深化。

2. 明确规定了值班律师制度。犯罪嫌疑人、被告人没有委托辩护人，法律援助机构没有指派律师为其提供辩护的，由值班律师为其提供法律咨询、程序选择建议、申请变更强制措施、提出案件处理意见等法律帮助。这一制度的建立，对于保障犯罪嫌疑人、被告人的合法权益，尤其是在他们缺乏专业法律帮助的情况下，具有重要意义，确保了刑事诉讼的公正性和合法性。

3. 确定了认罪认罚从宽制度。这是2018年《刑诉法》的一项重大改革举措。对于犯罪嫌疑人、被告人自愿、如实供述自己的罪行，承认指控的犯罪事实，愿意接受处罚的，可以依法从宽处理。该制度明确了认罪认罚的适用条件、程序、从宽的幅度等具体内容，既有利于提高诉讼效率，节约司法资源，又有利于鼓励犯罪嫌疑人、被告人积极认罪悔罪，促进社会矛盾的化解。规定了检察机关在认罪认罚案件中的主导作用，包括对犯罪嫌疑人、被告人的告知、听取意见、提出量刑建议等职责，以及法院对认罪认罚案件的审查和裁判规则等，确保认罪认罚从宽制度的正确实施。

4. 刑事诉讼程序的调整和完善。在简易程序的基础上，增加了速裁程序。对于基层人民法院管辖的可能判处三年有期徒刑以下刑罚的案件，案件事实清楚，证据确实、充分，被告人认罪认罚并同意适用速裁程序的，可以适用速裁程序进行审判。速裁程序的庭审程序更加简化，一般不进行法庭调查和法庭辩论，大大提高了审判效率。针对特定的犯罪嫌疑人、被告人潜逃境外的案件，建立了缺席审判程序。这一程序的建立，对于打击跨国犯罪、追逃追赃具有重要意义，维护了国家的司法主权和法律尊严。同时，对缺席审判的适用条件、程序、被告人的权利保障等方面进行了严格的规定，确保了审判的公正性和合法性。

5. 证据制度的进一步完善。对证据的收集、审查、判断等方面的规定进行了细化和完善。例如，对于非法证据的排除规则，进一步明确了非法证据的范围、排除的程序和证明标准等，加强了对证据合法性的审查，防止冤错案的发生。增加了对电子数据等新型证据的规定，明确了电子数据的收集、提取、审查、判断等程序和方法,适应了信息技术发展对刑事诉讼证据制度的新要求。

三、司法解释

司法解释在我国的刑事诉讼中扮演着特殊的角色,由于我国刑事诉讼法的条文内容相对较少①,规定比较粗疏,在司法实践中的操作性不强。如果全国人大常委会解释刑事诉讼法需要一定的法定程序,难以及时快速地对刑事诉讼法中的一些问题作出回应,加之从新中国成立起就有司法机关针对诉讼实务自己作出解释自己适用的传统,所以我国刑事诉讼法在司法实践中的落实主要靠司法解释的说法并不为过。从1979年第一部《刑事诉讼法》制定以来,最高人民法院、最高人民检察院都会发布司法解释,对刑事诉讼法如何具体适用作出总体、全面的规定。尽管学界对于司法解释有谋求部门利益、法外扩权和压缩司法人权的担忧②,但不可否认,作为具有中国特色的法律制度,司法解释一定程度上缓解了刑事诉讼法原则性较强、细节性较弱的尴尬,客观上也促进了刑事诉讼活动的顺利进行。笔者在诸多的司法解释中,选取其中比较重要的司法解释尤其是与审判有关的做一梳理。

(一)有关1996《刑事诉讼法》的司法解释

针对1996《刑事诉讼法》的司法解释最重要的有四部:最高人民法院、最高人民检察院、公安部、国家安全部、司法部、全国人大常委会法工委《关于刑事诉讼法实施若干问题的规定》(1998年通过实施,以下简称1998《六机关规定》)、最高人民法院《关于执行〈中华人民共和国刑事诉讼法〉若干问题的解释》(1998年通过施行,以下简称1998《高法解释》)、《人民检察院刑事诉讼规则》(1997年通过,1998年修订,以下简称1998《高检规则》)。

1998《六机关规定》共48条,仅就对1996《刑事诉讼法》中的管辖、立案、回避、辩护律师参加诉讼、证据、强制措施、期间和办案期限、侦查终结、移送起诉、

① 我国2018年修正的《刑事诉讼法》有308条,是四部刑诉法中条文最多的一部。相比较,《法国刑事诉讼法》有803条,《日本刑事诉讼法》有506条,《韩国刑事诉讼法》有493条。

② 参见张建伟:《刑事诉讼司法解释的空间与界限》,载《清华法学》2013年第6期。

审判程序[①]、赃款赃物等个别问题进行了解释和补充规定。

1998《高法解释》共367条，而1996《刑事诉讼法》则是225条，从这一点就可以看出我国的司法解释对于刑事诉讼活动的重要性。1998《高法解释》对除《刑事诉讼法》总则外的各编都作了解释规定，大大细化了1996《刑事诉讼法》的内容。对于一审的庭审方式，1998《高法解释》作了详细的规定，主要吸收了当事人主义的对抗因素，加强了庭审的对抗，但由于我国其他配套制度的缺失（如非法证据排除规则、证人出庭等），实践中庭审的实质作用并没有得到有效的加强。

1998《高检规则》共468条，针对检察机关如何进行刑事诉讼活动作出了规范。关于庭审，1998《高检规则》从检察机关的公诉和法律监督职能两方面明确了检察人员出席法庭审理的权力和义务，既要求检察人员以国家追诉人的角色积极指控，同被告人一方质证、辩论，共同发现案件事实，实现惩罚犯罪；又要求检察人员切实履行审判监督职能，对庭审审理违反诉讼原则和程序规定的，及时提出纠正建议，维护法律秩序和被告人的诉讼权利。[②]

（二）有关2012《刑事诉讼法》的司法解释

2012《刑事诉讼法》对1996《刑事诉讼法》作了较大的修改，相比于原先的司法解释，2012年司法解释的修改力度也很大，关于庭审中的相关制度的规定，都要比1996《刑事诉讼法》司法解释多。在诸多司法解释中，修改后的最高人民法院《关于适用〈中华人民共和国刑事诉讼法〉的解释》（以下简称2012《高法解释》，已废止）以及《人民检察院刑事诉讼规则（试行）》（以下简称2012《高检规则》，已废止）对于庭审方式的规定最为详细和具体。

2012《高法解释》对于庭审的修改主要集中在以下几个方面：增加庭前会

---

① 在审判程序中，1998《六机关规定》对一审开庭审判、二审、死刑复核程序的相关事项作了补充解释。

② 参见1998《高检规则》第392条规定："审判活动监督主要发现和纠正以下违法行为：（一）人民法院对刑事案件的受理违反管辖规定的；（二）人民法院审理案件违反法定审理和送达期限的；（三）法庭组成人员不符合法律规定的；（四）法庭审理案件违反法定程序的；（五）侵犯当事人和其他诉讼参与人的诉讼权利和其他合法权利的；（六）法庭审理时对有关程序问题所作的决定违反法律规定的；（七）其他违反法律规定的审理程序的行为。"

议,以便就庭审的一些程序性问题提前进行裁断,防止庭审的拖沓与混乱①;在证据制度中,增加了对各种证据审查认定的方式,对于庭审的证据调查阶段来讲,无疑具有重要的指导意义②;建立了非法证据的调查程序,在庭审中被告人申请启动非法证据排除的,应先解决非法证据的问题,再审理案件事实③;强化证人、鉴定人出庭,尤其是对关键证人、鉴定人,可以强制出庭,并视情况使用视频作证,同时还增加了有专门知识的人帮助法官对专业问题进行解答④;不仅审理犯罪事实,也要调查与量刑有关的事实、证据,还要审查影响量刑的情节⑤;强调了法庭纪律,对于诉讼参与人、旁听人员等规定了遵守相关法庭纪律的义务⑥;对于法院认定的罪名和检察机关指控的罪名不一致的,还可以重新开庭,围绕罪名组织控辩双方进行辩论⑦。

相较于2012《高法解释》,2012《高检规则》主要也是从以上几方面围绕庭审细化了刑事诉讼法的规定,但有所不同的是,检察机关是非法证据排除的主要机关,在庭审时,检察机关要承担证明证据取得合法性的责任,2012《高检规则》对庭审中检察机关证明证据合法性的方法作了大致的列举,并规定了法院排除非法证据的义务。⑧

(三)有关2018《刑事诉讼法》的司法解释

2021年,最高人民法院对2012年的刑事诉讼法司法解释进行了较大幅度的修订和完善,发布了新的解释版本,2021年最高人民法院《关于适用〈中华人民共和国刑事诉讼法〉的解释》(以下简称2021《高法解释》)共计27章、655

---

① 参见2012《高法解释》第184条第1款规定:“召开庭前会议,审判人员可以就下列问题向控辩双方了解情况,听取意见:(一)是否对案件管辖有异议;(二)是否申请有关人员回避;(三)是否申请调取在侦查、审查起诉期间公安机关、人民检察院收集但未随案移送的证明被告人无罪或者罪轻的证据材料;(四)是否提供新的证据;(五)是否对出庭证人、鉴定人、有专门知识的人的名单有异议;(六)是否申请排除非法证据;(七)是否申请不公开审理;(八)与审判相关的其他问题。”

② 参见2012《高法解释》第69—94条。

③ 参见2012《高法解释》第101—103条。

④ 参见2012《高法解释》第205—217条。

⑤ 参见2012《高法解释》第225条。

⑥ 参见2012《高法解释》第249—252条。

⑦ 参见2012《高法解释》第241条。

⑧ 参见2012《高检规则》第446—449条。

条。这是最高人民法院有史以来条文数量最多的司法解释,也是内容最为丰富、最为重要的司法解释之一。该解释的公布施行,对于人民法院严格依照法定程序正确履行审判职责,规范办案活动,保障诉讼权利,确保修改后刑事诉讼法的准确、有效实施,实现惩罚犯罪与保障人权的有机统一,具有重要意义。

1. 强化人权司法保障

(1)增强辩护权保障。规定被告人没有委托辩护人,法律援助机构没有指派律师为其提供辩护的,人民法院应当告知被告人有权约见值班律师[①],推进刑事辩护、法律帮助全覆盖,确保被告人在刑事诉讼过程中能够获得必要的法律支持,保障其辩护权的有效行使。对于指定辩护与委托辩护并存的情形,明确赋予被告人选择权,尊重被告人的选择[②],充分体现了对被告人自主意愿的尊重。同时,准许辩护律师查阅作为证据向人民法院移送的讯问录音录像[③],切实保障了律师的查阅权,为律师更好地履行辩护职责提供了有力支持。

(2)保障质证权。重申同案同审的一般原则,强调分案审理应当以有利于保障庭审质量和效率为前提[④],不得影响当事人质证权等诉讼权利的行使。并且在审理过程中,必要时可以传唤分案审理的共同犯罪或者关联犯罪案件的被告人等到庭对质[⑤],保障了当事人在庭审中的质证权利,有助于查明案件事实,维护司法公正。

(3)保障被告单位诉权。[⑥] 针对司法实践中被告单位诉讼代表人确定难的问题,适度扩大了诉讼代表人的确定范围,以单位内部人员作为第一选择,包括被告单位的法定代表人、实际控制人或者主要负责人,以及被告单位的其他负责人或者职工;在被告单位内部没有合适人员担任诉讼代表人的情况下,可以由被告单位委托律师等单位以外的人员作为诉讼代表人,有效维护了被告单位的合法权益,完善了单位犯罪的审理程序。

(4)加强未成年人权益保护。贯彻 2020 年修订的《未成年人保护法》《预

---

① 参见 2021《高法解释》第 44 条。

② 参见 2021《高法解释》第 51 条。

③ 参见 2021《高法解释》第 54 条。

④ 参见 2021《高法解释》第 220 条。

⑤ 参见 2021《高法解释》第 269 条。

⑥ 参见 2021《高法解释》第 335—338 条。

防未成年人犯罪法》的理念精神和制度要求,规定审理未成年人遭受性侵害或者暴力伤害案件,在询问未成年被害人、证人时,应当采取同步录音录像等措施①,尽量一次完成,加强了对未成年人的特殊保护。同时,明确讯问未成年人,其法定代理人或者合适成年人不在场的,对其供述应当依法予以排除②,保障了未成年人在刑事诉讼中的合法权益。

2. 维护司法公正

(1)强化证据裁判要求。针对实践中有的案件证据材料移送不全的问题,明确规定人民法院应当审查证明被告人有罪、无罪、罪重、罪轻的证据材料是否全部随案移送;未随案移送的,应当通知在指定时间内移送;经通知未移送的,人民法院应当根据在案证据对案件事实作出认定。③ 并且,如果因为未移送证据导致相关事实存疑的,应当按照有利于被告人的原则作出认定④,这进一步强化了证据裁判原则,确保案件事实的认定基于充分、合法的证据,维护了司法公正。

(2)突出庭审中心地位。厘清了庭前会议与庭审程序的关系,明确对于庭前会议中听取控辩双方意见的程序性事项,人民法院可以在庭前会议后依法作出处理,并在庭审中宣布决定、说明理由⑤,避免庭前会议与庭审程序的混淆,确保庭审的核心地位。完善了法庭调查程序⑥,依法通知证人、鉴定人、有专门知识的人出庭,对于审判期间证人、鉴定人、被害人因出庭作证,本人或者其近亲属的人身安全面临危险的,人民法院应当采取保护措施,保障了庭审的顺利进行和证人等的合法权益。同时,强化裁判文书说理,要求裁判文书应当写明裁判依据,阐释裁判理由,反映控辩双方的意见并说明采纳或者不予采纳的理由⑦,增强了裁判的公正性和公信力。

(3)明确死缓二审案件一律开庭审理。为进一步贯彻落实两审终审制、完

---

① 参见2021《高法解释》第556条。
② 参见2021《高法解释》第87、90条。
③ 参见2021《高法解释》第73条。
④ 参见2021《高法解释》第146条。
⑤ 参见2021《高法解释》第130—133条。
⑥ 参见2021《高法解释》第246—265条。
⑦ 参见2021《高法解释》第300条第1款。

善死刑案件审判程序、保证死刑案件质量，规定被告人被判处死刑的上诉案件，包括死刑缓期二年执行的案件，二审法院一律应当开庭审理①，这有助于加强对死刑案件的审查，确保死刑判决的准确性和公正性。

3. 完善程序制度

（1）增设新的诉讼程序章节。与2012《高法解释》相比，增加了“认罪认罚案件的审理”“速裁程序”“缺席审判程序”三章②，对这些新的诉讼制度进行了系统的规定和完善，为司法实践提供了明确的法律依据。其中，认罪认罚从宽制度的进一步明确和细化，对于提高诉讼效率、节约司法资源、促进被告人积极认罪悔罪具有重要意义；速裁程序的规定则为简单、轻微的刑事案件提供了更加快捷的处理方式；缺席审判程序的建立，对于打击跨国犯罪、追逃追赃具有重要的作用，维护了国家的司法主权和法律尊严。

（2）完善并案与分案审理规则。新增了并案审理的相关规定，明确了人民法院发现被告人还有其他犯罪被起诉、被审查起诉、立案侦查、立案调查的情况下的并案处理规则，以及并案处理的案件的审判管辖等问题③，为司法实践中处理一人犯数罪、涉及共同犯罪或关联犯罪等案件的并案与分案审理提供了具体的指导。

此外，2019年最高人民检察院《人民检察院刑事诉讼规则》（以下简称2019《高检规则》）对辩护权与法律帮助权、严格排除非法证据、保护未成年人权益、简化工作流程、完善认罪认罚从宽制度和速裁程序等方面作出了补充规定。“两高三部”于2024年9月出台了《办理刑事案件庭前会议规程》和《办理刑事案件排除非法证据规程》，为进一步确定以审判为中心确定了制度参考。

四、其他主要相关规定

除了刑事诉讼法、司法解释等全面、具体规定刑事诉讼活动的原则和程序外，我国一些重要的法规也对刑事诉讼制度的完善起着重要的作用。庭审的作

---

① 参见2021《高法解释》第393条。

② 参见2021《高法解释》第12、14、24条。

③ 参见2021《高法解释》第15、24、25条。

用在于控辩双方运用证据通过积极对抗发现案件事实,法院以证据为基础作出判决,所以庭审的核心就是对证据的认证。我国没有专门的证据法,没有类似于英美法系国家庞杂的证据规则,这导致我国刑事诉讼中对证据的取证、质证、认证都缺乏科学的规范,在侦查、审查起诉,尤其是审判中,证据的运用是薄弱环节。加之我国惩罚犯罪的观念浓厚,而刑事诉讼法保障人权功能不足,司法实践中出现不少冤错案,这都和证据有着密不可分的关系。[①] 在证据法典还不能制定的时候,在诉讼活动中先确立一些比较重要的证据原则和制度来解决部分问题是完全可行的。有基于此,2010 年 6 月 24 日,由“两高三部”联合制定的《关于办理死刑案件审查判断证据若干问题的规定》(以下简称《办理死刑案件证据规定》)和《关于办理刑事案件排除非法证据若干问题的规定》(以下简称《非法证据排除规定》)颁布实施。2016 年10 月11 日,“两高三部”联合出台了《关于推进以审判为中心的刑事诉讼制度改革的意见》(以下简称《以审判为中心的意见》)。2017 年 6 月 27 日,“两高三部”联合发布《关于办理刑事案件严格排除非法证据若干问题的规定》。同年,最高人民法院出台了《三项规程》。2024 年 9 月,“两高三部”出台了《办理刑事案件庭前会议规程》和《办理刑事案件排除非法证据规程》,这两个规程确立了重要的诉讼基本原则和证据规则,为进一步确定以审判为中心提供了制度参考,对我国的刑事诉讼活动起到了重要的推动作用。

(一)《以审判为中心的意见》

(1)文件开篇强调未经人民法院依法判决,对任何人都不得确定有罪。这一原则从根本上确立了审判在刑事诉讼中的核心地位,突出了审判权的权威性和终局性。只有经过法院的公正审判,才能对被告人的有罪与否作出判定,其他任何机关都无权替代审判机关行使这一权力,避免了在审判前对被告人进行有罪推定,保障了被告人的基本权利。

(2)严格按照法律规定的证据裁判要求,没有证据不得认定犯罪事实,且侦查机关、人民检察院应当按照裁判的要求和标准收集、固定、审查、运用证据,

---

① 参见荆龙:《刑诉改革:切实尊重和保障人权》,载《人民法院报》2019 年 9 月 10 日,第 1 版。

人民法院应当按照法定程序认定证据,依法作出裁判。这使得审判成为整个刑事诉讼中证据审查和判断的最终环节,所有的证据活动都围绕审判的标准进行,进一步强化了审判在证据认定方面的核心作用,确保审判所依据的证据具有合法性、真实性和关联性。

(3)建立健全符合裁判要求、适应各类案件特点的证据收集指引,这有助于侦查机关和公诉机关在证据收集过程中更加规范和有针对性。通过统一的证据收集标准,提高证据的质量和可采性,为审判提供更加可靠的证据基础,避免因证据收集不规范导致审判出现错误。

(4)对非法证据的排除规则进行了强调和完善。侦查机关对采取刑讯逼供、暴力、威胁等非法方法收集的言词证据,以及收集物证、书证不符合法定程序且不能补正或者作出合理解释的实物证据,应当依法予以排除。这保证了进入审判环节的证据的合法性,防止非法证据对审判公正造成干扰,维护了审判的权威性和公正性。

(5)通过完善讯问制度,如规范讯问场所、对讯问过程全程同步录音录像以及建立重大案件侦查终结前对讯问合法性进行核查制度等措施,防止刑讯逼供,确保讯问过程的合法性和证据的可靠性。这使得审判所依据的被告人供述等证据更加可信,符合审判对证据合法性和真实性的要求,凸显了审判对证据来源合法性的重视。

(6)进一步完善公诉机制,明确被告人有罪的举证责任由人民检察院承担,对被告人不认罪的案件,人民检察院应强化庭前准备和当庭讯问、举证、质证。同时完善补充侦查制度,明确退回补充侦查的条件和引导机制,规范补充侦查行为。这些措施有助于提高公诉质量和补充侦查的有效性,使审判能够在充分的证据和合理的诉讼程序基础上进行,体现了审判对诉讼程序的主导作用。

(7)健全当事人、辩护人和其他诉讼参与人的权利保障制度,依法保障当事人和其他诉讼参与人的知情权、陈述权、辩论辩护权、申请权、申诉权等。同时,保障辩护人会见、阅卷、收集证据和发问、质证、辩论辩护等权利。这些权利保障当事人能够在审判过程中充分行使自己的权利,维护自身利益,确保审判在公平、公正的环境中进行,体现了以审判为中心对当事人权利的尊重。

(8)建立法律援助值班律师制度,完善法律援助制度,为犯罪嫌疑人、被告人提供法律帮助。这有助于弥补当事人由于经济困难或其他原因可能导致的法律资源不足,确保在审判过程中各方的法律地位相对平等,促进审判结果的公正性。

(9)完善庭前会议程序,健全庭前证据展示制度,听取出庭证人名单、非法证据排除等方面的意见。规范法庭调查程序,确保诉讼证据出示在法庭、案件事实查明在法庭。这些措施有助于提前梳理案件争议焦点,规范庭审过程中证据的出示和质证,使庭审能够更加集中地对案件核心问题进行审理,体现了审判在整个刑事诉讼过程中的中心地位,促进庭审实质化。

(10)完善法庭辩论与当庭宣判制度,完善法庭辩论规则,确保控辩意见发表在法庭。

(二)《办理死刑案件证据规定》

《办理死刑案件证据规定》虽然是对死刑案件的规定,但其确立的原则却适用于所有刑事案件。《办理死刑案件证据规定》确立了证据裁判原则①,这是庭审的基本原则,是我国第一次明文规定该原则,填补了法律规定的空白。证据裁判原则能够约束法官的恣意,增强裁判的确定性,当根据证据不能判定被告人有罪时,就要宣告无罪。同时,《办理死刑案件证据规定》明确了程序法定原则②,强调诉讼程序的正义性,这有利于督促办案人员依法办案,树立正当程序的法治理念。另外,《办理死刑案件证据规定》还规定了证据质证原则③,证据质证是庭审中证据调查的重要内容,强调证据质证就是强调落实庭审,让证据在公开的法庭上经受控辩双方的检验。除了这些原则外,《办理死刑案件证据规定》还确立了意见证据规则④、最佳证据规则和关键证人出庭制度,关键证

---

① 《办理死刑案件证据规定》第2条规定:"认定案件事实,必须以证据为根据。"

② 《办理死刑案件证据规定》第3条规定:"侦查人员、检察人员、审判人员应当严格遵守法定程序,全面、客观地收集、审查、核实和认定证据。"

③ 参见《办理死刑案件证据规定》第4条规定:"经过当庭出示、辨认、质证等法庭调查程序查证属实的证据,才能作为定罪量刑的根据。"

④ 参见《办理死刑案件证据规定》第12条第3款规定:"证人的猜测性、评论性、推断性的证言,不能作为证据使用,但根据一般生活经验判断符合事实的除外。"

人出庭制度还为2012《刑诉法》所吸收,有利于证人出庭作证,保障被告人的辩护权。

(三)有关非法证据排除的若干规定

《非法证据排除规定》最大的意义就是确立了非法证据排除规则,并对非法证据排除的程序作了比较细化的规定,是我国非法证据排除规则的又一重大发展[①]。《非法证据排除规定》规定了排除非法证据的时间、排除主体、程序等,第3条规定了人民检察院承担排除的义务,在侦查、审查起诉中就要对非法证据进行排除;在庭审时,对于非法证据的举证责任进行了分配,检察机关承担证明证据合法性的责任;庭审中,检察机关证明非法证据要提供原始证明,可以让讯问人员出庭作证,这是庭审作证制度的一大突破;赋予法院对非法证据的调查核实权,法院可以自主调查证据,不受控辩双方的限制。

《关于办理刑事案件严格排除非法证据若干问题的规定》详细规定了非法证据排除适用的情形,包括采用暴力、威胁、非法拘禁等非法方法收集的犯罪嫌疑人、被告人供述,以及采用非法方法收集的证人证言、被害人陈述和不符合法定程序且无法补正或解释的物证、书证等。这些严格的排除规则确保了进入审判环节的证据具有合法性,使得审判成为对证据合法性进行最终审查的关键环节,确立了审判在证据审查中的核心地位。只有经过审判对证据进行严格筛选,才能保证用于定案的证据符合法律要求,维护司法公正。强调侦查机关应当依照法定程序开展侦查,收集证据。例如,规定了讯问场所、录音录像要求等,这些规定使得侦查阶段的证据收集活动紧紧围绕审判对证据的要求进行。侦查机关在收集证据时需考虑到审判阶段证据合法性、真实性和完整性的标准,避免因证据收集程序不规范而导致证据在审判中被排除,从而突出了审判对整个证据收集过程的导向作用。

通过对非法证据的排除,杜绝了非法取得的证据进入审判程序影响审判结果的可能性。这有效防止了侦查机关可能存在的非法取证行为对审判公正的

① 参见卞建林、谢澍:《我国非法证据排除规则的重大发展——以〈严格排除非法证据规定〉之颁布为视角》,载《浙江工商大学学报》2017年第5期。

干扰,确保审判所依据的证据是通过合法途径获取的,维护了审判的公正性。同时,也促使侦查机关更加规范地收集证据,提高证据质量,为审判提供可靠的证据基础,增强了审判的权威性。规定保障了犯罪嫌疑人、被告人及其辩护人申请排除非法证据的权利,明确了申请的条件、程序以及相关的救济措施。这使得当事人能够在审判过程中积极维护自身权益,对非法证据提出质疑和排除申请。通过保障当事人的权利,使审判能够在各方充分参与和监督的环境下进行,促使审判结果更加公正合理,体现了以审判为中心对当事人权利的重视和对审判公正的保障。

规定了庭前会议在排除非法证据程序中的作用,如被告人及其辩护人在开庭审理前申请排除非法证据并提供相关线索或材料的,法院应当召开庭前会议,检察院应在庭前会议中对证据收集的合法性作出说明等。同时,规范了庭审中对证据收集合法性的调查程序,包括调查的步骤、各方的权利和义务等。这些规定有助于提前梳理案件争议焦点,使庭审能够更加集中地对证据合法性以及案件核心问题进行审理,促进庭审实质化,体现了审判在整个刑事诉讼过程中的中心地位。从庭审前的申请排除非法证据,到庭审中对证据收集合法性的调查、辩论以及最终的决定,整个过程都围绕证据的合法性展开。这使得证据审查成为庭审的核心内容之一,审判人员需要在庭审中对证据是否合法进行仔细审查和判断,确保审判所依据的证据是合法有效的,进一步强化了审判在刑事诉讼中的核心作用,实现了以审判为中心的理念。

强化审判对侦查和起诉的监督制约。对侦查机关的监督制约,侦查机关在发现非法证据时应当予以排除,不得作为提请批准逮捕、移送审查起诉的根据。同时,对于重大案件,人民检察院驻看守所检察人员在侦查终结前要核查是否存在刑讯逼供等非法取证情形,并同步录音录像。这些规定加强了审判对侦查机关的监督制约,促使侦查机关依法规范地收集证据,避免非法取证行为的发生。侦查机关违反规定收集的证据将无法进入审判环节,从而影响案件的处理结果,体现了审判在刑事诉讼结构中的核心地位和对侦查活动的监督作用。

对检察机关的监督制约,在审查逮捕、审查起诉阶段,检察机关对非法证据也应当予以排除,不得作为批准或者决定逮捕、提起公诉的根据。如果检察机关未正确履行排除非法证据的职责,可能导致审判结果受到影响。例如,一审法院对被告人及其辩护人排除非法证据的申请未予审查，并以有关证据作为定案根据，可能影响公正审判的，二审法院可以裁定撤销原判，发回原审法院重新审判。

以审判为中心的诉讼制度改革是我国刑事司法领域的重要举措，其核心在于强调审判在刑事诉讼中的中心地位，保障司法公正和人权。在此背景下，“两高三部”联合发布了相关规程对于规范刑事诉讼程序，特别是排除非法证据的程序，具有至关重要的作用。2017 年发布的《人民法院办理刑事案件排除非法证据规程（试行）》（以下简称 2017 年规程）和 2024 年发布的《办理刑事案件排除非法证据规程》（以下简称 2024 年规程）在推动以审判为中心的诉讼制度改革方面都有着重要意义，但两者也存在一些区别。

（1）2017 年规程主要强调人民法院对相关证据收集合法性的审查职责，关于侦查机关在重大案件中的核查义务规定相对简略。2024 年规程更加详细地规定了对于可能判处无期徒刑、死刑的案件或者其他重大案件，侦查机关在侦查终结前，应当书面通知人民检察院驻看守所检察人员开展讯问合法性核查。检察人员应当在侦查终结前询问犯罪嫌疑人，核查是否存在刑讯逼供等非法取证的情形，并全程同步录音录像。同时，规程明确了后续的反馈和处理机制，如制作重大案件讯问合法性核查意见书，对存在非法取证情形的处理等①。

（2）2017 年规程对于一些证据排除的情形规定相对简洁。例如，对于采用非法方法收集的被告人供述，除明确几种应排除的情形外，对重复性供述的排除规定较为简单。2024 年规程对于证据排除的相关规定更加细化和全面。例如，在被告人供述的排除方面，对重复性供述的排除情形进一步明确和细化，规定更加严谨，更有利于在实践中准确判断和执行②。

（3）2017 年规程对人民检察院在审查逮捕、审查起诉阶段发现非法证据的处理程序规定不够详细。2024 年规程进一步强调了人民检察院在这两个阶段的职责，规定人民检察院办理审查逮捕、审查起诉案件，发现侦查人员以非法方

① 参见《办理刑事案件排除非法证据规程》第 4、5 条。

② 参见《办理刑事案件排除非法证据规程》第 1 条。

法收集证据的,应当及时调查核实;犯罪嫌疑人及其辩护人申请排除非法证据时应受理并审查,且对于确有或不能排除非法取证情形的,应依法排除非法证据,并要求侦查机关另行指派侦查人员重新取证或自行调查取证,同时对相关证据的移送等也作出了更详细规定①。

(4)2024 年规程对侦查机关在重大案件中核查义务的详细规定,使得侦查阶段的证据收集更加规范。这有助于从源头上减少非法证据的产生,为审判提供更加可靠的证据基础。审判是对案件事实和证据的最终认定环节,只有在侦查阶段就严格规范证据收集,才能确保审判所依据的证据具有合法性和真实性,从而更好地实现以审判为中心的目标。例如,要求侦查机关在重大案件侦查终结前进行讯问合法性核查并全程录音录像,这一措施可以有效约束侦查人员的行为,防止刑讯逼供等非法取证行为的发生。在审判过程中,法官可以依据这些规范的侦查记录来判断证据的合法性,避免因非法证据进入审判环节而影响审判的公正性和权威性。

(5)2017 年规程在适用范围上主要围绕普通刑事案件非法证据排除,更侧重于对被告人及其辩护人申请的审查与处理流程设定,如被告人及其辩护人申请排除非法证据,并提供相关线索或者材料的,人民法院应当召开庭前会议等规定体现了这一点。2024 年规程适用范围依旧是刑事案件,但在一些细节上更加明确和严格。例如,对于可能判处无期徒刑、死刑的案件或者其他重大案件,侦查机关在侦查终结前有特定的核查义务,即应当书面通知人民检察院驻看守所检察人员开展讯问合法性核查,这体现了对重大案件证据收集合法性前端把控的重视。

(6)2024 年规程对证据排除规则的细化,使得审判过程中对证据的甄别更加准确。在以审判为中心的诉讼制度下,审判结果应当建立在合法、有效的证据基础之上。更加细致的证据排除规则有助于法官准确判断哪些证据可以作为定案依据,哪些应当被排除,从而避免非法证据对审判结果的干扰,保障审判的公正性。

---

① 参见《办理刑事案件排除非法证据规程》第 6、7 条。

（四）《办理刑事案件庭前会议规程》

以审判为中心的诉讼制度改革是我国刑事司法领域的重要方向，庭前会议作为刑事审判程序的重要环节，对于保障审判的顺利进行、提高庭审质量和效率具有关键作用。2017 年发布的《人民法院办理刑事案件庭前会议规程（试行）》和 2024 年发布的《办理刑事案件庭前会议规程》都旨在规范庭前会议程序，但两者存在一些差异：

（1）2017 年规程强调对于证据材料较多、案情疑难复杂、社会影响重大或者控辩双方对事实证据存在较大争议等情形适用庭前会议。2024 年规程在适用情形上增加了需要召开庭前会议的其他情形这一兜底条款，使适用范围更加灵活宽泛。同时，在表述上"案情疑难复杂"简化为"案情重大复杂"。①

（2）2017 年规程庭前会议由承办法官主持，其他合议庭成员也可主持或参加。对于公诉人和辩护人参加会议的规定较为常规。2024 年规程明确庭前会议由审判长或者承办案件的审判员主持，合议庭其他审判员也可主持，并且提到检察官助理、律师助理可以协助公诉人和辩护人参加会议，进一步细化了参与人员的构成。②

（3）2017 年规程对于一些可能导致庭审中断的事项，如被告人及其辩护人申请调取在侦查、审查起诉期间未随案移送的证明被告人无罪或罪轻的证据材料，仅规定人民法院经审查认为有关证据材料可能影响定罪量刑的应当准许。2024 年规程在此基础上，进一步规定对于被告人及其辩护人申请调取此类证据材料的，如果人民法院准许，应当通知人民检察院在收到调取决定书后三日内移交，未移交的，人民检察院应当书面说明相关情况，使处理程序更加完善和可监督。③

（4）2017 年规程对于控辩双方在庭前会议中决定在庭审中出示的证据，主要强调人民法院组织展示证据以及听取意见、梳理争议证据等常规操作。2024 年规程在此基础上，规定对于控辩双方决定在庭审中出示的证据，由证据出示

① 参见《办理刑事案件庭前会议规程》第 1 条。
② 参见《办理刑事案件庭前会议规程》第 4 条。
③ 参见《办理刑事案件庭前会议规程》第 17 条第 1 款。

方简要说明证据证明内容,使证据展示环节更加清晰,有助于庭审参与者更好地了解证据情况。①

(5)2024 年规程中关于检察官助理和律师助理可以协助参加庭前会议的规定,有助于提高会议的专业性和效率。② 在审判过程中,专业的律师助理可以协助公诉人和辩护人更好地准备和参与会议,更准确地表达观点和处理相关事项。例如,律师助理可以帮助辩护人整理证据材料、分析案件事实,在庭前会议中更有效地与公诉方进行沟通和协商,从而促进庭前会议的顺利推进,为审判提供更准确、更全面的信息基础,保障审判结果的公正性和准确性。

(6)2024 年规程增加的兜底条款使庭前会议能够更好地适应各种复杂多样的案件情况。在以审判为中心的诉讼制度下,不同案件可能存在各种特殊情形需要通过庭前会议来解决,这一调整使得庭前会议程序能够更广泛地涵盖这些需求,确保审判的前置环节能够充分准备,为庭审的顺利进行奠定基础。例如,对于一些新型犯罪案件或者涉及特殊法律关系的案件,可能无法完全符合 2017 年规程列举的适用情形,但可以依据兜底条款召开庭前会议,提前处理相关问题,避免庭审过程中出现不必要的中断和延误,提高审判效率。这有助于保障审判环节能够集中精力对案件的核心事实和法律问题进行审查和判断,更好地体现审判的中心地位。

(五)《法庭调查规程》

以审判为中心是现代刑事诉讼制度的核心要求,强调审判在刑事诉讼中的主导地位和核心作用。《人民法院办理刑事案件第一审普通程序法庭调查规程(试行)》(以下简称《法庭调查规程》)的出台,正是对这一理念的积极响应和具体落实。该规程从多个方面规范了法庭调查程序,旨在确保诉讼证据出示在法庭、案件事实查明在法庭、诉辩意见发表在法庭、裁判结果形成于法庭,从而实现审判的公正性、权威性和公信力。

《法庭调查规程》明确法庭应当坚持证据裁判原则,认定案件事实必须以

① 参见《办理刑事案件庭前会议规程》第 20 条第 1 款。
② 参见《办理刑事案件庭前会议规程》第 4 条。

证据为根据，且证据未经当庭出示、辨认、质证等法庭调查程序查证属实，不得作为定案的根据。[①] 这一原则将证据置于审判的核心位置，强调了证据在审判过程中的决定性作用。只有经过严格的庭审程序对证据进行审查和判断，才能确保审判所依据的证据具有合法性、真实性和关联性，从而为公正审判奠定坚实基础。这种对证据的严格要求体现在多个方面。例如，要求公诉案件中人民检察院承担被告人有罪的举证责任，且需随案移送并当庭出示所有相关证据以及证明取证合法性的证据材料，不得隐匿证据或人为取舍证据。这不仅规范了控方的举证行为，也保障了辩方对证据的知情权和质证权，使得审判能够在充分了解和审查证据的基础上进行，避免了证据的不当使用和审判的盲目性，体现了以审判为中心对证据质量和呈现方式的严格把控。

《法庭调查规程》强调法庭应当坚持程序公正原则，严格执行法定的审判程序，通过法庭审理的程序公正实现案件裁判的实体公正。[②] 对于被告人不认罪的案件，应当分别对与定罪和量刑有关的事实、证据进行调查；被告人当庭认罪的案件，法庭调查可以主要围绕量刑和其他有争议的问题进行。这种对程序公正的强调以及根据不同情况合理安排法庭调查内容的规定，体现了以审判为中心对程序公正和实体公正有机统一的追求。通过规范的程序，确保审判能够准确查明案件事实，作出公正的裁判。《法庭调查规程》规定法庭应当坚持居中裁判原则，不偏不倚地审判案件，保障控辩双方诉讼地位平等。法官在审判过程中的中立性是实现公正审判的关键。只有法官保持中立，才能客观地审查证据、听取双方的诉辩意见，避免偏袒任何一方，从而确保审判结果的公正性和权威性。这一原则体现了以审判为中心对审判主体公正性的要求，使得审判活动能够在公平、公正的环境中进行。

为了提高庭审效率和质量，《法庭调查规程》强调法庭应当坚持集中审理原则，规范庭审准备程序。[③] 承办法官需在开庭前阅卷，拟定法庭审理提纲，并向合议庭成员通报开庭准备情况。同时，对于召开庭前会议的案件，要依法处理可能导致庭审中断的程序性事项，组织控辩双方展示证据，归纳控辩双方争

① 参见《法庭调查规程》第 1 条。
② 参见《法庭调查规程》第 2 条。
③ 参见《法庭调查规程》第 3 条。

议焦点。这些规定有助于避免庭审出现不必要的延迟和中断,使庭审能够集中精力处理案件的核心问题,体现了以审判为中心对庭审效率和质量的重视,确保审判活动能够高效、有序地进行。

《法庭调查规程》坚持诉权保障原则,依法解决控辩双方争议,保障被告人及其辩护人的诉讼权利。① 其中,为维护被告人质证权,必要时应通知证人、被害人、鉴定人、侦查人员或者有关人员出庭。这体现了以审判为中心对当事人权利的尊重和保护。只有充分保障当事人的权利,才能使审判活动充分听取各方意见,确保案件事实得到全面、准确的查明,避免因当事人权利得不到保障而导致审判不公。

《法庭调查规程》对以审判为中心的体现具体表现为:规范法庭调查程序,确保审判公正,讯问、发问程序的规范②。在开庭讯问、发问程序中,《法庭调查规程》对各方的行为进行了细致规定。公诉人宣读起诉书后,审判长需询问被告人对指控的犯罪事实是否有异议,并合理安排各方的讯问、发问顺序。对于有多名被告人的案件,讯问各被告人应分别进行,同案被告人的供述存在实质性差异时,可传唤被告人到庭对质。同时,被害人及其法定代理人、诉讼代理人等也可在适当时候发问。这些规定确保了法庭能够全面了解各方陈述和观点,避免信息遗漏或误解,为审判公正提供了程序保障。

《法庭调查规程》对出庭作证程序作出了全面规范。控辩双方及相关人员可申请证人、鉴定人、侦查人员和有专门知识的人等出庭,法院经审查认为必要的应当通知其出庭。对于应当出庭作证但因客观原因无法出庭的人员,可通过视频等方式远程作证。同时,规定了强制证人出庭的条件和程序,以及对证人、鉴定人、被害人的保护措施和费用补助等。这些规定保障了证人出庭的合法性和可行性,确保了审判能够获取更全面、真实的证据,有利于审判公正的实现。

在物证、书证等证据的举证、质证程序方面,《法庭调查规程》强调审判长应驾驭庭审过程,组织控辩双方进行举证、质证。公诉人先行举证,被告人及其辩护人可随后举证并反驳。对于可能影响定罪量刑的关键证据和存在争议的

① 参见《法庭调查规程》第4条。
② 参见《法庭调查规程》第5—8条。

证据应单独举证、质证，无异议的非关键性证据可简要说明。同时，对证据的出示形式、对未出示证据的处理以及证据收集合法性的审查等都作出了详细规定。[①] 这些严谨的程序要求确保了证据在法庭上得到充分展示和审查，为审判公正提供了坚实的证据基础。

《法庭调查规程》充分保障了被告人的权利。被告人不承担证明自己无罪的责任，且其质证权得到维护，必要时相关人员应出庭接受质证。对于被告人庭前不认罪当庭又认罪或当庭反悔的情况，法庭都有相应的核实和调查程序。这些规定确保了被告人在审判过程中的主体地位，使其权利得到充分尊重和保障，体现了以审判为中心对被告人权利的重视。通过明确控辩双方的举证责任、规范法庭调查程序以及保障双方的发问、质证等权利，《法庭调查规程》维护了控辩双方平等的诉讼地位。使得审判过程成为控辩双方平等对抗、充分表达观点的平台，避免了一方过于强势而影响审判公正，体现了以审判为中心对诉讼平衡的追求。《法庭调查规程》明确法庭经审查认定的非法证据应当依法予以排除，不得出示、质证。[②] 这一规定强调了审判对证据合法性的审查和判断能力，防止非法证据进入审判结果的形成过程，维护了审判的公正性和权威性，凸显了审判在证据审查方面的核心作用。对于经过控辩双方质证的证据，法庭应结合双方质证意见，从证据与待证事实的关联程度、证据之间的印证关系、证据自身的真实性程度等方面综合判断证据能否作为定案的根据。这种对证据的综合判断要求体现了审判在证据认定过程中的主导地位，确保了审判所依据的证据具有充分的证明力，进一步凸显了以审判为中心的理念。

《法庭调查规程》的实施将促使庭审实质化，改变以往庭审形式化的问题。通过规范法庭调查程序，强调证据在庭审中的出示、辨认和质证，以及对各方权利的保障，庭审将真正成为查明案件事实、认定证据、作出裁判的核心环节。这将提高审判质量，确保审判结果更加公正。由于审判对证据的要求更加严格和规范，这将引导侦查和起诉阶段更加注重证据的收集和审查质量。侦查机关和公诉机关将更加谨慎地收集证据，确保证据的合法性、真实性和关联性，以满足

---

① 参见《法庭调查规程》第12—41条。

② 参见《法庭调查规程》第47条。

审判的要求。这有助于从源头上提高证据质量,为审判提供更好的证据基础。

第二节 我国的刑事诉讼模式

一、我国刑事诉讼模式之辨析

(一)近代我国刑事诉讼模式演变概述

当今世界范围内,存在着三种主要的诉讼模式:传统大陆法系国家的职权主义诉讼模式、英美法系国家的当事人主义诉讼模式以及后来演变发展的混合式诉讼模式。清朝末期,我国变法图强,引进国外法律制度,改变了我国封建社会沿袭千年的纠问式诉讼模式。在学习外国法的过程中,我国较多地参考了日本的刑事诉讼制度,一方面,中、日两国距离较近,文化有共通之处,便于交流;另一方面,日本大化革新后取得的变化令我国当时的统治者深有触动。1911年制定的《刑事诉讼律草案》就是以1890年《日本刑事诉讼法》为蓝本制定的,虽然这部法律因为清朝的覆灭没有得到真正实行,但这部法律对于后来的北洋军阀政府和民国政府的影响很大,后两者的刑事诉讼法的内容与这部法律基本相同。[①] 由于当时日本的诉讼模式隶属于职权主义诉讼模式,所以清末我国的刑事诉讼模式至少在法律层面上开始转向职权主义诉讼模式。在刑事诉讼中,改变了纠问式诉讼模式中的控审不分,设立检察厅和审判庭,检察官负责起诉。“凡刑事案件因被害人之告诉、他人之告发、司法警察之移送或自行发觉者,皆由检察官提起公诉。但必须亲告之事件,如胁迫、诽谤、通奸等罪不在此限。”[②] 清末还首次在我国历史上设立了辩护制度,被告人有权为自己辩护,也可以委托辩护人,还可以委托法定代理人为自己选任辩护人。对于一些法定的情形,还设立了指定辩护制度,由检察厅或者审判庭为被告人指定辩护人。对于侦查,设立了司法审查制度,侦查机关对犯罪嫌疑人采取限制人身自由的强制措

---

① 参见汪海燕:《刑事诉讼模式的演进》,中国人民公安大学出版社2004年版,第397页。

② 《各级审判厅试办章程》第46条,载《大清法规大全》卷七。

施，要经过审判庭的审查，由审判庭发放令状方可执行。“凡逮捕人犯应以审判衙门所发银票为凭，由检察厅备文送交该管巡警衙门转饬司法警察人员执行。”[①]此外，审判也要予以公开，在审判阶段，法官不能缺席，要连续不间断地参加审理，法官通过参加庭审从证据调查和法庭辩论中获得内心确信。经过数次的修律，清末的法律形式和规定的刑事诉讼模式与同期德国和日本的诉讼模式相近，但是在实践中并没有落实，还是以传统的纠问式诉讼为主。

清朝灭亡以后，1911 年 10 月成立南京临时政府，南京临时政府没有制定全面、系统的刑事诉讼法，此时的刑事诉讼模式也谈不上有自己的属性，基本与清朝时期实行的纠问式诉讼模式没有区别。但是，南京临时政府却学习欧美确立三权分立，1912 年 2 月 7 日公布的《中华民国临时约法》规定司法权由法院行使，实行司法独立和审判公开。在刑事诉讼制度上，南京临时政府废除了刑讯制度，命令各地焚毁刑具，对于刑讯逼供得到的证据不得采用。同时，南京临时政府还设立律师制度、辩护制度以及陪审制度，保护人民的诉讼权利。[②]

北洋军阀政府则是承继清末之修法成果，全盘采用清末之新法律，也包括刑事诉讼法，北洋军阀政府把清末的《刑事诉讼律》改为《刑事诉讼条例》加以沿用。诉讼之仍是控审分离，法院设大理院、高等审判厅、地方审判厅和初级审判厅，检察机关则分为总检察厅、高等检察厅、初级检察厅。除普通法院外，还有专门的军事法院。实行法定起诉原则，也确立了辩护制度。1923 年《中华民国宪法》同样规定了司法独立原则和审判公开原则，但是，这时的行政干预司法严重，司法独立形同虚设。有人对此曾言，“凡行政长官袒护之人，不得逮捕之”，“人权保护悉凭有力者之喜怒”[③]等。并且北洋军阀政府统治时期，军阀混战，司法沦为政治工具，实践中军事审判很重要。[④]

国民党政府则继续在北洋军阀政府的基础上借鉴移植德国、日本等大陆法系国家的刑事诉讼模式，国民党政府制定的《中国民国刑事诉讼法》是完全带

---

① 清末《司法警察职务章程》第 6—8 条，载《大清法规大全》卷五。

② 参见陈光中主编：《刑事诉讼法》，北京大学出版社 2005 年版，第 53 页。

③ 罗文干：《狱中人语》，载沈云龙主编：《近代中国史料丛刊》（正编第 16 册），台北，文海出版社 1966 年版，第 54 页。

④ 参见叶孝信主编：《中国法制史》，北京大学出版社 2000 年版，第 372 页。

有职权主义色彩的大陆法系法律。这部刑事诉讼法的主要特点有:保障犯罪嫌疑人的权利,明确了侦查羁押期限和审判羁押期限①,羁押期间,被羁押人有相应的救济权利。对于超过羁押期限取得的证据,不得采用。对于搜查和扣押,应在日出以后、日落以前进行。逮捕犯罪嫌疑人时,要注意保护犯罪嫌疑人的身体健康和体面。检察官担负举证责任,在侦查讯问时,如果犯罪嫌疑人拒绝回答,不得因为其拒绝回答而推定其有罪;实行“不告不理”,控审分离,控辩平等;公诉为主,自诉为辅,检察厅设置在法院中,但检察官独立于法官。实行起诉便宜原则,对于一些不需要起诉的情形,检察官有不起诉的自由裁量权。实行程序法定原则,诉讼要严格按照法定程序进行,违反程序将会受到程序性制裁。例如,在庭审的过程中,法官审理没有遵照程序规定导致合议庭组成不合法、违反审判公开原则、未依法保障被告人的辩护权等,都将成为上诉法律审的理由。实行直接言词原则,在庭审中法官要亲自不间断地参加庭审审理,亲自询问证人等,亲自主持法庭调查和辩论,以接触到的证据为依据形成自由心证。审判公开原则,被告人享有辩护权,有权自行或者委托法定代理人、保佐人以及配偶选任辩护人,在一审时,对于法定的情形,法官应为被告人指定辩护人。如果庭审时辩护人未出庭,则审理不合法;审判充分发挥法官的职权作用,为了发现案件真实,法官可以决定诉讼的进程,依职权进行必要的活动,如询问、讯问、调取证据等,法官发现案件真实的行为并不受当事人意思的约束。

除了《中华民国刑事诉讼法》外,国民政府时期关于刑事诉讼还颁行过其他法律条例,如《共产党人自首法》《暂行反革命治罪法》《惩治汉奸条例》等,这些法律都是在特别时期针对特别的群体或者案件制定,主要是为了维护国民党的反动统治,对于当事人的诉讼权利的保障无从谈起,所以对于这些案件采用的是类纠问式诉讼模式。1949 年,国民党败退台湾,《六法全书》也被带至台湾。随着中国的建立,中国的刑事诉讼模式也随之发生改变。

(二)现代中国的刑事诉讼模式之争

如前文所述,中国成立到 1979 年第一部《刑事诉讼法》制定,其间 30 年并

① 其中,侦查羁押期限一般是两个月,审判羁押期限是三个月。

没有制定刑事诉讼法，与刑事诉讼有关的只是《宪法》的部分条款以及一些单行的条例。1957年，我国学习苏联，拟定出了《中华人民共和国刑事诉讼法草案(草稿)》，共有7篇325个条文。1962年又对草案草稿进行修改，于1963年形成《中华人民共和国刑事诉讼法草案(初稿)》，但初稿的内容比草稿的内容少了125条。这部草案初稿由于反右派斗争和“文化大革命”的开始并没有实行①，制定刑事诉讼法的工作就完全搁置下来直至1979年。1979《刑事诉讼法》在1963年初稿的基础上修改而成，所以这之后的我国刑事诉讼模式带有苏联的色彩，即使1996年修正《刑事诉讼法》时借鉴了大量的当事人主义诉讼模式的经验，以及2012年又将《刑事诉讼法》加以完善，但是这种业已形成多年的诉讼模式基础仍占据着重要地位并一直延续至今。

对于我国近代的刑事诉讼模式究竟为何种类型，我国学界存在着不同的看法。有观点认为，我国刑事诉讼模式为职权主义模式②，认为我国的刑事诉讼在侦查、审查起诉以及审判阶段，都主要由公权力机关依职权主动追诉犯罪，故应当归为职权主义诉讼模式；也有观点认为，我国刑事诉讼模式属于强职权主义诉讼模式，认为我国刑事诉讼中的控审距离较近，控诉权受到的外部制约少，被追诉人的诉讼权利少，党和行政权力等也能影响诉讼，诉讼中的权力因素较职权主义国家更为活跃，故宜将这种诉讼结构定义为介于纠问式和职权主义之间的超职权主义诉讼模式(这种观点主要针对1996年《刑事诉讼法》修改之前的刑事诉讼模式)③；还有观点认为，我国的刑事诉讼模式属于职权主义诉讼模式与当事人主义诉讼模式相结合的混合模式，认为我国刑事诉讼吸收了无罪推定的基本精神，对侦查和公诉机关进行了制约，注重发挥当事人的作用，庭审也是对抗式的。④

那么，我国的刑事诉讼究竟是何种模式呢？笔者认为，我国刑事诉讼模式并不适宜简单地归结为单纯的职权主义诉讼模式，也不是职权主义诉讼模式和

---

① 参见罗文干：《狱中人语》，载沈云龙主编：《近代中国史料丛刊》(正编第16册)，台北，文海出版社1966年版，第54页。

② 参见徐益初：《试析我国刑事诉讼结构的特点及其完善》，载《法学评论》1992年第3期；李心鉴：《刑事诉讼构造论》，中国政法大学出版社1992年版，第164页；龙宗智：《刑事司法的利益机制与刑事司法模式》，载龙宗智：《相对合理主义》，中国政法大学出版社1999年版，第77页。

③ 参见汪海燕：《刑事诉讼模式的演进》，中国政法大学出版社2004年版，第431页。

④ 参见谢佑平：《理想与现实：评修改后的〈刑事诉讼法〉》，载《现代法学》1996年第2期。

当事人主义诉讼模式相结合的混合模式,而是在特殊的历史时期和国家制度架构下不断发展演化的转轨型或者转化型诉讼模式,理由如下:

1. 我国刑事诉讼模式并不是真正的职权主义诉讼模式

典型的职权主义诉讼模式代表是法、德两国,考察这两个国家的诉讼程序,可以得知职权主义诉讼模式有以下特点:

首先,在诉讼中实行职权划分原则和司法审查原则。刑事诉讼中,不同的机关和人员承担不同的职能。在法国,案件侦查和预审由预审法官负责,检察官负责案件的起诉,审判法官负责案件的审理。而在德国,刑事诉讼主要分为两大程序:审前侦查程序和审判程序。审前程序主要由检察官负责,审判程序由法官负责。在法、德,虽然有司法警察进行侦查,但是司法警察要接受预审法官或者检察官的指挥。另外,对于侦查行为,当涉及限制人身自由的强制措施时,侦查机关要受到审判机关的审查,以防止侦查机关滥用权力,侵害被追诉人的权利。如在德国,逮捕犯罪嫌疑人的逮捕令只能由法官签发,并且在犯罪嫌疑人被逮捕后法院还要依职权审查羁押的必要性。

其次,被追诉人在诉讼中具有诉讼主体地位,享有相应的诉讼权利。被追诉人不是诉讼的客体,有权为自己进行辩护。在无罪推定原则的要求下,被追诉人面对讯问,可以选择辩解,也可以选择沉默,侦查机关都无权强迫被追诉人自证其罪。在受到不合理的羁押时,被追诉人有权向法院申请司法审查解除羁押。在审判阶段,法院要充分保障被追诉人的辩护权、质证权。

最后,庭审审理采用直接言词原则,注重发挥法官的职权主动性。直接言词原则的最大作用就是要求庭审法官亲自审查最原始的证据,对证据的调查和法庭辩论都要以口头方式进行,除法定情形外不得采用证据的替代品,法官要根据亲身调查过的证据形成内心确信。同时,庭审采用审问制,法官主导指挥庭审,依职权发现案件真实,不受当事人的证据和意见的限制。法官依职权调查证据不仅要收集对被告人不利的证据,也要收集对被告人有利的证据。在职权主义诉讼模式的国家里,法官是“起决定作用的辨清真相者”①。

---

① [美]乔治·W.皮尤、叶逊:《美国与法国刑事司法制度之比较》,载《环球法律评论》1986年第4期。

而反观我国的诉讼模式，并不具备以上特征。虽然我国也实行职权划分原则，由公安机关、检察机关和审判机关分别行使侦查、公诉和审判职能，但我国刑事诉讼又强调三机关分工负责，互相配合，互相制约，结果是配合有余，制约不足，导致三机关的职权不平衡。实践中侦查的权力过大，法院无法对侦查进行司法审查，侦查权利缺乏有效的制约，只有在逮捕时才有检察机关进行审查，监督的效力远远达不到制约的作用。我国的检警关系也并非大陆法系国家中的检警关系，公安的权力甚至比检察机关的权力还要大，这导致检警关系失衡。再者，在我国，被追诉人虽然也有当事人的诉讼地位，但是其应当享有的权利显然与真正的诉讼主体地位还有差距。我国刑事诉讼法并没有完全吸收无罪推定原则，只是规定了人民法院的统一定罪权；在判决中还存在证据不足的无罪判决，这并不符合无罪推定的精神。我国也没有彻底确立不得强迫自证其罪原则，只是规定对任何人不得强迫其证实自己有罪。对于讯问，被追诉人没有沉默权，还要如实回答侦查人员的提问。在辩护权方面，被追诉人并不享有完全的辩护权，如在庭审中，被告人的质证权由于证人的不出庭而落空。另外，我国的庭审并没有确立直接言词原则，法官书面审理、庭审流于形式的问题依然存在，法官依靠在庭下审查书面证据作出判决的现象还比较普遍，这都说明我国的刑事诉讼模式还不是真正的职权主义诉讼模式。

2. 我国刑事诉讼模式并不具备当事人主义诉讼模式的因素

当事人主义诉讼模式最大的特点就是被追诉人诉讼权利的自主化和庭审的当事人化。被追诉人诉讼权利的自主化，是指在法定条件下，被追诉人可以自由处置自己的诉讼权利而不受其他主体的限制。例如美国的辩诉交易制度，被告人如果选择认罪，诉讼就会直接进入量刑程序而不再就被告人是否有罪进行审理。庭审的当事人化，是指庭审由当事人推进，当事人平等武装，积极对抗，法官则是消极中立地听取双方辩论。我国的刑事诉讼在这两方面都与之相差甚远。我国的被告人不能与检察官进行辩诉交易，即使被告人承认有罪，也不能直接进入量刑程序，要根据具体情形选择是适用普通审判程序还是适用简易程序。当事人在庭审中的作用和角色也远没有如美国这样的当事人主义诉讼模式国家积极主动，尽管我国在1996《刑诉法》中引入了当事人主义对抗因素，但实际作用并不明显，原因有很多，证据规则缺失、法官业务能力低下、重惩罚犯罪传统思想影响等。"对抗制下当事人活动应具有的主导性、广泛性、充分性、事实性、中心性与集中性都未体现在中国刑事诉讼中,相反,国家活动的主导性、广泛性、积极性通过控诉方、审判方活动而体现,审判决策通过但不唯一通过庭审而达致。这是一场国家主导的定罪仪式,而非作为当事人双方主宰的竞争与游戏。"①

二、我国刑事诉讼模式与庭审中心主义的距离

(一)庭审中心主义对刑事诉讼的影响

无论是职权主义诉讼模式还是当事人主义诉讼模式,都以审判为中心,庭审审判才是整个诉讼活动的核心,在庭审中调查证据,最后裁定被告人的定罪量刑问题。侦查、审查起诉都是为审判做的程序准备,接受审判权的司法审查。以审判为中心要求刑事诉讼的各个阶段都体现出审前程序为程序性阶段、审判程序为实质性阶段的本质特征。

1. 侦查阶段

在侦查阶段,侦查机关的侦查活动要受到法院的司法性审查,以防止侦查机关滥用权力而侵犯公民的合法权益。在大陆法系国家,法院介入侦查的时间比较早,侦查机关在侦查犯罪时,除了法定的紧急或在现行犯的情况下,侦查机关可以采取强制措施外,通常情况下,侦查机关采取的诸如搜查、扣押、羁押、特殊侦查措施等行为,都要取得法院的授权或者令状。侦查机关可以为了查明案件事实排除一切干扰行为,但是不能强迫犯罪嫌疑人供述。在英美法系国家,法院对于侦查机关的侦查行为并不像大陆法系国家那样介入的很早,其侦查阶段是由当事人推进的诉讼程序,带有弹劾式色彩。根据无罪推定原则,侦查机关不能随意羁押犯罪嫌疑人,只有在法院颁布令状后方可羁押,这叫作司法令状主义,如美国的有证逮捕。同时,法院还要对侦查行为进行事后审查。犯罪嫌疑人还有向法官申请保全证据的权利,来获得对自己有利的证据。在侦查阶

① 左卫民:《中国刑事诉讼模式的本土构建》,载《法学研究》2009 年第 2 期。

段，大陆法系国家和英美法系国家的犯罪嫌疑人都享有沉默权，可以拒绝回答侦查机关的讯问，侦查机关也不得就此作出对犯罪嫌疑人不利的推论，更不得将此作为犯罪嫌疑人有罪的证据。相反，犯罪嫌疑人还有权得到辩护律师的帮助，在辩护律师的帮助下收集证据，积极准备庭审质证。

2. 公诉阶段

公诉是公诉机关代表国家指控个人犯罪的行为，对于普通个人的权利影响非常大，所以不能随意提起公诉。要有一个中立的不担负追诉职能的无偏倚的第三方进行审查，进而保证公诉的合法性和妥当性。对于公诉的审查，就是在审前由法院或者法官进行预审，以决定是否批准公诉，让案件进入审判程序。基于此种要求，两大法系对于公诉决定都设置了审查程序，由法院或者法官来主导。大陆法系国家中，《法国刑事诉讼法》要求对于未成年人的刑事案件、需要采取强制措施的轻罪以及重罪案件，都要经过预审，由预审法官同意后提交法庭审判。除此之外，德国的"中间程序"、意大利的预审制度等都是为了加强法院或者法官对于公诉的抑制性。① 英美法系国家对于公诉的审查主要有两种方式：治安法官预审和大陪审团审查起诉。在英国，大陪审团于 1933 年被取消，所以现在被告人在正式受审前，都要被带至治安法院由治安法官进行预审，以决定是否将被告人送至刑事法院进行审判。在美国，大陪审团审查起诉制度依然活跃，对于重罪案件，被告人都享有要求大陪审团审查起诉的权利。大陪审团经过秘密审议后，作出正式的犯罪控告的，检察官提出的指控才是正式指控。另外，在向法院指控被告人时，英美法系国家实行一本状起诉主义，只提交起诉状而不能提交证据，防止法官产生预断。在庭审前，控辩双方可以进行证据开示，交流证据信息，以方便各自的辩护准备工作。

3. 审判阶段

为了使庭审审判真正成为刑事诉讼的中心，实行审判中心主义的国家都努力确立各种原则和制度来保障庭审的公正性、实质性和权威性。基本的原则有无罪推定原则、直接言词原则、集中审理原则等，相关的制度有辩护制度、证人出庭作证制度、交叉询问制度等。无罪推定原则在程序方面解决了被告人在诉

① 参见孙长永：《审判中心主义及其对刑事程序的影响》，载《现代法学》1999 年第 4 期。

讼中的法律地位问题,要求法官在没有作出裁判之前不能预断,要客观地看待被告人,因为侦查、审查起诉都是程序性阶段,审判才是对被告人定罪量刑的实质性阶段,如果法官之前就对被告人产生了罪责意见,庭审就会虚化。直接言词原则使法官更加重视证据的作用,将证据裁判原则落到实处,进而要求辩护制度的发展。集中审理原则使被告人的迅速审判权得以实现,也保证了法官自始至终的同一。从一定程度上说,没有辩护制度就没有庭审,被告人不是诉讼的客体,不能仅仅成为被指控、被审问的对象。庭审的作用就在于通过控辩双方积极对抗,发现案件事实。如果被告人只是被动地接受指控毫无还手之力,现代的庭审与纠问式的庭审就没有区别。英美法系国家庭审中被告人的辩护权情况自不待言,虽然大陆法系国家的庭审是审问制,但是法官调查的证据一个主要来源就是被告人以及被告人提交的证据,对于被告人辩护权的保障是保证庭审平衡的关键。对于被告人辩护权的保障就催生了证人出庭作证制度以及交叉询问制度,两者都是辩护权的衍生,都是为了保障辩护权的行使而在庭审过程中实施的制度性程序。同时,庭审实质作用发挥的最重要因素就是证据,真实可靠的证据才是发现案件真实的唯一手段,为了保证进入法庭的证据的真实性和可靠性,多种证据规则应运而生。非法证据排除规则、最佳证据规则、意见证据规则、传闻证据规则等都是贯彻庭审中心主义的保障。

4. 上诉程序

庭审中心主义强调的是一审在审判程序中的中心地位。为了保证程序的确定性,凡是属于程序性的问题都要在一审中提出,如回避问题、申请调查证据、合议庭的组成不合法等。如果未及时提出,原则上就丧失了上诉的权利。大陆法系国家的上诉程序一般有两级,控辩双方都享有上诉权。第一级的上诉程序可以审查实体问题,第二级的上诉程序只审查程序问题。但是对于一些重罪案件,对事实问题的上诉是受到严格限制的。在法国,被告人对于有陪审团的重罪法庭作出的判决,可以就程序问题向最高法院申诉,而不能就事实问题提出上诉;在德国,对于地区法院审理的重罪判决,被告人也不得就事实问题上诉,只能就法律问题上诉。[①] 而英美法系国家的上诉基本属于事后审查,对于陪审团裁决的事实不能上诉。即使是治安法院判决的轻罪,也只有在法定情形下才允许对事实问题上诉。但两个法系的国家都禁止对无罪的判决提出上诉,不管是就事实问题还是就程序问题。

(二)我国刑事诉讼模式与庭审中心主义的距离

我国现今的刑事诉讼模式与上述庭审中心主义的要求还有段距离,这也成为我国实现庭审中心主义的障碍,表现为以下几方面。

1. 在刑事诉讼结构中,公安机关的权力强大,有时缺乏有效的司法制约。从纵向上看,我国的刑事程序结构像一只葫芦,最初的庞大的侦查活动构成了葫芦的底端,不断增强的审判程序成为葫芦的上端,而处于中间阶段的审查起诉程序则是葫芦的细腰。[②] 从形状上看,显然侦查程序的重要性和对诉讼的影响力是最大的。这种程序结构决定了我国司法实践中诉讼程序的纵向结构是以侦查为中心的诉讼阶段论:侦查—起诉—审判,三种程序只是处于平行地位的“三道工序”,法院对审判程序的司法控制十分微弱。[③] 我国刑事诉讼重打击犯罪,侦查机关的侦查权力过大,侦查活动很少受到检察机关尤其是法院的司法制约。侦查过程中,侦查机关可以采取必要的措施以查明犯罪,这些措施几乎不受限制。如强制措施的采用,根据我国《刑事诉讼法》规定,只有逮捕才由检察机关批准,其他四种强制措施由侦查机关自行决定。犯罪嫌疑人被羁押后,只有检察机关负有审查羁押必要性的职责,但这种职责具体如何行使以及强制力如何还没有明确,缺少对侦查机关超期羁押的有效制裁,法院更是对羁押无权进行司法审查。

2. 对检察机关的起诉缺乏司法过滤,检察机关的特殊地位影响了审判的公正性。在我国,检察机关的起诉并不会受到来自法院的实际过滤。根据有关规

---

① 参见孙长永:《审判中心主义及其对刑事程序的影响》,载《现代法学》1999 年第 4 期。

② 参见张建伟:《刑事司法:多元价值与制度配置》,人民法院出版社 2003 年版,第 157 页。

③ 参见陈瑞华:《二十世纪中国之刑事诉讼法学》,载《中外法学》1997 年第 6 期。

定，法院对于检察机关的起诉，只进行程序方面的形式审查，并不作实质审查[①]，对于检察机关的指控，法院都要受理审判[②]，而不会像前述国外国家对起诉进行预审或者司法审查。这就使对检察机关的起诉缺少了过滤环节，排除了司法权的介入，一些起诉不具有正当性的案件也能进入庭审，污染了庭审的正当性和权威性。

在我国，检察机关既是公诉机关，又是法律监督机关，一身兼两责，既要代表国家指控犯罪，还要对刑事诉讼活动进行监督，这种职权交叉的现象使得检察机关的角色定位很微妙，一方面，检察机关的"当事人"地位发生偏离，法庭庭审中使本该由"控、辩、审"等腰三角形结构异化成了"控、审——辩护"的直线结构，让本来就弱小的辩护一方更加弱势，违背了控辩平等的诉讼原则。另一方面，检察机关作为监督者，依法监督法院的审判活动，这就在庭审中出现了比法院更高一级的主体来审查法院，这位审查者还是行使控诉职能的一方，法院的审判主导权与检察机关的法律监督权出现了冲突，法院就可能会慑于检察机关的监督权而自我萎缩审判权，导致审判不公。

3. 诉讼对抗缺乏平衡，被追诉人的诉讼权利被压缩。我国一直都将惩罚犯罪作为刑事诉讼最重要的任务，将公、检、法的关系定位为"分工负责，互相配合，互相制约"，公检法的诉讼职能虽然不同，但其共同的任务都是追究犯罪，实践中三方基本上都是配合有余、制约不足。这种理念和关系反映在庭审中就是把庭审作为继侦查、起诉后国家司法机关追究犯罪的一种程序性延续，庭审只是对侦查机关和公诉机关的侦查行为和起诉主张作出司法确认。控审分离的机制性作用被检察机关和法院的国家属性取代而异化为配合、协作，法官不再中立，控辩的平等格局随之失衡。

相较于当事人主义模式国家，我国刑事诉讼中当事人主义很弱，被告人的诉讼权利偏少且保障不足，控辩力量对比较为明显。尽管1996《刑事诉讼法》

---

① 2012《刑事诉讼法》第181条规定："人民法院对提起公诉的案件进行审查后，对于起诉书中有明确的指控犯罪事实的，应当决定开庭审判。"

② 2012《六机关规定》第25条规定："……对于人民检察院提起公诉的案件，人民法院都应当受理。人民法院对提起公诉的案件进行审查后，对于起诉书中有明确的指控犯罪事实并且附有案卷材料、证据的，应当决定开庭审判，不得以上述材料不充足为由而不开庭审判。……"

在诉讼中引入了当事人主义因素,增强了对抗,但总体来说,还远没有达到控辩平等武装的地步,最亟须补强的就是被追诉人的诉讼权利。在诉讼基本原则上,我国就没有完全明确被追诉人的无罪推定权,只是规定了法院的定罪权,这与无罪推定原则存在差距。[①] 被追诉人的辩护权落实情况也不尽理想,在侦查阶段,犯罪嫌疑人只能在"自被侦查机关第一次讯问或者采取强制措施之日起"[②]才能委托辩护人,这与联合国的刑事最低标准还有差距[③],侦查阶段的第一次讯问通常是最重要的,这时犯罪嫌疑人的心理还处于非常脆弱的阶段,对于讯问没有经验也没有律师的帮助,很容易被侦查机关诱导,所以任何时候的讯问都应当可以委托律师。由于我国缺少律师在场权的制度,侦查讯问不规范化现象严重。作为辩护权的衍生权利,律师的阅卷权、会见权、调查取证权也要受到保障,但在我国司法实践中,这已经成为一个难题,被人们戏称为"三难"。在讯问时,犯罪嫌疑人或被告人应当享有不得强迫自证其罪的权利,这项权利下犯罪嫌疑人或被告人可拒绝回答问题,也可以自愿回答问题,并且不能因为其拒绝回答问题而被作不利于其的推定。在我国,2012《刑事诉讼法》规定了对任何人不得强迫其证实自己有罪,这是不得强迫自证其罪的体现;但同时还规定对于侦查机关的讯问,犯罪嫌疑人应当如实回答,这就架空了不得强迫自证其罪的作用。在最为关键的庭审阶段,被告人的辩护权一方面包括自行辩护和律师辩护,另一方面还包括与对自己不利的证人当面对质的权利,这就要求证人出庭作证接受被告人一方的质询。但是我国的证人出庭率低已经是一个诉讼顽疾,严重侵害了被告人的质证权。在辩护权得不到有效保障的情况下,实现控辩平衡、平等武装、积极对抗只是一个遥不可及的梦想,这也导致庭审虚化,在事实上阻碍着庭审中心主义的实现。

---

① 对于无罪推定原则的经典表述,是 1948 年 12 月 10 日在联合国大会通过的《世界人权宣言》所规定的,该宣言第 11 条(一)规定:"凡受刑事控告者,在未经获得辩护上所需的一切保证的公开审判而依法证实有罪以前,有权被视为无罪。"这与我国《刑事诉讼法》第 12 条规定的"未经人民法院依法判决,对任何人不得确定有罪"相一致。

② 参见 2012《刑事诉讼法》第 33 条第 1 款。

③ 联合国制定的《关于律师作用的基本原则》第 1 条规定:"所有的人都有权请求由其选择的一名律师协助保护和确立其权利并在刑事诉讼的各个阶段为其辩护。"参见张建伟:《刑事司法:多元价值与制度配置》,人民法院出版社 2003 年版,第 179 页。

第三节　我国庭审方式的演变

一、1979年《刑事诉讼法》中的庭审

(一)1979《刑事诉讼法》中的庭审方式

1979《刑事诉讼法》只有164条规定,其中第三编第二章规定了第一审的庭审程序,共有18个条文,按照庭审发展的顺序,大致可以将1979《刑事诉讼法》中的庭审程序分为宣布开庭、法庭调查、法庭辩论、被告人最后陈述、评议和宣判。

1. 宣布开庭

宣布开庭标志着庭审的正式开始。宣布开庭前,法庭书记员要查明当事人、证人等是否已到庭等候审理,宣读法庭纪律,请审判长入庭并向审判长报告准备情况。一切就绪后,审判长宣布开庭,查明被告人的个人情况(姓名、年龄、民族、住址等);查明被告人是否被采取强制措施的情况以及是否收到起诉书的情况。然后审判长宣布一系列的名单和告知被告人诉讼权利等程序性问题。[①] 其中,当事人、辩护人享有的权利可以在开庭阶段集中告知,也可以按照审理顺序依次告知。[②] 对于共同犯罪的案件,应让各个被告人同时出庭宣告以上内容。

2. 法庭调查

法庭调查主要是对案件事实和证据进行调查,主要目的就是查清案件事实,为判决打基础,是庭审的中心环节。法庭调查的范围限于起诉书中指控的

---

① 参见1979《刑事诉讼法》第113条规定:“开庭时,审判长查明当事人是否到庭,宣布案由;宣布合议庭的组成人员、书记员、公诉人、辩护人、鉴定人和翻译人员的名单;告知当事人有权对合议庭组成人员、书记员、公诉人、鉴定人和翻译人员申请回避;告知被告人享有辩护权利。”

② 当事人、辩护人享有的诉讼权利主要有:申请相关人员(合议庭人员、书记员、公诉人、鉴定人以及翻译人员)回避的权利;被告人自行辩护或者委托他人辩护的权利;申请询问证人、鉴定人的权利;通知新的证人出庭,调取新的物证,重新鉴定或者勘验;被告人作最后陈述。参见陈光中主编:《刑事诉讼法学》,中国政法大学出版社1990年版,第300—301页。

犯罪事实、情节以及各种证据。法庭调查依下列顺序进行：

（1）宣读起诉书。法庭调查开始，先由公诉人宣读起诉书，公诉人未出庭的，合议庭人员可以代为宣读。附带民事诉讼的，由原告人或者代理人宣读。有共同被告的，宣读起诉书时各被告同时在场，宣读后，再依次审理被告人，以防相互之间产生影响。

（2）审问被告人。审问是以审判长为主的合议庭对被告人进行的法庭调查活动。[①] 审问的内容应限制于起诉书中指控的犯罪事实和情节，主要包括指控的罪行、犯罪的细节、赃款赃物的去向、其他影响定罪的情节。宣读起诉书后，被告人可以就起诉书的内容进行陈述，被告人承认有罪的，审判长或其他法官要审问被告人，让被告人供述犯罪的动机、目的以及过程，弄清楚与定罪量刑有关的事实和情节。被告人否认罪行的，应对被告人提问，以澄清事实。被告人拒绝陈述的，法院可以进行教育，教育后仍不陈述的，法庭应核实证据，让被告人及其辩护人就证据发表意见。[②] 公诉人经过审判长的同意，可以讯问被告人。辩护人、附带民事诉讼的原告人，经过审判长同意后，也可以向被告人发问。在审判长审问后，经审判长同意，辩护人也可以向被告人发问，辩护人发问要紧紧围绕自己的职责。[③]

（3）核实证据。审问后，法庭应当核实证据，不经过核实的证据不能作为裁判的依据。核实证据由审判长负责[④]，审判长可以对证人进行询问，告知证人作伪证或者藏匿证据的法律责任，让证人陈述他所知道的事实。对于陈述不清的，审判长要让证人进一步陈述。对证人的询问不能用威胁、引诱、暗示等方法。有多个证人的，应当分别询问，不能让证人之间相互对质。对于未出庭的证人，要宣读其证言笔录，然后听取当事人及辩护人的意见。对于物证、书证的核实，也由审判长负责。对于物证和书证，要让被告人辨认，听取被告人的意

---

① 参见1979《刑事诉讼法》第114条规定："公诉人在审判庭上宣读起诉书后，审判人员开始审问被告人。公诉人经审判长许可，可以讯问被告人。被害人、附带民事诉讼的原告人和辩护人，在审判人员审问被告人后，经审判长许可，可以向被告人发问。"

② 参见陈光中主编：《刑事诉讼法学》，中国政法大学出版社1990年版，第303页。

③ 参见陈光中主编：《刑事诉讼法学》，中国政法大学出版社1990年版，第304页。

④ 参见1979《刑事诉讼法》第115条规定："……当事人和辩护人可以申请审判长对证人、鉴定人发问，或者请求审判长许可直接发问。审判长认为发问的内容与案件无关的时候，应当制止。"

见。对于不方便在法庭上展示的物证,可以向被告人出示照片或者影像资料。[①] 在当时的司法实践中,核实证据“一般应同审问被告人结合起来,穿插进行。即审问某一问题或情节时,根据需要,即时出示有关证据材料”[②]。这样能实现供证印证,达到调查和核实的目的。

3. 法庭辩论

法庭辩论是控辩双方在审判长的主持下,根据证据和法律,就犯罪事实、犯罪性质以及罪责轻重相互论争和辩驳的活动。法庭调查和证据核实进行完后,如果案情已经查清,证据已经查证,审判长就会决定进入法庭辩论。法庭辩论先由公诉人、辩护人及其代理人发言,然后由被告人进行陈述,辩护人进行辩护。法庭辩论中这样的辩论顺序可以重复多次,直至审判长认为没有进行的必要为止。[③] 在法庭辩论时,审判长和合议庭人员要认真听取双方意见,注意引导,使辩论始终围绕与定罪量刑有关的问题进行。对于辩论中出现的不适当的言语,审判长要及时加以制止。如果发现有新的犯罪事实或者证据需要查证,审判长可以决定恢复法庭调查,需要补充侦查的,可以决定延期审理。

4. 被告人最后陈述

在法庭辩论结束后,被告人有最后陈述的权利。最后陈述权是被告人的重要诉讼权利,这项权利不能被剥夺,审判人员应当认真听取被告人的陈述,不可随意打断陈述,除非被告人重复陈述或者发表不适当言论,否则通常不能限制被告人陈述的时间。如果被告人在陈述中提出了新的事实和证据,审判长可以根据具体情况,决定恢复法庭调查、辩论或者延期审理。

5. 评议和宣判

被告人最后陈述后,审判长宣布休庭,合议庭就开始对案件进行评议。合议庭评议要根据法庭调查和辩论中查明的案件事实和证据,对被告人是否犯

---

① 参见1979《刑事诉讼法》第116条规定:“审判人员应当向被告人出示物证,让他辨认;对未到庭的证人的证言笔录、鉴定人的鉴定结论、勘验笔录和其他作为证据的文书,应当当庭宣读,并且听取当事人和辩护人的意见。”

② 参见陈光中主编:《刑事诉讼法学》,中国政法大学出版社1990年版,第306页。

③ 参见1979《刑事诉讼法》第118条规定:“法庭调查后,应当由公诉人发言,被害人发言,然后由被告人陈述和辩护,辩护人进行辩护,并且可以互相辩论。……”

罪、应承担什么罪名以及适用何种刑罚作出判决。[①] 附带民事诉讼的，也就民事问题一并解决。评议秘密进行，由审判长主持，根据少数服从多数的原则形成判决，但少数意见要写入笔录。在评议中如果发现证据还不确实充分的，可以恢复法庭调查或者延期审理。司法实践中，法院和审判庭的领导也能参加评议，但不参加表决。[②]

评议达成判决的，要将判决宣告。[③] 宣告判决分为当庭宣告和定期宣告。通常情况下，都要当庭宣告，只有重大复杂案件，才可以定期宣告。宣告判决后，要告知当事人及其代理人或者辩护人有权在法定期限内上诉，并将判决书送达检察官和当事人。宣告判决后发现判决错误，已经提出上诉、抗诉的，报送二审法院参考；没有提出上诉、抗诉的，按照再审程序处理。

对于庭审的活动，要做庭审记录，庭审结束后由审判长审查，然后和书记员一起签名确认，再向当事人、证人等宣读，让他们签名确认。[④] 审判长在审理的时候，也要维持法庭纪律，根据严重程度，决定对扰乱法庭纪律的人员给予警告、退庭甚至是追究刑事责任。[⑤]

（二）1979《刑事诉讼法》中庭审的特点

作为首部刑事诉讼法确立的庭审，1979《刑事诉讼法》规定的庭审方式具有以下特点。

1. 庭审的具体步骤不够详细，规定粗疏，但确立了以后我国庭审的基本步

---

① 参见1979《刑事诉讼法》第120条规定："在被告人最后陈述后，审判长宣布休庭，合议庭进行评议，根据已经查明的事实、证据和有关的法律规定，作出被告人有罪或者无罪、犯的什么罪、适用什么刑罚或者免除刑罚的判决。"

② 参见陈光中主编：《刑事诉讼法学》，中国政法大学出版社1990年版，第306页。

③ 参见1979《刑事诉讼法》第121条规定："宣告判决，一律公开进行。当庭宣告判决的，应当在五日以内将判决书送达当事人和提起公诉的人民检察院；定期宣告判决的，应当在宣告后立即将判决书送达当事人和提起公诉的人民检察院。"

④ 参见1979《刑事诉讼法》第124条规定："法庭审判的全部活动，应当由书记员写成笔录，经审判长审阅后，由审判长和书记员签名。法庭笔录中的证人证言部分，应当当庭宣读或者交给证人阅读。证人在承认没有错误后，应当签名或者盖章。法庭笔录应当交给当事人阅读或者向他宣读。当事人认为记载有遗漏或者差错的，可以请求补充或者改正。当事人承认没有错误后，应当签名或者盖章。"

⑤ 参见1979《刑事诉讼法》第119条规定："在法庭审判过程中，如果诉讼参与人违反法庭秩序，审判长应当警告制止；情节严重的，可以责令退出法庭或者依法追究刑事责任。"

骤。1979《刑事诉讼法》关于庭审的规定一共有13条,覆盖了开庭准备、法庭调查、法庭辩论、被告人最后陈述以及评议和宣判五个阶段,从条文数量上看显然是非常少的。其中,对于具体阶段的规定更是粗略,更多地只是规定了一些原则,至于程序性的具体细节则普遍缺失。例如,法庭调查中的证据核实,对于不同证据如何适用具体的调查规则、控辩双方如何就证据进行质证等都没有明确,导致实践中缺乏操作性,法官的任意性权力很大。在当时法官主要是追究犯罪者的角色的背景下,没有具体程序的保障,被告人一方的权利面临着被弱化的危险。虽然存在着如此问题,1979《刑事诉讼法》确立的庭审方式还是成为我国刑事审判中庭审的基本样态,以后1996《刑事诉讼法》和2012《刑事诉讼法》的庭审方式都是在此基础框架上进行的完善和修补,而没有从根本上作出改变。

2. 审判长带有浓重的追诉者色彩,主导作用明显,控辩对抗不理想。1979《刑事诉讼法》是在“文化大革命”结束后制定的,当时的历史形势使得整个刑事诉讼法都以打击犯罪为主,人民法院、人民检察院和公安机关都被看作是打击犯罪的重要力量,三机关强调配合协作而忽视监督制约。侦查、公诉和审判实质上是追究犯罪的不同阶段,审判就是对前两个阶段成果的确认。在这样的背景和理念下,审判长作为庭审的主持者,明显地带有追诉犯罪的色彩。例如,对于出庭,1979《刑诉法》规定对于罪行较轻经法院同意的,公诉人可以不出庭,且当时还没有简易程序,这就意味着在这些案件中,代表国家行使追诉职能的就是法院,以审判长为代表的合议庭就在事实上把起诉权和审判权合二为一。又如,在审问环节,审判长负责审问被告人,目的就是让被告人说出犯罪事实。“审判人员在讯问被告人时,要保持清醒的头脑,不能为假象所迷惑,……从其供述或辩解中抓矛盾,提问题,找漏洞,查明事实真相。”①公诉人的讯问“要注意同审判长配合,不能打乱其审问计划。公诉人的讯问时机的选择,一般是在被告人拒不认罪时,或者案件的主要事实和情节上避重就轻时,或在审判长问得不清或有遗漏时,……”②。整个庭审中,审判长的主导作用明显,主

① 樊崇义:《刑事诉讼指南》,中国政法大学出版社1987年版,第238—239页。
② 樊崇义:《刑事诉讼指南》,中国政法大学出版社1987年版,第304页。

要表现在:宣布开庭,查明当事人的情况,告知诉讼权利;主持法庭调查和辩论;控辩双方的讯问、询问以及发问,都要经过审判长的同意;制止法庭上不必要的言论;对庭审中的问题如传唤新的证人、调取新的物证以及重新鉴定或者勘验等作出决定;维持法庭纪律。可以说,在1979《刑事诉讼法》中,庭审中最重要的一个角色是审判长,他决定着整个庭审的进程。在这样的设置下,控辩对抗并没有成为推进庭审的主要因素,这也是学界将我国的诉讼模式归结为职权主义诉讼模式的一个重要原因。

二、1996年《刑事诉讼法》中的庭审

(一)1996《刑事诉讼法》中的庭审方式

针对1979《刑事诉讼法》关于庭审规定的不足,尤其是缺乏控辩对抗,庭审流于形式的问题,1996《刑事诉讼法》引入了当事人主义事实模式中的对抗式庭审的一些因素,加强了控辩双方对抗力量的平衡。总体来说,从刑事诉讼法的规定上看,庭审步骤相较1979《刑事诉讼法》的规定并没有大的改变,依然是延续了1979《刑事诉讼法》的基本框架,但是在具体的程序上作了比较合理的修改,促进了庭审的科学化、诉讼化,两部诉讼法关于庭审的规定对比见表1:

表1　1979年、1996年《刑事诉讼法》分阶段对比

阶段	1979《刑事诉讼法》	1996《刑事诉讼法》
宣布开庭	第一百一十三条　开庭时,审判长查明当事人是否到庭,宣布案由;宣布合议庭的组成人员、书记员、公诉人、辩护人、鉴定人和翻译人员的名单;告知当事人有权对合议庭组成人员、书记员、公诉人、鉴定人和翻译人员申请回避;告知被告人享有辩护权利。	第一百五十四条　开庭的时候,审判长查明当事人是否到庭,宣布案由;宣布合议庭的组成人员、书记员、公诉人、辩护人、诉讼代理人、鉴定人和翻译人员的名单;告知当事人有权对合议庭组成人员、书记员、公诉人、鉴定人和翻译人员申请回避;告知被告人享有辩护权利。

续表

阶段	1979《刑事诉讼法》	1996《刑事诉讼法》
法庭调查	第一百一十四条　公诉人在审判庭上宣读起诉书后，审判人员开始审问被告人。公诉人经审判长许可，可以讯问被告人。被害人、附带民事诉讼的原告人和辩护人，在审判人员审问被告人后，经审判长许可，可以向被告人发问。	第一百五十五条第一款　公诉人在法庭上宣读起诉书后，被告人、被害人可以就起诉书指控的犯罪进行陈述，公诉人可以讯问被告人。 第二款　被害人、附带民事诉讼的原告人和辩护人、诉讼代理人，经审判长许可，可以向被告人发问。审判人员可以讯问被告人。
	第一百一十五条　审判人员、公诉人询问证人，应当告知他要如实地提供证言和有意作伪证或者隐匿罪证要负的法律责任。当事人和辩护人可以申请审判长对证人、鉴定人发问，或者请求审判长许可直接发问。审判长认为发问的内容与案件无关的时候，应当制止。	第一百五十六条　证人作证，审判人员应当告知他要如实地提供证言和有意作伪证或者隐匿罪证要负的法律责任。公诉人、当事人和辩护人、诉讼代理人经审判长许可，可以对证人、鉴定人发问。审判长认为发问的内容与案件无关的时候，应当制止。 审判人员可以询问证人、鉴定人。
	第一百一十六条　审判人员应当向被告人出示物证，让他辨认；对未到庭的证人的证言笔录、鉴定人的鉴定结论、勘验笔录和其他作为证据的文书，应当当庭宣读，并且听取当事人和辩护人的意见。	第一百五十七条　公诉人、辩护人应当向法庭出示物证，让当事人辨认，对未到庭的证人的证言笔录、鉴定人的鉴定结论、勘验笔录和其他作为证据的文书，应当当庭宣读。审判人员应当听取公诉人、当事人和辩护人、诉讼代理人的意见。
	—	第一百五十八条　法庭审理过程中，合议庭对证据有疑问的，可以宣布休庭，对证据进行调查核实。 人民法院调查核实证据，可以进行勘验、检查、扣押、鉴定和查询、冻结。
	第一百一十七条　法庭审理过程中，当事人和辩护人有权申请通知新的证人到庭，调取新的物证，申请重新鉴定或者勘验。 法庭对于上述申请，应当作出是否同意的决定。	第一百五十九条　法庭审理过程中，当事人和辩护人、诉讼代理人有权申请通知新的证人到庭，调取新的物证，申请重新鉴定或者勘验。 法庭对于上述申请，应当作出是否同意的决定。
法庭辩论和被告人最后陈述	第一百一十八条　法庭调查后，应当由公诉人发言，被害人发言，然后由被告人陈述和辩护，辩护人进行辩护，并且可以互相辩论。审判长在宣布辩论终结后，被告人有最后陈述的权利。	第一百六十条　经审判长许可，公诉人、当事人和辩护人、诉讼代理人可以对证据和案件情况发表意见并且可以互相辩论。审判长在宣布辩论终结后，被告人有最后陈述的权利。

续表

阶段	1979《刑事诉讼法》	1996《刑事诉讼法》
评议和宣判	第一百二十条　在被告人最后陈述后，审判长宣布休庭，合议庭进行评议，根据已经查明的事实、证据和有关的法律规定，作出被告人有罪或者无罪、犯的什么罪、适用什么刑罚或者免除刑罚的判决。	第一百六十二条　在被告人最后陈述后，审判长宣布休庭，合议庭进行评议，根据已经查明的事实、证据和有关的法律规定，分别作出以下判决：(一)案件事实清楚，证据确实、充分，依据法律认定被告人有罪的，应当作出有罪判决；(二)依据法律认定被告人无罪的，应当作出无罪判决；(三)证据不足，不能认定被告人有罪的，应当作出证据不足、指控的犯罪不能成立的无罪判决。
	第一百二十一条　宣告判决，一律公开进行。 当庭宣告判决的，应当在五日以内将判决书送达当事人和提起公诉的人民检察院；定期宣告判决的，应当在宣告后立即将判决书送达当事人和提起公诉的人民检察院。	第一百六十三条　宣告判决，一律公开进行。 当庭宣告判决的，应当在五日以内将判决书送达当事人和提起公诉的人民检察院；定期宣告判决的，应当在宣告后立即将判决书送达当事人和提起公诉的人民检察院。
	第一百二十二条　判决书应当由合议庭的组成人员和书记员署名，并且写明上诉的期限和上诉的法院。	第一百六十四条　判决书应当由合议庭的组成人员和书记员署名，并且写明上诉的期限和上诉的法院。

具体来说，1996《刑事诉讼法》对原先的庭审方式作出完善主要如下：

1. 开庭前对案件的实体审查变为一定程度的程序性审查。1979《刑事诉讼法》规定法院要先审查案件的事实是否清楚、证据是否确实充分，然后再决定是补充侦查、撤诉还是开庭审理。① 这是一种实体审查，且审查标准过高，几乎相当于审判的标准，使庭审的功能前移，不利于正式庭审。1996《刑事诉讼法》则简化了开庭审查，主要进行程序性审查，符合法定情形的就开庭审理②，以把审理还原于庭审。

① 参见 1979《刑事诉讼法》第 108 条规定："人民法院对提起公诉的案件进行审查后，对于犯罪事实清楚、证据充分的，应当决定开庭审判；对于主要事实不清、证据不足的，可以退回人民检察院补充侦查；对于不需要判刑的，可以要求人民检察院撤回起诉。"

② 参见 1996《刑事诉讼法》第 150 条规定："人民法院对提起公诉的案件进行审查后，对于起诉书中有明确的指控犯罪事实并且附有证据目录、证人名单和主要证据复印件或者照片的，应当决定开庭审判。"

2. 宣布开庭后审判长不再进行审问,合议庭的权限增大。宣布开庭后审判长不再进行审问,由于这时已经厘清了法院的应然职能,为了增强法院的中立性,把庭审由审判长推进向由当事人的抗辩推进转换。同时,增大合议庭的权限,如调查证据、作出判决等,把审判权交还给合议庭,让真正参加审理的人作出判决,解决以前的“审而不判、判而不审”的问题。

3. 明确了控方的举证责任,被告人不负举证责任。1979《刑事诉讼法》规定由审判人员审问被告人,由法院来证明被告人有罪。而1996《刑事诉讼法》规定宣读起诉书后,由公诉人讯问被告人①,这就把举证责任分配给了控方,实现了控审分离,保证了法官的中立性。

4. 由审判人员向被告人出示证据变为由控辩双方向法庭出示证据。② 由于举证责任的不同,出示证据的主体也不同,由控辩双方出示证据是“谁主张谁举证”的证据原则在证据调查活动中的体现。

5. 法庭调查和法庭辩论的灵活性增强,实行“分阶段辩论与集中辩论相结合”③。1996《刑事诉讼法》不再像1979《刑事诉讼法》那样将法庭调查和法庭辩论严格分开,这样能让被告人更便利地行使辩护权,增强控辩双方的控辩。

6. 增加了“证据不足”的无罪判决。1979《刑事诉讼法》规定的判决只有有罪判决和无罪判决,但在司法实践中,很多案件是证据不足的疑案,但司法机关又不能轻易释放被告人,就把案件“挂起来”,导致超期羁押被告人。为了扭转这种局面,1996《刑事诉讼法》采取了疑罪从无的原则,对于证据不足,不能认定被告人有罪的,要宣判无罪,释放被告人,这有利于保障被告人的人权。

---

① 参见1996《刑事诉讼法》第155条第1款规定:“公诉人在法庭上宣读起诉书后,被告人、被害人可以就起诉书指控的犯罪进行陈述,公诉人可以讯问被告人。”

② 参见1996《刑事诉讼法》第157条规定:“公诉人、辩护人应当向法庭出示物证,让当事人辨认,对未到庭的证人的证言笔录、鉴定人的鉴定结论、勘验笔录和其他作为证据的文书,应当当庭宣读。审判人员应当听取公诉人、当事人和辩护人、诉讼代理人的意见。”

③ 程味秋:《庭审方式之比较——兼论我国完善后的庭审方式》,载《政法论坛》1996年第4期。

(二)1996《刑事诉讼法》中庭审的特点

1996《刑事诉讼法》规定的庭审方式既不是职权主义诉讼模式中的审问式庭审,也不是当事人主义诉讼模式下的对抗式庭审,而是同时带有这两种庭审方式的一些因素,又具有我国传统庭审方式的一些特色。这是在我国自身庭审结构的基础上吸收西方国家尤其是英美法系国家庭审方式的一次勇敢尝试,1996《刑事诉讼法》规定的庭审的主要特点有:

1. 庭前审查是实体审查和程序审查的结合。庭前审查改变了原先的实体审查,但又不是完全的程序审查,而是以程序审查为主又带有一定实体审查的模式。充分的实体审查能够让法官做好庭审准备,但可能会产生预断;完全的程序审查能够防止产生预断,但对于当时整体业务素养不足的法官群体来说,完全的程序性审查,把所有工作都在庭审中解决,也不是现实之选。所以我国的庭前审查没有实行英美法系的起诉状一本主义,也没有实行大陆法系的卷宗移送主义,而是规定提起公诉时除向法院提交起诉书外,还需附证据目录、证人名单和主要证据复印件或者照片。

2. 庭审阶段较为独特。从国际范围看,大陆法系的庭审阶段为“两段式”,先进行法庭调查,再进行法庭辩论;英美法系的庭审阶段为“三段式”,开庭陈述、法庭调查和辩论、终结陈述。我国的庭审阶段则不同,公诉人宣读起诉书后就进入法庭调查阶段,审判长许可后,公诉人、当事人和辩护人可以对案件事实和证据发表意见并进行辩论,辩论结束后被告人作最后陈述。我国没有英美法系庭审中的开庭陈述,法庭辩论可以在法庭调查中穿插进行,也可以单独进行。所以我国的庭审阶段兼具了两大法系的一些特点。

3. 庭审中兼有职权主义与当事人主义的因素。1979《刑事诉讼法》中的庭审完全是由法官掌控和推进,甚至超越了职权主义庭审中的法官权限,我国学者称其为“超职权主义”。庭审中没有当事人对抗,被告人更像是诉讼客体,成为审问的对象。1996《刑事诉讼法》引入了对抗式模式,“以控辩举证为主代替了法官包办证据调查”①。同时,为了提高诉讼效率,又赋予法官相应的权限,

---

① 龙宗智、左卫民:《特色与问题——庭审方式与评析》,载《现代法学》1996 年第 4 期。

法官在必要时可以讯问被告人，进行勘验、检查等能够发现案件事实的证据调查活动。

4. 被告人并不是完全的诉讼主体。虽然1996《刑事诉讼法》中的庭审把被告人定位为诉讼主体，加强被告人的辩护权，但被告人并没有因此成为完全的诉讼主体。因为庭审中被告人辩护权的一个关键权利——沉默权缺失，被告人面对审判长、公诉人等的讯问，不能保持沉默，只能回答问题。并且在侦查阶段，犯罪嫌疑人也不享有沉默权，口供仍是最主要的证据形式。

5. 被害人的当事人化。1996《刑事诉讼法》大大提高了被害人的诉讼地位，把被害人确立为当事人，被害人享有当事人的权利和义务。被害人享有诉讼代理权，直接向法院起诉权，庭审中询问被告人和证人、调查证据、发表意见以及辩论权，申请检察官抗诉权等。在庭审中，被害人拥有如此多的权利还是非常少见的，在本来就控辩不平等的庭审结构中再增加被害人一方，对于被告人来讲，庭审的压力无疑增大了。

三、2012年《刑事诉讼法》中的庭审

1996《刑事诉讼法》对庭审方式的改造并没有达到预期的效果，司法实践中庭审的对抗性依然很弱，非对抗性审判现象普遍，主要原因是相关的配套性制度（如证据开示制度、证人出庭制度、相关证据规则等）建设不到位，制度设计走在了实践情况之前。2012年《刑事诉讼法》修改时，吸取了1996《刑事诉讼法》中的这些问题，对庭审及相关制度作了调整和确立。

（一）2012《刑事诉讼法》中的庭审方式

相较于1996《刑事诉讼法》，2012《刑事诉讼法》在总的庭审阶段和方式不变的前提下，加强了对庭审相关的配套制度的建设，以增加庭审对抗的实质性。两部《刑事诉讼法》的法律规定对比见表2。

表2　1996年、2012年《刑事诉讼法》分阶段对比

阶段	1996《刑事诉讼法》	2012《刑事诉讼法》
庭前审查和庭前会议	第一百五十条　人民法院对提起公诉的案件进行审查后，对于起诉书中有明确的指控犯罪事实并且附有证据目录、证人名单和主要证据复印件或者照片的，应当决定开庭审判。	第一百八十一条　人民法院对提起公诉的案件进行审查后，对于起诉书中有明确的指控犯罪事实的，应当决定开庭审判。
	第一百五十一条　人民法院决定开庭审判后，应当进行下列工作：(一)确定合议庭的组成人员；(二)将人民检察院的起诉书副本至迟在开庭十日以前送达被告人。对于被告人未委托辩护人的，告知被告人可以委托辩护人，或者在必要的时候指定承担法律援助义务的律师为其提供辩护；(三)将开庭的时间、地点在开庭三日以前通知人民检察院；(四)传唤当事人，通知辩护人、诉讼代理人、证人、鉴定人和翻译人员，传票和通知书至迟在开庭三日以前送达；(五)公开审判的案件，在开庭三日以前先期公布案由、被告人姓名、开庭时间和地点。 上述活动情形应当写入笔录，由审判人员和书记员签名。	第一百八十二条　人民法院决定开庭审判后，应当确定合议庭的组成人员，将人民检察院的起诉书副本至迟在开庭十日以前送达被告人及其辩护人。 在开庭以前，审判人员可以召集公诉人、当事人和辩护人、诉讼代理人，对回避、出庭证人名单、非法证据排除等与审判相关的问题，了解情况，听取意见。 人民法院确定开庭日期后，应当将开庭的时间、地点通知人民检察院，传唤当事人，通知辩护人、诉讼代理人、证人、鉴定人和翻译人员，传票和通知书至迟在开庭三日以前送达。公开审判的案件，应当在开庭三日以前先期公布案由、被告人姓名、开庭时间和地点。 上述活动情形应当写入笔录，由审判人员和书记员签名。
宣告开庭	第一百五十三条　人民法院审判公诉案件，人民检察院应当派员出席法庭支持公诉，但是依照本法第一百七十五条的规定适用简易程序的，人民检察院可以不派员出席法庭。	第一百八十四条　人民法院审判公诉案件，人民检察院应当派员出席法庭支持公诉。
	第一百五十四条　开庭的时候，审判长查明当事人是否到庭，宣布案由；宣布合议庭的组成人员、书记员、公诉人、辩护人、诉讼代理人、鉴定人和翻译人员的名单；告知当事人有权对合议庭组成人员、书记员、公诉人、鉴定人和翻译人员申请回避；告知被告人享有辩护权利。	第一百八十五条　开庭的时候，审判长查明当事人是否到庭，宣布案由；宣布合议庭的组成人员、书记员、公诉人、辩护人、诉讼代理人、鉴定人和翻译人员的名单；告知当事人有权对合议庭组成人员、书记员、公诉人、鉴定人和翻译人员申请回避；告知被告人享有辩护权利。

续表

阶段	1996《刑事诉讼法》	2012《刑事诉讼法》
法庭调查	第一百五十五条　公诉人在法庭上宣读起诉书后,被告人、被害人可以就起诉书指控的犯罪进行陈述,公诉人可以讯问被告人。 被害人、附带民事诉讼的原告人和辩护人、诉讼代理人,经审判长许可,可以向被告人发问。审判人员可以讯问被告人。	第一百八十六条　公诉人在法庭上宣读起诉书后,被告人、被害人可以就起诉书指控的犯罪进行陈述,公诉人可以讯问被告人。 被害人、附带民事诉讼的原告人和辩护人、诉讼代理人,经审判长许可,可以向被告人发问。审判人员可以讯问被告人。
	—	第一百八十七条　公诉人、当事人或者辩护人、诉讼代理人对证人证言有异议,且该证人证言对案件定罪量刑有重大影响,人民法院认为证人有必要出庭作证的,证人应当出庭作证。 人民警察就其执行职务时目击的犯罪情况作为证人出庭作证,适用前款规定。 公诉人、当事人或者辩护人、诉讼代理人对鉴定意见有异议,人民法院认为鉴定人有必要出庭的,鉴定人应当出庭作证。经人民法院通知,鉴定人拒不出庭作证的,鉴定意见不得作为定案的根据。
	—	第一百八十八条　经人民法院通知,证人没有正当理由不出庭作证的,人民法院可以强制其到庭,但是被告人的配偶、父母、子女除外。 证人没有正当理由拒绝出庭或者出庭后拒绝作证的,予以训诫,情节严重的,经院长批准,处以十日以下的拘留。被处罚人对拘留决定不服的,可以向上一级人民法院申请复议。复议期间不停止执行。
	第一百五十六条　证人作证,审判人员应当告知他要如实地提供证言和有意作伪证或者隐匿罪证要负的法律责任。公诉人、当事人和辩护人、诉讼代理人经审判长许可,可以对证人、鉴定人发问。审判长认为发问的内容与案件无关的时候,应当制止。 审判人员可以询问证人、鉴定人。	第一百八十九条　证人作证,审判人员应当告知他要如实地提供证言和有意作伪证或者隐匿罪证要负的法律责任。公诉人、当事人和辩护人、诉讼代理人经审判长许可,可以对证人、鉴定人发问。审判长认为发问的内容与案件无关的时候,应当制止。 审判人员可以询问证人、鉴定人。

续表

阶段	1996《刑事诉讼法》	2012《刑事诉讼法》
法庭调查	第一百五十七条　公诉人、辩护人应当向法庭出示物证，让当事人辨认，对未到庭的证人的证言笔录、鉴定人的鉴定结论、勘验笔录和其他作为证据的文书，应当当庭宣读。审判人员应当听取公诉人、当事人和辩护人、诉讼代理人的意见。	第一百九十条　公诉人、辩护人应当向法庭出示物证，让当事人辨认，对未到庭的证人的证言笔录、鉴定人的鉴定意见、勘验笔录和其他作为证据的文书，应当当庭宣读。审判人员应当听取公诉人、当事人和辩护人、诉讼代理人的意见。
	第一百五十八条　法庭审理过程中，合议庭对证据有疑问的，可以宣布休庭，对证据进行调查核实。 人民法院调查核实证据，可以进行勘验、检查、扣押、鉴定和查询、冻结。	第一百九十一条　法庭审理过程中，合议庭对证据有疑问的，可以宣布休庭，对证据进行调查核实。 人民法院调查核实证据，可以进行勘验、检查、查封、扣押、鉴定和查询、冻结。
	第一百五十九条　法庭审理过程中，当事人和辩护人、诉讼代理人有权申请通知新的证人到庭，调取新的物证，申请重新鉴定或者勘验。 法庭对于上述申请，应当作出是否同意的决定。	第一百九十二条　法庭审理过程中，当事人和辩护人、诉讼代理人有权申请通知新的证人到庭，调取新的物证，申请重新鉴定或者勘验。 公诉人、当事人和辩护人、诉讼代理人可以申请法庭通知有专门知识的人出庭，就鉴定人作出的鉴定意见提出意见。 法庭对于上述申请，应当作出是否同意的决定。 第二款规定的有专门知识的人出庭，适用鉴定人的有关规定。
法庭辩论和被告人最后陈述	第一百六十条　经审判长许可，公诉人、当事人和辩护人、诉讼代理人可以对证据和案件情况发表意见并且可以互相辩论。审判长在宣布辩论终结后，被告人有最后陈述的权利。	第一百九十三条　法庭审理过程中，对与定罪、量刑有关的事实、证据都应当进行调查、辩论。 经审判长许可，公诉人、当事人和辩护人、诉讼代理人可以对证据和案件情况发表意见并且可以互相辩论。 审判长在宣布辩论终结后，被告人有最后陈述的权利。

续表

阶段	1996《刑事诉讼法》	2012《刑事诉讼法》
评议和宣判	第一百六十二条　在被告人最后陈述后，审判长宣布休庭，合议庭进行评议，根据已经查明的事实、证据和有关的法律规定，分别作出以下判决：（一）案件事实清楚，证据确实、充分，依据法律认定被告人有罪的，应当作出有罪判决；（二）依据法律认定被告人无罪的，应当作出无罪判决；（三）证据不足，不能认定被告人有罪的，应当作出证据不足、指控的犯罪不能成立的无罪判决。	第一百九十五条　在被告人最后陈述后，审判长宣布休庭，合议庭进行评议，根据已经查明的事实、证据和有关的法律规定，分别作出以下判决：（一）案件事实清楚，证据确实、充分，依据法律认定被告人有罪的，应当作出有罪判决；（二）依据法律认定被告人无罪的，应当作出无罪判决；（三）证据不足，不能认定被告人有罪的，应当作出证据不足、指控的犯罪不能成立的无罪判决。
	第一百六十三条　宣告判决，一律公开进行。 当庭宣告判决的，应当在五日以内将判决书送达当事人和提起公诉的人民检察院；定期宣告判决的，应当在宣告后立即将判决书送达当事人和提起公诉的人民检察院。	第一百九十六条　宣告判决，一律公开进行。 当庭宣告判决的，应当在五日以内将判决书送达当事人和提起公诉的人民检察院；定期宣告判决的，应当在宣告后立即将判决书送达当事人和提起公诉的人民检察院。判决书应当同时送达辩护人、诉讼代理人。

（二）2012《刑事诉讼法》对庭审的修改及特点

1. 庭前审查为程序性审查，实行卷宗移送。2012《刑事诉讼法》规定对于起诉书中有明确的指控犯罪事实的，就应开庭审理，改变了1996《刑事诉讼法》中不仅要有犯罪事实，还要有证据目录、证人名单和主要证据复印件或者照片的规定。做这样修改的原因是2012《刑事诉讼法》规定检察机关提起公诉时，应当提交全部的证据和案卷材料，从而没有必要再提交主要证据复印件。1996《刑事诉讼法》规定的部分证据材料在实践中没有解决审判人员产生预断的问题，一些经济困难的地区并没有条件复印大量材料；有些案件证据不充分，不得不在开庭后移送全部证据，浪费了资源。① 所以这次修法在保留程序性审查的

① 参见陈光中主编：《〈中华人民共和国刑事诉讼法〉修改条文释义与点评》，人民法院出版社2012年版，第257页。

同时，实行卷宗移送。

2. 确立了庭前会议制度。1979《刑事诉讼法》中法官拥有审前调查权和退回补充侦查权，产生了先定后审的弊病。1996《刑事诉讼法》取消了法官审前调查权和退回补充侦查权，但是庭审前准备程序的功能又过于单一，经常导致庭审准备不足，影响了庭审的公正和效率。为此，2012《刑事诉讼法》借鉴了域外国家如德国的庭前准备程序，确立了庭前会议制度，以让法官更好地准备庭审，保证庭审的顺利进行。庭前会议制度主要解决程序性问题，不能解决定罪量刑等实质性问题。但是，根据2012《高法解释》第184条第3款规定，被害人或者法定代理人、近亲属提起刑事附带民事诉讼的，可以进行调解，这就突破了刑事诉讼法规定，涉及实体问题。

3. 确立关键证人、鉴定人以及警察出庭作证制度。证人出庭作证有利于辨明证据真伪，查明案件事实，也是对被告人对质权的保障，但证人出庭率低一直都是我国刑事诉讼的顽疾。为了逐步解决此问题，2012《刑事诉讼法》在已有的法律和司法解释的基础上加以修改完善，确立了关键证人出庭作证制度。为了加强效果，还规定了强制证人出庭。同时，基于人道主义考虑，规定了证人出庭作证的例外，不得强制被告人的配偶、父母和子女出庭作证。另外，对于实践中同样存在相似状况的警察证人和鉴定人，也规定了出庭作证的义务。

4. 法庭调查和辩论的对象包括与定罪、量刑有关的事实和证据。1996《刑事诉讼法》规定的法庭调查和辩论并没有区分定罪和量刑的事实与证据，导致实践中有关量刑的调查和辩论不够充分，影响了诉讼的公正。再者，定罪的事实和证据与量刑的事实和证据有时也存在一定的差异性。例如，一些证据因为不具有可采性而不被当作定罪的证据，但和量刑有关就可以被当作量刑的证据。2012年《刑事诉讼法》修正时注意到了这样的差别，故规定对于定罪和量刑有关的事实和证据都应进行法庭调查和辩论。与定罪量刑有关的证据，包括有罪证据、无罪证据、罪重的证据、罪轻的证据以及证明被告人不负刑事责任的证据等。一些程序性的事实（如证据的合法性）也与定罪量刑有关，也应当进行法庭调查和辩论。[①]

5.规定了中止审理,有利于贯彻直接言词原则,提高诉讼效率。中止审理是指在审理过程中,出现了不能继续审理的事项,导致审理在一段时间内无法继续,从而暂时停止审理,待事项消除后继续审理的制度。审理程序一旦启动,就会耗费一定的司法资源,如果因为某些事项长时间无法审理而不暂停,就会造成司法资源的浪费。中止审理也是贯彻直接言词原则的有效方法,直接言词原则要求法官在法庭上亲自听取当事人等的陈述,以此形成内心确信,作出判决。如果当事人等都不能出庭,法官就无从获取内心确信。国外如德国、韩国等都规定了中止审理制度。我国1996《刑事诉讼法》没有规定中止审理,1998《高法解释》规定了此制度,2012《刑事诉讼法》吸纳了相关规定[②],填补了制度空白。

四、2018年《刑事诉讼法》中的庭审

(一)《刑事诉讼法》中的庭审方式

相较于2012《刑事诉讼法》,2018年修正的《刑事诉讼法》在总的庭审阶段和方式不变的前提下,一个显著修改是在基层法院一审案件加入了速裁程序,采取法官独任审理的方式,也不由陪审员参审。二者相关内容对比见表3。

---

① 参见陈光中主编:《〈中华人民共和国刑事诉讼法〉修改条文释义与点评》,人民法院出版社2012年版,第279页。

② 参见2012《刑事诉讼法》第200条规定:"在审判过程中,有下列情形之一,致使案件在较长时间内无法继续审理的,可以中止审理:(一)被告人患有严重疾病,无法出庭的;(二)被告人脱逃的;(三)自诉人患有严重疾病,无法出庭,未委托诉讼代理人出庭的;(四)由于不能抗拒的原因。中止审理的原因消失后,应当恢复审理。中止审理的期间不计入审理期限。"

表3　2012年、2018年《刑事诉讼法》分阶段对比

阶段	2012《刑事诉讼法》	2018《刑事诉讼法》
庭前审查和庭前会议	第一百八十一条　人民法院对提起公诉的案件进行审查后，对于起诉书中有明确的指控犯罪事实的，应当决定开庭审判。	第一百八十六条　人民法院对提起公诉的案件进行审查后，对于起诉书中有明确的指控犯罪事实的，应当决定开庭审判。
	第一百八十二条　人民法院决定开庭审判后，应当确定合议庭的组成人员，将人民检察院的起诉书副本至迟在开庭十日以前送达被告人及其辩护人。 在开庭以前，审判人员可以召集公诉人、当事人和辩护人、诉讼代理人，对回避、出庭证人名单、非法证据排除等与审判相关的问题，了解情况，听取意见。 人民法院确定开庭日期后，应当将开庭的时间、地点通知人民检察院，传唤当事人，通知辩护人、诉讼代理人、证人、鉴定人和翻译人员，传票和通知书至迟在开庭三日以前送达。公开审判的案件，应当在开庭三日以前先期公布案由、被告人姓名、开庭时间和地点。 上述活动情形应当写入笔录，由审判人员和书记员签名。	第一百八十七条　人民法院决定开庭审判后，应当确定合议庭的组成人员，将人民检察院的起诉书副本至迟在开庭十日以前送达被告人及其辩护人。 在开庭以前，审判人员可以召集公诉人、当事人和辩护人、诉讼代理人，对回避、出庭证人名单、非法证据排除等与审判相关的问题，了解情况，听取意见。 人民法院确定开庭日期后，应当将开庭的时间、地点通知人民检察院，传唤当事人，通知辩护人、诉讼代理人、证人、鉴定人和翻译人员，传票和通知书至迟在开庭三日以前送达。公开审判的案件，应当在开庭三日以前先期公布案由、被告人姓名、开庭时间和地点。 上述活动情形应当写入笔录，由审判人员和书记员签名。
宣告开庭	第一百八十五条　开庭的时候，审判长查明当事人是否到庭，宣布案由；宣布合议庭的组成人员、书记员、公诉人、辩护人、诉讼代理人、鉴定人和翻译人员的名单；告知当事人有权对合议庭组成人员、书记员、公诉人、鉴定人和翻译人员申请回避；告知被告人享有辩护权利。	第一百九十条　开庭的时候，审判长查明当事人是否到庭，宣布案由；宣布合议庭的组成人员、书记员、公诉人、辩护人、诉讼代理人、鉴定人和翻译人员的名单；告知当事人有权对合议庭组成人员、书记员、公诉人、鉴定人和翻译人员申请回避；告知被告人享有辩护权利。 被告人认罪认罚的，审判长应当告知被告人享有的诉讼权利和认罪认罚的法律规定，审查认罪认罚的自愿性和认罪认罚具结书内容的真实性、合法性。

续表

阶段	2012《刑事诉讼法》	2018《刑事诉讼法》
法庭调查	第一百八十六条　公诉人在法庭上宣读起诉书后,被告人、被害人可以就起诉书指控的犯罪进行陈述,公诉人可以讯问被告人。 被害人、附带民事诉讼的原告人和辩护人、诉讼代理人,经审判长许可,可以向被告人发问。 审判人员可以讯问被告人。	第一百九十一条　公诉人在法庭上宣读起诉书后,被告人、被害人可以就起诉书指控的犯罪进行陈述,公诉人可以讯问被告人。 被害人、附带民事诉讼的原告人和辩护人、诉讼代理人,经审判长许可,可以向被告人发问。 审判人员可以讯问被告人。
	第一百八十七条　公诉人、当事人或者辩护人、诉讼代理人对证人证言有异议,且该证人证言对案件定罪量刑有重大影响,人民法院认为证人有必要出庭作证的,证人应当出庭作证。 人民警察就其执行职务时目击的犯罪情况作为证人出庭作证,适用前款规定。 公诉人、当事人或者辩护人、诉讼代理人对鉴定意见有异议,人民法院认为鉴定人有必要出庭的,鉴定人应当出庭作证。经人民法院通知,鉴定人拒不出庭作证的,鉴定意见不得作为定案的根据。	第一百九十二条　公诉人、当事人或者辩护人、诉讼代理人对证人证言有异议,且该证人证言对案件定罪量刑有重大影响,人民法院认为证人有必要出庭作证的,证人应当出庭作证。 人民警察就其执行职务时目击的犯罪情况作为证人出庭作证,适用前款规定。 公诉人、当事人或者辩护人、诉讼代理人对鉴定意见有异议,人民法院认为鉴定人有必要出庭的,鉴定人应当出庭作证。经人民法院通知,鉴定人拒不出庭作证的,鉴定意见不得作为定案的根据。
	第一百八十八条　经人民法院通知,证人没有正当理由不出庭作证的,人民法院可以强制其到庭,但是被告人的配偶、父母、子女除外。 证人没有正当理由拒绝出庭或者出庭后拒绝作证的,予以训诫,情节严重的,经院长批准,处以十日以下的拘留。被处罚人对拘留决定不服的,可以向上一级人民法院申请复议。复议期间不停止执行。	第一百九十三条　经人民法院通知,证人没有正当理由不出庭作证的,人民法院可以强制其到庭,但是被告人的配偶、父母、子女除外。 证人没有正当理由拒绝出庭或者出庭后拒绝作证的,予以训诫,情节严重的,经院长批准,处以十日以下的拘留。被处罚人对拘留决定不服的,可以向上一级人民法院申请复议。复议期间不停止执行。
	第一百八十九条　证人作证,审判人员应当告知他要如实地提供证言和有意作伪证或者隐匿罪证要负的法律责任。公诉人、当事人和辩护人、诉讼代理人经审判长许可,可以对证人、鉴定人发问。审判长认为发问的内容与案件无关的时候,应当制止。 审判人员可以询问证人、鉴定人。	第一百九十四条　证人作证,审判人员应当告知他要如实地提供证言和有意作伪证或者隐匿罪证要负的法律责任。公诉人、当事人和辩护人、诉讼代理人经审判长许可,可以对证人、鉴定人发问。审判长认为发问的内容与案件无关的时候,应当制止。 审判人员可以询问证人、鉴定人。

续表

阶段	2012《刑事诉讼法》	2018《刑事诉讼法》
法庭调查	第一百九十条 公诉人、辩护人应当向法庭出示物证,让当事人辨认,对未到庭的证人的证言笔录、鉴定人的鉴定意见、勘验笔录和其他作为证据的文书,应当当庭宣读。审判人员应当听取公诉人、当事人和辩护人、诉讼代理人的意见。	第一百九十五条 公诉人、辩护人应当向法庭出示物证,让当事人辨认,对未到庭的证人的证言笔录、鉴定人的鉴定意见、勘验笔录和其他作为证据的文书,应当当庭宣读。审判人员应当听取公诉人、当事人和辩护人、诉讼代理人的意见。
	第一百九十一条 法庭审理过程中,合议庭对证据有疑问的,可以宣布休庭,对证据进行调查核实。 人民法院调查核实证据,可以进行勘验、检查、查封、扣押、鉴定和查询、冻结。	第一百九十六条 法庭审理过程中,合议庭对证据有疑问的,可以宣布休庭,对证据进行调查核实。 人民法院调查核实证据,可以进行勘验、检查、查封、扣押、鉴定和查询、冻结。
	第一百九十二条 法庭审理过程中,当事人和辩护人、诉讼代理人有权申请通知新的证人到庭,调取新的物证,申请重新鉴定或者勘验。 公诉人、当事人和辩护人、诉讼代理人可以申请法庭通知有专门知识的人出庭,就鉴定人作出的鉴定意见提出意见。 法庭对于上述申请,应当作出是否同意的决定。 第二款规定的有专门知识的人出庭,适用鉴定人的有关规定。	第一百九十七条 法庭审理过程中,当事人和辩护人、诉讼代理人有权申请通知新的证人到庭,调取新的物证,申请重新鉴定或者勘验。 公诉人、当事人和辩护人、诉讼代理人可以申请法庭通知有专门知识的人出庭,就鉴定人作出的鉴定意见提出意见。 法庭对于上述申请,应当作出是否同意的决定。 第二款规定的有专门知识的人出庭,适用鉴定人的有关规定。
法庭辩论和被告人最后陈述	第一百九十三条 法庭审理过程中,对与定罪、量刑有关的事实、证据都应当进行调查、辩论。 经审判长许可,公诉人、当事人和辩护人、诉讼代理人可以对证据和案件情况发表意见并且可以互相辩论。 审判长在宣布辩论终结后,被告人有最后陈述的权利。	第一百九十八条 法庭审理过程中,对与定罪、量刑有关的事实、证据都应当进行调查、辩论。 经审判长许可,公诉人、当事人和辩护人、诉讼代理人可以对证据和案件情况发表意见并且可以互相辩论。 审判长在宣布辩论终结后,被告人有最后陈述的权利。

续表

阶段	2012《刑事诉讼法》	2018《刑事诉讼法》
评议和宣判	第一百九十五条　在被告人最后陈述后，审判长宣布休庭，合议庭进行评议，根据已经查明的事实、证据和有关的法律规定，分别作出以下判决： （一）案件事实清楚，证据确实、充分，依据法律认定被告人有罪的，应当作出有罪判决； （二）依据法律认定被告人无罪的，应当作出无罪判决； （三）证据不足，不能认定被告人有罪的，应当作出证据不足、指控的犯罪不能成立的无罪判决。	第二百条　在被告人最后陈述后，审判长宣布休庭，合议庭进行评议，根据已经查明的事实、证据和有关的法律规定，分别作出以下判决： （一）案件事实清楚，证据确实、充分，依据法律认定被告人有罪的，应当作出有罪判决； （二）依据法律认定被告人无罪的，应当作出无罪判决； （三）证据不足，不能认定被告人有罪的，应当作出证据不足、指控的犯罪不能成立的无罪判决。
	—	第二百零一条　对于认罪认罚案件，人民法院依法作出判决时，一般应当采纳人民检察院指控的罪名和量刑建议，但有下列情形的除外： （一）被告人的行为不构成犯罪或者不应当追究其刑事责任的； （二）被告人违背意愿认罪认罚的； （三）被告人否认指控的犯罪事实的； （四）起诉指控的罪名与审理认定的罪名不一致的； （五）其他可能影响公正审判的情形。 人民法院经审理认为量刑建议明显不当，或者被告人、辩护人对量刑建议提出异议的，人民检察院可以调整量刑建议。人民检察院不调整量刑建议或者调整量刑建议后仍然明显不当的，人民法院应当依法作出判决。
	第一百九十六条　宣告判决，一律公开进行。 当庭宣告判决的，应当在五日以内将判决书送达当事人和提起公诉的人民检察院；定期宣告判决的，应当在宣告后立即将判决书送达当事人和提起公诉的人民检察院。判决书应当同时送达辩护人、诉讼代理人。	第二百零二条　宣告判决，一律公开进行。 当庭宣告判决的，应当在五日以内将判决书送达当事人和提起公诉的人民检察院；定期宣告判决的，应当在宣告后立即将判决书送达当事人和提起公诉的人民检察院。判决书应当同时送达辩护人、诉讼代理人。

（二）2018年修正的《刑事诉讼法》对庭审的修改及特点

《刑事诉讼法》2018年修正突出庭审地位的规定主要体现在以下几个方面：

1. 明确庭前会议与庭审程序的关系。庭前会议主要用于解决一些程序性事项，如对回避、出庭证人名单、非法证据排除等问题进行初步处理。2018年修正后的《刑事诉讼法》明确规定，对于庭前会议中听取控辩双方意见的程序性事项，人民法院可以在庭前会议后依法作出处理，并在庭审中宣布决定、说明理由。这既保证了庭前会议的效率，又确保庭审的中心地位，避免庭前会议对庭审的不当影响。

2. 完善法庭调查程序。依法通知证人、鉴定人、有专门知识的人出庭。这些人员的出庭能够为法庭提供更直接、更准确的证据和专业意见，增强庭审的科学性和公正性。同时，规定对于审判期间证人、鉴定人、被害人因出庭作证，本人或者其近亲属的人身安全面临危险的，人民法院应当采取保护措施，以保障证人等的合法权益，确保他们能够顺利出庭作证，维护庭审的证据基础。

3. 强化裁判文书说理。要求裁判文书应当写明裁判依据，阐释裁判理由，反映控辩双方的意见并说明采纳或者不予采纳的理由。这使得庭审过程中控辩双方的观点能够在裁判文书中得到充分体现，增强了裁判的透明度和公信力，突出了庭审在案件审理和裁判中的核心作用。

4. 明确死缓二审案件一律开庭审理。被告人被判处死刑的上诉案件，包括死刑缓期二年执行的案件，二审法院一律应当开庭审理；被判处死刑立即执行、死刑缓期二年执行的被告人没有上诉，同案的其他被告人上诉的案件，二审法院也应当开庭审理。这一规定提高了死刑案件的审理标准，强调了庭审在死刑案件审判中的重要性，通过严格的庭审程序确保死刑案件的质量和公正性。

5. 明确证人出庭的制度保障。2012《刑事诉讼法》规定了证人出庭作证的一些基本要求，如公诉人、当事人或者辩护人、诉讼代理人对证人证言有异议，且该证人证言对案件定罪量刑有重大影响的，证人应当出庭作证；经人民法院通知，证人没有正当理由不出庭作证的，人民法院可以强制其到庭，但被告人的配偶、父母、子女除外等。2018年修正的《刑事诉讼法》进一步完善了证人保护和补助制度，增加了对证人、鉴定人、被害人因在诉讼中作证，本人或者其近亲属的人身安全面临危险时的多种保护措施，如不公开真实姓名、住址和工作单位等个人信息，采取不暴露外貌、真实声音等出庭作证措施等。同时，明确规定证人因履行作证义务而支出的交通、住宿、就餐等费用，应当给予补助，从制度上保障了证人出庭作证的可行性和积极性。

6. 明确了不同案件的审理方式。2012《刑事诉讼法》规定了一审程序的基本框架，包括公诉案件、自诉案件和简易程序的审理规则等。2018 年修正的《刑事诉讼法》在一审程序中增加了速裁程序。基层人民法院管辖的可能判处三年有期徒刑以下刑罚的案件，案件事实清楚，证据确实、充分，被告人认罪认罚并同意适用速裁程序的，可以适用速裁程序，由审判员一人独任审判。同时，明确了速裁程序的适用条件、不适用情形以及审理期限等内容。速裁程序的设立体现了案件繁简分流的理念，有助于提高审判效率，使审判资源能够更加合理地分配到不同类型的案件中，进一步凸显了审判在刑事诉讼中的核心地位，强调了对案件的分类处理和高效审结，以适应以审判为中心的诉讼制度改革的要求。

2018 年修正的《刑事诉讼法》在多个方面体现了对以审判为中心的强调和改变。这些调整通过完善证据制度、辩护与代理制度、审判程序和强制措施等，强化了审判的核心地位，保障了当事人权利，规范了诉讼程序，使我国刑事诉讼制度更加符合现代司法理念的要求，有助于提高审判质量和效率，实现司法公正的目标，进一步推动了我国以审判为中心的诉讼制度改革的进程。

第六章　庭审中心主义的制度完善

随着司法改革的推进，我国的庭审在不断地完善，各项制度和机制也愈加合理和进步，但囿于传统的刑事诉讼理念和模式的惯性影响，庭审的一些方面还客观存在着问题，刑事案件的庭审状况距离“实质化”的要求仍然有距离①，制约着庭审功能的发挥。在通向庭审中心主义的道路上，需要清除这些障碍，从诉讼理念、庭审原则、证据规则、质证制度等方面不断完善我国庭审。

第一节　我国庭审的实质化不足

司法实践中，庭审的实际功能与预想的功能有差距，法律法规对于庭审的各种规定并未完全实际落实，导致“庭审在刑事诉讼过程中没有实质性作用，司法人员不经过庭审程序也可以照样作出被告人是否有罪的判决。”②这种现象使庭审无法发挥准确查明案件事实的根本作用，还会使庭审中出现的错误通过后续的上诉程序继续传导，影响案件真实的发现。庭审中心主义的核心就是加强庭审的作用，提高庭审在诉讼中的地位，而庭审的实质化不足则会使庭审中心主义的愿望落空。因此，庭审的实质化不足是阻碍庭审中心主义实现的重要因素。庭审的实质化不足表现在多个方面：独任法官或者合议庭的审判权的独立性，受到系统内或系统外因素的干扰；庭审中法官对于案件事实和证据的认定不是主要通过法庭调查和辩论形成的，而主要通过庭外阅卷；被告人在庭审中的辩护权被人为地削弱而得不到充分的保障等。在本节中，笔者将对我国庭审的实质化不足的原因进行分析，进而针对存在的问题进行制度完善。

---

① 参见李奋飞：《庭审实质化视角下讯问被告人程序改革研究》，载《政法论丛》2024年第5期。

② 何家弘：《刑事庭审虚化的实证研究》，载《法学家》2011年第6期。

一、独任审判员和合议庭审判权的实质化问题

根据我国《刑事诉讼法》规定,法院审理一审案件,应当由审判员或者审判员、陪审员组成合议庭,适用简易程序的,对可能判处三年有期徒刑以下刑罚的,可以由一名审判员独任审理。合议庭或者独任审判员审理案件后,要作出判决,①这是独任审判员或者合议庭代行法院的审判权。在具体的案件审理中,可以视为独任审判员或者合议庭依据法律的授权享有审判权,而根据我国刑事诉讼基本原则的规定,法院独立行使审判权,不受任何个人和组织的干涉。② 审判权独立行使是庭审实质化的基础,是发挥法官主观作用的重要保证。法官独立行使审判权是法治的要求,审判权具有中立性,法官在审理案件时,除了服从法律,不应当受其他任何影响,这一要求只有在法官能够独立行使审判权的情形下才具备现实性。否则,判决就会成为人治的体现。法官独立行使审判权也是审判权威的要求,法院审判是在当事人“不告不理”的前提下被动进行的。要解决纠纷,令当事人信服,法院必须有权威,审判必须有权威,而审判权独立行使,才能使法官不为利害关系所牵连,不偏不倚,公正裁决。在国际上,法官独立行使审判权也是不少国家的诉讼原则③,成为法院独立行使审判权的核心组成部分。但相较于国外的法官独立行使审判权,我国法官独立行使审判权的具体内容有所不同,法官在审理案件时受到案外机制和制度的影响,法官不完全享有对具体案件的审判权,负责审理的独任审判员和合议庭对案件并不具有作出判决的完全权力,有时会出现“审者不判、判者不审”的现象。影响我国独任审判员和合议庭独立行使审判权的因素有以下几种。

(一)审判委员会制度

审判委员会(以下简称审委会)是具有中国特色的一种审判组织,其雏形

① 参见《刑事诉讼法》第183、185条。

② 参见《刑事诉讼法》第5条。

③ 参见《日本宪法》第76条规定:“所有法官依良心独立行使职权,只受本宪法和法律的约束。”《德国基本法》第97条规定:“法官具有独立性,只服从宪法和法律。”

可追溯到新民主主义革命时期根据地建立的审判组织,后来经过不同历史时期的发展,演变成现今的组织形式。[①] 我国《人民法院组织法》规定了审委会的组织形式、任免方法以及活动方式[②],从法律上肯定了审委会的合法性。我国《刑诉法》又规定了审委会的职权,即可以讨论决定审理中疑难、复杂、重大案件。[③] 审委会制度是民主集中制在刑事诉讼中的体现,目的是发挥集体智慧,解决重大案件,监督审判人员,防止错案。客观来说,审委会一定程度上发挥了积极作用,尤其是对于影响重大的案件,给予了审判人员背后的支持,承担了部分社会压力,但不可否认,审委会制度的存在也有一些问题产生:

1. 审委会成员的专业能力不足

原则上说,审委会的组成人员应当是专业素质过硬的法官,这样才能保证处理案件的质量。但实际上,我国审委会的组成人员一般都是法院里行政级别比较高的人员,并不是完全从专业能力方面考量。以某法院为例,该审委会有11名委员,其中1名院长,3名副院长,政治处主任、办公室主任、刑庭、民庭、行政庭、经济庭、执行庭长各1名,有些人员平时都不参与案件的审理,业务能力存疑。特别是我国经济欠发达地区的基层法院,审委会成员未必都能满足刑事审判的专业要求,期望审委会能精准把握好案件就不太现实。

2. 审委会制度与刑事诉讼规定和原则冲突

(1)审委会与回避冲突。回避的目的是将与案件有利害关系的审判人员及相关人员排除出审理程序,保证审判的公正。回避的前提是公布审判人员以

① 参见肖建国、肖建光:《审判委员会制度考——兼论取消审判委员会制度的现实基础》,载《北京科技大学学报(社会科学版)》2003年第3期。

② 《人民法院组织法》第36条规定:"各级人民法院设立审判委员会,实行民主集中制。审判委员会的任务是总结审判经验,讨论重大的或者疑难的案件和其他有关审判工作的问题。地方各级人民法院审判委员会委员,由院长提请本级人民代表大会常务委员会任免;最高人民法院审判委员会委员,由最高人民法院院长提请全国人民代表大会常务委员会任免。各级人民法院审判委员会会议由院长主持,本级人民检察院检察长可以列席。"

③ 参见《刑事诉讼法》第185条规定:"……对于疑难、复杂、重大的案件,合议庭认为难以作出决定的,由合议庭提请院长决定提交审判委员会讨论决定。……"对于何为"疑难、复杂、重大",2021《高法解释》第216条第2、3款规定,高级人民法院、中级人民法院拟判处死刑立即执行的案件,以及中级人民法院拟判处死刑缓期执行的案件;人民检察院依照审判监督程序提出抗诉的案件;本院已经发生法律效力的判决、裁定确有错误需要再审的案件对合议庭成员意见有重大分歧的案件、新类型案件、社会影响重大的案件以及其他疑难、复杂、重大的案件,合议庭认为难以作出决定的,可以提请院长决定提交审判委员会讨论决定。

及相关人员,让当事人能够申请。审委会只在法院内部不定期召开,当事人根本无从掌握委员的情况,也没有途径申请回避。回避制度作用不到审委会,无法发挥应有的作用。

(2)审委会与审判公开原则冲突。审判公开原则要求审判活动要向社会公众公开,向社会公众公开的不仅是整个庭审活动,参加庭审的审判员或者陪审员也要公开,接受公众的监督,防止司法腐败。审委会藏在审判人员的背后,社会公众看不到他们,无法知道他们也就无法监督他们。并且审委会的人员并不会出现在判决书上,成为影响司法公正的“影子”。

(3)审委会的存在与直接言词原则冲突。直接言词原则要求法官亲自出庭,主持证据调查,听取控辩双方的辩论,依据质证过的证据和意见作出裁判。审委会是在会议室内讨论案件,不接触当事人、证人、鉴定人等,只听取汇报人的案情汇报,然后根据一些书面材料和卷宗(甚至都不会看卷宗),根据所谓的司法经验、考虑其他因素后作出处理意见,委员们形成多数意见后就是案件的判决意见,这种方式多大程度上能实现对案件事实的准确认定令人怀疑。

3. 审委会的运行降低司法效率

如果由独任审判员或者合议庭独立行使审判权,案件的审理进度会加快很多,因为中途不必再向审委会请示汇报。等待审委会作出决定,无疑会拖延诉讼,审判效率大大降低。对于何为疑难、复杂、重大的案件标准理解不同,有的审判人员为了推卸责任,遇到拿不准意见的案件,就送至审委会决定,待审委会作出决定。一方面这会造成案件的拖延、堆积,另一方面也不利于业务能力的提高。

(二)法院的案件审批制度

法院的案件审批制度,是指独任审判员或者合议庭的裁判意见要层报庭长、院长审核签字。案件审批制度并不是法律规定的制度,而是法院创设的一种内部行政手段,虽然本意是加强监督,提高判决质量,但事实上造成审判职责不清,审判的责任主体不明确,庭长、院长不参加审理而又能干涉判决,与审委会的弊端相同。

（三）人民陪审员制度

为实现司法民主，我国制定了人民陪审员制度。但是人民陪审员制度存在诸多问题需要加以完善。

第一，选任范围有限。一是在一些地区，人民陪审员的选任主要集中在特定的人群或区域，缺乏广泛的代表性。例如，可能较多地选任了退休人员、社区工作者等，而其他行业、职业的人员参与度较低，无法充分体现社会各阶层的意见和利益。二是选任标准不够科学。目前的选任标准主要侧重于年龄、学历、品行等基本条件，但对于候选人的法律素养、社会经验、逻辑思维能力等与陪审工作密切相关的素质缺乏有效的评估和筛选机制。这可能导致一些人民陪审员在参与审判时，难以理解案件的法律问题和事实争议，影响陪审效果。

第二，存在“陪而不审”现象。一是部分人民陪审员在庭审过程中参与度不高，缺乏主动提问、质证和发表意见的积极性。他们往往由于欠缺法律知识、对审判程序不熟悉，或者担心与法官意见不一致等原因，只是被动地听取法官的询问和引导，在合议时也容易附和法官的意见，难以发挥实质性的审判作用。二是参审时间难以保障。人民陪审员大多是兼职参与审判工作，他们有自己的本职工作和生活事务。在一些复杂案件中，需要投入大量的时间进行阅卷、调查、庭审和合议等，人民陪审员可能因时间冲突无法全程参与，导致其对案件的了解不够深入，影响审判质量。

第三，培训效果不理想。虽然法院会对人民陪审员进行一定的培训，但培训内容和方式可能不够系统、深入。培训时间较短，培训课程主要侧重于法律基础知识的讲解，缺乏对审判实践技能、案件分析方法等方面的针对性训练，使得人民陪审员在实际参审时仍然感到力不从心。

第四，管理机制不健全。对于人民陪审员的日常管理、考核评价等方面的制度不够完善。缺乏对人民陪审员的工作表现、参审态度、保密纪律等方面的有效监督和考核，难以保证人民陪审员队伍的整体素质和工作质量。同时，对于表现优秀的人民陪审员缺乏激励机制，影响其工作积极性。

第五，人民陪审员经济待遇不高，影响参与积极性。人民陪审员参与审判工作会耗费一定的时间和精力，但他们的经济补贴相对较少，有时甚至无法弥补交通、餐饮等费用支出。这在一定程度上影响了人民陪审员的参与热情和工作积极性。

另外,在一些涉及敏感案件或矛盾比较尖锐的案件中,人民陪审员可能会面临一定的安全风险。然而,目前对于人民陪审员的安全保障措施不够完善,缺乏相应的应急处理机制和安全防护措施。并且人民陪审员与法官沟通协调不畅现象明显,法官和人民陪审员在审判过程中需要密切协作,但由于双方的专业背景、思维方式和工作习惯存在差异,可能导致沟通协调不畅。法官可能过于主导审判过程,忽视了人民陪审员的意见和建议;而人民陪审员可能由于对法律问题的理解不够深入,难以与法官进行有效的沟通和交流。在合议庭审判中,法官和人民陪审员共同对案件的结果负责,但对于各自的责任范围和承担方式缺乏明确的规定。在实际操作中,一旦出现案件质量问题或追究司法责任时,容易出现责任不清、相互推诿的情况。

综上,法院组织制度方面存在的以上问题会影响独任审判员和合议庭审判权的独立行使,使法定审判组织的审判权独立性受到削弱,这是庭审非实质化的第一个问题。

二、法庭调查的实质化问题

法庭调查是控辩双方在审判人员的主持下,在法庭上对案件事实进行举证、质证,对证据进行核实的诉讼活动。法庭调查是庭审的核心阶段,法官作出判决的依据是调查后认证的证据,法庭调查的结果对于法官形成内心确信至关重要。在这一阶段,为了保证证据的可靠性,相关的证据规则和调查制度被设立,帮助法官去伪存真。这些证据规则和调查制度支撑了法庭调查,使法庭调查切实发挥查明案件事实的作用,缺失了这些证据规则和调查制度,法庭调查就会空洞苍白,走向形式化。实践中有的法庭调查由于没有将相关的证据规则以及调查制度落到实处,使得法庭调查走向“形式化”的异化。

(一)举证的实质化不足

法庭调查的开始环节是举证,由负举证责任的一方向法庭提交证据证明自己的主张。刑事诉讼中,控方承担举证责任,证明被告人有罪。我国的庭审中,在审判长宣布法庭调查开始后,由公诉人宣读起诉书,向法庭提交证据。公诉人举证可以讯问被告人,询问证人、被害人、鉴定人,出示物证,宣读书证、未出庭证人的证言笔录。[①] 在以上这些举证活动中,证人出庭作证以及非法证据排除成为我国司法实践中的疑难问题,很大程度上影响了证据的质量。

1. 非法证据难以排除

非法证据是指侦查机关通过非法手段获取的证明被告人有罪的证据。非法证据侵犯了被告人的人权,且具有一定的不可靠性,在审判时不能作为证据使用,以此来防范虚假证据污染,遏制警察权力滥用。曾几何时,我国传统的侦查中心主义导致口供中心主义观念深厚,犯罪嫌疑人的有罪供述成为侦查机关最为倚重的证据,用刑讯逼供获取口供,曾经造成多起冤错案。为扭转这个现象,1998 年,最高人民法院《关于执行〈中华人民共和国刑事诉讼法〉若干问题的解释》第 61 条第一次尝试确立非法证据排除规则。2010 年,我国制定的两个证据规定更加全面地发展了非法证据排除规则,之后最高人民法院也出台了相关的意见[②],现行《刑诉法》和司法解释也吸收了相关的规定和精神,对于非法证据排除规则都作了规定,建立起了我国的非法证据排除规则。2024 年 9 月 2 日,“两高三部”印发了《办理刑事案件庭前会议规程》,使得非法证据排除的规则更加细化。我国的非法证据排除规则规定了非法证据的范围、非法证据排除程序、非法证据排除的法律效力等。相较于国外成熟的规则体系,我国的非法证据排除规则虽尚显粗略,但是如果能够切实有效运行起来,也将会有力推动我国实践中尤其是庭审的非法证据问题的解决。然而,实践中的非法证据排除并非易事。例如,在侦查中,一些侦查人员可能会通过多种手段销毁非法取证的痕迹,导致在非法证据排除规则的适用过程中,即使有录音录像,法官也很难根据录音录像判断审讯过程中是不是出现一些违法行为。所以侦查人员使用暴力威胁等手段后,在缺乏直接证据的情况下,法官很难确定侦查人员是

① 参见 2019《人民检察院刑事诉讼规则》第 389 条。

② 2013 年 11 月 21 日,最高人民法院发布了《关于建立健全防范刑事冤错案工作机制的意见》,规定了采用刑讯逼供或者冻、饿、晒、烤、疲劳审讯等非法方法收集的被告人供述,应当排除。

否存在违法行为,从而难以排除通过不正当手段获取的非法证据①。2013 年,在学者实践调查中,基层人民法院法官坦言排除的非法证据“屈指可数,几乎接近于零”②,这些法院处于我国经济比较发达的地区,其他欠发达地区的情况可想而知。2023 年,学者对某地的实证研究显示,2021 年—2023 年 5 月底,Y 市检察机关共办理刑事案件 12,221 件,发现侦查机关违法取证线索 962 件,启动调查程序 908 件。其中,确定为非法证据的 11 件,占同期提起公诉的刑事案件比例为 0.9‰;确定为瑕疵证据的 897 件,经侦查机关整改、重新取证恢复证据效力的 868 件,剩余的 29 件属于暂未收到侦查机关回复的案件。证据存在瑕疵的 897 件案件中,绝大部分未严重影响司法公正,经侦查机关补正或作出合理解释而得以沿用③。非法证据如继续被法官采纳,举证似乎仍然是对侦查结果的机械传递,庭审也无法对侦查行为形成有效的制约。

2. 传闻证据规则缺失,证人出庭率低

传闻证据不是最初见证案件事实的人的原始表述,其中不可避免地会掺杂转述人的个人意识,能否还原陈述人的意思值得怀疑;传闻证据不经宣誓作出,同时也不经过交叉询问,故其存在较大的虚假性而不能采用。传闻证据规则是解决证据能力也即证据是否具备可采性的规则,是指除具有法定的例外情形,传闻证据不具有可采性,不得提交法庭调查质证的规则。④ 传闻证据规则可以过滤证明力不高的证据,有助于案件事实的查明;传闻证据规则可以促使证人出庭作证,保证被告人的质证权,有助于直接言词证据的落实;传闻证据规则还有助于落实交叉询问,增强庭审的对抗性。我国没有确立传闻证据规则,证人出庭率一直很低,有学者对此作了统计,在收集的 292 起网络直播案件中,公诉人提交了 1286 份证言,辩护方提交了 27 份证言。其中 1274 位证人未出庭,约

---

① 参见姜海霞:《刑事诉讼法典化视域下非法证据排除规则实证研究》,载《法制博览》2024 年第 29 期。

② 此调查是由中国政法大学杨宇冠教授于 2014 年赴北京、江苏、广东等地作的关于非法证据排除规则实施状况的调查。参见《非法证据排除规则在中国的实施问题研究》(结项成果第一次统稿,2014 年 11 月),第 145 页。

③ 参见蒋竑等:《侦查监督现代化视角下的非法证据排除——以 Y 市检察机关司法实践为样本》,第五届全国检察官阅读征文活动获奖文选·二等奖专题资料汇编。

④ 参见陈光中主编:《刑事诉讼法》,北京大学出版社 2005 年版,第 216 页。

占97%；39位证人出庭，约占3%。[①] 对此，我国现行《刑事诉讼法》确立了关键证人出庭制度，意图改善此问题。但实施状况如同前文非法证据排除规则一样不甚理想，笔者曾经对此专门进行调研，调研地区的基层和中级人民法院的证人出庭率依然很低。笔者在某基层人民检察院任职时，作为公诉人参加的庭审案件中，很少有证人出庭，都是由公诉人宣读证人证言笔录，其中有几起案件还是案情重大、性质严重的案件。证人不出庭，只宣读证人证言笔录的做法是法庭调查中举证实质化不足的另一个重要原因。

（二）质证的实质化不足

1. 交叉询问难以实现

质证是在举证后，控辩双方就对方的证据进行的质疑和反驳。质证不仅是控辩双方相互削弱对方证据效力的重要手段，也是影响法官对于证据认证的重要途径。在英美法系国家，控辩双方进行质证的重要方法之一就是交叉询问。交叉询问是指“在听审或开庭审理程序中，一方当事人对对方提供的证人进行的询问。反询问应在提供证人的本方对该证人进行主询问之后进行，目的在于核查证人的证言或质疑证人或其证言的可信性，如指出证言与证人先前所作证言中的矛盾之处，向证人提出疑问，诱使证人承认某些事实以削弱证言的可信性等”[②]。相较于大陆法系国家庭审中的法官审问，交叉询问更能发挥控辩双方的积极性，更有利于发现案件事实。

我国证人很少出庭，不具备交叉询问的基础，加之我国刑事辩护率低，我国的交叉询问制度也就无法确立起来。就控辩双方询问对方的证人或者鉴定人，我国《刑事诉讼法》只是简单规定了可以经审判长许可后发问，发问的方式并没有细化。[③] 2021《高法解释》对此进行了细化[④]，但总体来说还是比较粗疏，没

---

① 参见何家弘：《刑事庭审虚化的实证研究》，载《法学家》2011年第6期。

② 薛波主编：《元照英美法词典》，法律出版社2003年版，第354页。

③ 参见《刑事诉讼法》第194条第1款规定：“……公诉人、当事人和辩护人、诉讼代理人经审判长许可，可以对证人、鉴定人发问。审判长认为发问的内容与案件无关的时候，应当制止。”

④ 《高法解释》第261条规定：“向证人发问应当遵循以下规则：（一）发问的内容应当与本案事实有关；（二）不得以诱导方式发问；（三）不得威胁证人；（四）不得损害证人的人格尊严。对被告人、被害人、附带民事诉讼当事人、鉴定人、有专门知识的人、调查人员、侦查人员或其他人员的讯问、发问，适用前款规定。”

有形成体系,操作性不是很强。

2. 质证的“纸证”化

对于人证的质证,由于见不到证人还有交叉询问不发达,在法庭上宣读证人证言笔录的,一般都无法进行质疑。对于物证的质证,由于控辩双方收集证据的能力对比悬殊以及没有证据开示制度,辩方纵使对于证据有异议,但很难提出充分的理由来反驳,更多时候也是表示默认。在我国的庭审质证过程中,最常见的情景就是控方提交大量的书面证据材料给法官审阅,当法官再转交给辩方后,辩方一般会表示没有异议,整个质证过程很平静。有学者对此进行调查,在调查的292起案件中,控辩双方共提交5817份证据。其中,对证人证言提出异议的为16.67%,对书证提出异议的为11.92%,对被害人陈述提出异议的为9.83%,对被告人供述和辩解提出异议的为7.53%,对鉴定结论提出异议的为5.14%,对视听资料提出异议的为4.34%,对物证提出异议的为3.18%,对勘验检查笔录提出异议的为2.83%。① 这一数据比例,与笔者在实践中感知到的情况差不多。

质证包括两个含义:质疑、质问和证实。在对对方质疑的前提下通过质问来证实证据的真伪,这是一个科学的质证过程。在庭审中,如果让大量的纸质证据充斥法庭,当事人即使有质疑也无法通过质问来发现问题。纸张是不会说话的,本应对证据进行过滤挑选的质证就因为是书面材料而演变成“纸证”,致使质证流于形式。

(三)庭上认证的比例低

认证是指法官对庭审调查的证据,经审查判断确认其证据能力及证明力的诉讼活动。② 根据认证的时间和地点,可以分为庭上认定(当庭认证)和庭下认证。庭上认证就是法官根据庭审中的证据调查结果,直接当庭作出是否采纳证据的决定;庭下认定就是法官并不直接在法庭上确认证据,而是在庭审结束后再对证据进行确认。认证是庭审的重要环节,控辩双方对证据进行举证、质证

---

① 参见何家弘:《刑事庭审虚化的实证研究》,载《法学家》2011年第6期。

② 参见龙宗智:《刑事庭审制度研究》,中国政法大学出版社2001年版,第375页。

后，只有法官决定该证据是否可用，控辩双方才有继续举证的可能。对证据进行认证也是对法官的监督，防止其违反证据裁判规则、在庭下进行暗箱操作的一种手段。

在现今我国的庭审中，庭上认证的比例非常低，在前文的292起案件的庭审中，法官在庭上认证的只有62起，其中有52起属于控辩双方对于证据都没有争议的认证。[①] 这组数据反映出我国司法实践中的一个问题，不能庭上认证的就作庭下认证，但在庭下认证时往往不全是根据庭审中质证的证据，而是法官重新翻阅案卷笔录或者请示汇报；庭上认证的证据基本都是控辩双方没有争议的证据，认证的实质意义不大，所以我国庭审的认证有形式化的隐患，有学者对此评价道："中国的刑事法官即使在证人出庭作证的情况下，仍然可能拒绝采纳证人当庭所作的口头证言，而坚持将侦查案卷中所记载的证言笔录作为定案的根据。"[②]其他学者的研究也能说明这个问题，法官对于庭审中出庭证人的证言，往往与证言笔录相对比，或者与其他证据进行印证，这样就使证人出庭失去意义，对于认证并不会产生太大的影响。[③]

三、判决说理的格式化问题

判决说理也叫"判决理由"，是指法院就判决书中如何认定案件事实和适用法律而作的说明和阐述。判决说理制度是刑事诉讼民主化、理性化、正当化的标志。人类社会中，最初的判决仅仅是宣告被告人的罪名和刑罚，并不说明理由。随着对于诉讼以及程序正当性的认识不断加深，人们意识到刑事诉讼的各个阶段都要具备合法性和正当性，判决尤为如此，因为它关系着被告人的人身自由甚至生命。"法院不只是做判决而已，他们还必须解释其判决，解释的目的是在说明判决的正确理由如何……以证明他不是武断的看法，能使当事人心服口服于法官的权威或威信。因为法官的判决是一个合理的陈述，他有充分

---

① 参见何家弘：《刑事庭审虚化的实证研究》，载《法学家》2011年第6期。
② 陈瑞华：《刑事诉讼的中国模式》，法律出版社2010年版，第192—194页。
③ 参见左卫民：《刑事诉讼的中国图景》，三联书店2010年版，第103页。

的理由,而且显示出判决理由的相关的或逻辑的结构。”[①]无论是对于法院还是对于当事人抑或是与案件无关的公众来说,判决说理都不可或缺,因为判决说理具有以下价值。

(一)保证判决的理性和正当

理性与感性的一个重要区别就是能够对行为阐明道理,为意见提供论据。刑事诉讼判决是一种理性活动,杜绝法官凭借个人好恶而得出感性的认知。如何判断法官是基于理性的思考还是感性的盲目,方法就是让法官把作出判决的逻辑过程用文字体现在书面的判决书上,接受公众的阅览与检验。法官需要把自己如何认定案件事实和适用法律的理由说出来,表明自己遵守了程序正当性的要求。“在现代国家程序中,法官不能仅仅满足于以裁决来解决纠纷,而且还应该另外为其做正当化论证,并表明它合乎有效的法律,被宣布的判决并不是在给定的前提集合下由演绎法所推导出来的结论,而是通过举出理由来进行正当化论证的裁决。”[②]

(二)限制法官的自由裁量权

在法定证据制度时代,对于证据的证明力都有着严格的规定,法官没有自由裁量权,根据证据作出判决时只需要作出简单的加减,然后对照法律规定的罪名即可,这样极大限制了法官主观能动性的发挥。现代国家废除了法定证据制度,实行自由心证,鼓励法官基于证据裁判原则根据庭审中质证过的证据作出判决,这样作出判决的内心机理主要依靠法官的司法经验以及专业知识,对于判决,法官有着很大的自由裁量权。但是,权力的自由放任也会带来权力的滥用而导致腐败及不公,为了达到自由裁量和权力行使的平衡,必须对法官的自由裁判进行适当的限制。对此,勒内·达维德说道:“对于我们这个时代的人,判决必须说明理由的原则是反对专断的判决的保证,也许还是作出深思熟

---

① 王利明:《司法改革研究》,法律出版社2001年版,第350页。

② 洪凌啸:《刑事判决说理机制实证研究——基于最高院六个指导案例的视角》,载《学术探讨》2014年第2期。

虑的判决的保证。”[①]判决说理公开了法官的心路历程，是限制法官恣意行使自由裁量权的一种手段。

（三）增强当事人及公众对判决的接受度

程序的参与性决定了当事人以及公众对于案件的过程与结果都有知情权，特别是当事人，判决结果与自己直接相关，当事人极其希望自己的意见能被法官听取并得到回应。“人们至少有理由期望，在作出关系他们的判决之前，法院听取其意见，即他们拥有发言权。”[②]判决说理为这种诉求提供了渠道，当事人可以从判决理由中寻找自己的意见是否得到了回应，从而在心理上接受和认可判决，有时即使判决的结果对于当事人来说并不理想。对于公众来说，虽然自身与案件无关，但是通过判决能够理解法官对于法律精神的诠释，从中受到教育，增强法律意识。

（四）提高法官自身的业务能力和素养

判决说理向公众集中展现了法官的专业能力、品格、个人素养，从一份判决书中，公众能够领略到法官渊博的知识、精彩的文笔、博大的胸襟，这一切都是法官孜孜以求的，历史上有很多法官因为在判决书中作出的经典说理而受到了人们的广泛赞美和敬仰。判决说理能够督促法官不断提高自身业务能力和学识，提高自己判决的正确度，树立自己的良好形象。

（五）能够为当事人的上诉提供依据和参考

当事人不服判决时，会寻求上诉。上诉需要说明上诉的理由和范围，否则，上诉法院就会驳回上诉，关闭救济的大门。判决说理为当事人提供了上诉的理由参考，当事人可以就判决书的理由表明不服，使当事人的上诉具有针对性和

---

① ［美］埃尔曼：《比较法律文化》，高鸿钧等译，清华大学出版社1990年版，第227页。

② 刘平：《文化与叛乱——以清代秘密社会为视角》，商务印书馆2002年版。转引自万毅、林喜芬：《从“无理”的判决到判决书“说理”——判决书说理制度的正当性分析》，载《法学论坛》2004年第5期。

正当性,从而规范上诉权的行使。①

判决说理的重要性使得世界各国很重视判决说理的义务性和规范性。大陆法系国家自资产阶级革命胜利以后,就把判决说理作为一项义务,如法国自1790年起、德国自1879年起强制要求法官进行判决说理。② 英美法系国家由于实行判例法,所以自始就有判决说理的要求。我国也一直重视裁判文书的改革,1992年,最高人民法院公布《法院诉讼文书样式(试行)》(已废止),统一规范了包括判决书在内的诉讼文书样式。1999年,最高人民法院又通过了《法院刑事诉讼文书样式》,对我国刑事判决书的样式和内容作了规定,促进了我国刑事判决书的合理化、规范化、标准化。尽管如此,我国的刑事判决书还存在着一些问题有待完善,以下面的一份一审刑事判决书为例进行说明。

××市第二中级人民法院

刑事判决书

(2023)××二中刑初字第××号

公诉机关××。

被告人××。

辩护人××,××事务所律师。

××起诉指控被告人××犯合同诈骗罪一案,于××年××月××日以××号起诉书向本院提起公诉。本院受理后,依法组成合议庭,公开开庭审理了本案。××指派检察员宋某某出庭支持公诉。被告人××及辩护人××均到庭参加诉讼。现已审理终结。

公诉机关起诉指控:……

为证实上述事实,公诉机关当庭宣读和出示了××证据,其行为已构成合同诈骗罪,提请本院依法审判。

被告人××对伙同××以外强公司需增资为名,由其出面与深诚公司许某

---

① 参见彭海清:《论刑事判决书的说理》,载《湘潭大学学报(哲学社会科学版)》2007年第5期。

② 参见[法]勒内·达维德:《当代主要法律体系》,漆竹生译,上海译文出版社1984年版,第132页。

某联系并签订《代理企业增资协议》在骗取对方增资款后将1600万元转移至××厂账户内后逃逸的事实无异议，但提出本案系××提议并由××具体实施犯罪，其系受××指使，故应追究××的刑事责任。另外，××提出自己在侦查阶段有检举、揭发他人犯罪的立功行为。被告人××的辩护人亦提出本案中××系起意策划，并积极实施犯罪的主犯，被告人系受××指使故应认定为从犯，××系初犯、偶犯，且未给被害单位造成损失，请求本院对××从轻、减轻处罚。

经审理查明，……

认定上述事实的证据有：……。上述证据均经当庭出示、质证、辨认等法庭调查程序查证属实，证据确实、充分。

本院认为，……据此，依照《中华人民共和国刑法》第××规定，判决如下：

一、被告人××犯合同诈骗罪，判处有期徒刑十五年，剥夺政治权利五年，并处罚金人民币一百万元。（刑期从判决执行之日起计算。判决执行以前先行羁押的，羁押一日折抵刑期一日，即自2023年6月18日起至2038年6月17日止。罚金自本判决生效之日起三个月内向本院缴纳。）

二、违法所得发还被害人。

如不服本判决，可在接到判决书的第二日起十日内通过本院或直接向××市高级人民法院上诉。书面上诉的，应当提交上诉状正本一份、副本一份。

审判长：×××

代理审判员：×××

人民陪审员：×××

××年××月××日

书记员：×××

这份判决书是我国刑事判决书的标准样式，虽然在2013年作出，但现在判决书的格式也并未有多大变化，从这份判决书可以发现我国的刑事判决书说理匮乏，主要存在以下几个问题。

(一)判决理由很少,缺少对证据的论证分析

判决书中,法院的判决理由体现在“本院认为……”部分,但只是机械地陈述法院根据被告人的行为认为被告人已经触犯某些罪名,中间没有如何认定、根据什么认定被告人有罪的理由阐述。另外,只是把被告人的犯罪经过大致地总结了一下,没有对证据的分析、论证及证据能够证明的犯罪事实等,体现不出证据裁判原则,看不到法官在判决中的思考过程。

(二)没有控辩双方对于案件事实和证据的不同看法和意见

判决书只是简单地对证据进行罗列,记录了公诉人的指控以及辩护人的辩护意见,但对于控辩双方对于案件事实和证据的质证、辩论,以及不同的意见都没有记录,更没有法官对于控辩双方不同意见的详细分析和论证。司法实践中,很多法官认为,对于控辩双方不同意见的分析,仅仅需要在最后的判决理由(“本院认为……”部分)中主要就犯罪是否成立、犯罪的性质和情节、适用法律等问题进行。至于案件事实,只需要载明法院已经认定的事实和所依据的证据即可,控辩双方就案件事实和证据的不同意见无关紧要。

(三)缺少程序法理由

判决书中,缺少对于程序性诉讼行为的记录和分析,这也是我国刑事判决书的一大通病。判决书中的程序法理由是指对于程序性诉讼行为的分析,如被告人为什么被采取强制措施、为什么超过法定羁押期限、为什么法院决定开庭审理或者不开庭审理以及为什么适用简易程序等。造成这一问题的原因,一方面跟我国长期以来重实体、轻程序的诉讼观念有关,另一方面是我国的相关规定也没有就判决书中必须记载程序法理由作出强制要求。

(四)偏重定罪理由而轻视量刑理由

我国的庭审是定罪量刑合一模式,庭审的重点是被告人的罪名问题而非刑罚问题,法官掌握着对被告人的量刑。由于控辩双方把准备的重点都放在了罪名上,导致对于量刑的证据相对较少。“法官在量刑时顶多很概括地就某些符

合法定可以或应当从轻或减轻处罚的情节,如系自首、立功、从犯等,以及应当从重处罚的情节,如系累犯等,在量刑时予以说明,对于为何判处被告人某项特定刑罚则没有更进一步的说明了。”①

(五)格式化严重,没有明确制作者

我国刑事判决书的形式比较格式化,习惯套用最高人民法院下发的判决书模板,这样就缺少了法官自由思考的心路历程,判决书显得有些机械而呆板。而实践中的案件却是多种多样的,案情轻微,当事人双方没有争议的案件适用此种判决书尚可;但对于那些案情复杂、疑难或者重大的案件,以及当事人争议较大的案件,就不适宜再套用这种模板,这时候就需要法官进行大量的说理,从案件事实、证据及程序等方面对判决理由进行充分的论证分析,提高判决的可信服性。另外,我国的刑事判决书在最后都会署上独任审判员、合议庭、人民陪审员和书记员的名字,但判决书的具体制作者并不明确。实践中,判决书的实际制作者很多都是书记员或者合议庭中的一员。

四、二审审理的实质化问题

多年来,二审基本上实行书面审,开庭率比较低。在实行书面审的二审案件中,绝大部分都是维持原判,导致一审成终审的现象。2023 年,最高人民法院开展了提高二审开庭率的专项活动,二审开庭率有了一定程度的提高,但是部分案件依然存在书面审的情况。除了开庭率低外,二审审查重点不明确、证据审查和质证环节省略、裁判文书说理不充分等问题也存在。

(一)开庭率较低导致庭审的实质化不足

刑事诉讼法规定了被告人、自诉人及其法定代理人对第一审认定的事实、证据提出异议,可能影响定罪量刑的案件等应当开庭审理。但关于“可能影响定罪量刑”的判断标准存在较大模糊性,尺度难以把握,这使得法官在判断是

① 彭海清:《论刑事判决书的说理》,载《湘潭大学学报(哲学社会科学版)》2007 年第 5 期。

否开庭时有较大的自由裁量权。例如,对于一些存在争议的案件,不同法官对于是否达到“可能影响定罪量刑”的程度可能有不同的理解,导致一些本应开庭的案件未开庭审理。法官面临着较大的工作压力和案件负担,开庭审理需要投入更多的时间和精力,包括庭前准备、庭审组织、证据审查等。因此,从提高工作效率的角度考虑,法官可能更倾向于选择不开庭审理,仅通过书面审查的方式进行二审。此外,在一些被告人异地羁押的案件中,出于安全因素和异地办公的不便性等考虑,法官开庭审理的意愿也会大大降低。

二审法院作出不开庭审理的决定后,刑事诉讼法中没有规定上诉人和辩护人对该决定不服的救济途径,导致在开庭与否这一重大程序事项上,上诉人和辩护人缺乏有效的监督和救济手段。即使他们对不开庭决定有异议,也很难改变二审法院的决定,这在一定程度上助长了二审不开庭审理的现象。

(二)二审审查重点不明确引发的问题

我国刑事诉讼二审遵循全面审查原则,要求二审法院对一审判决认定的事实和法律进行全面审查,不受上诉或者抗诉范围的限制。这种审查方式虽然有助于保证判决的公正性,但也存在一定的问题。一方面,全面审查可能导致二审法院过于关注一审的所有细节,而忽略了上诉人和抗诉人提出的重点问题,使得二审的审查重点不明确;另一方面,全面审查需要耗费大量的时间和精力,在司法资源有限的情况下,可能导致二审法院无法深入审查案件的关键问题,从而出现实质审理无法落到实处。在一些二审案件中,法官对争议焦点的归纳和把握不够准确,导致庭审时无法围绕关键问题进行深入的调查和辩论。

(三)证据审查和质证环节的问题

在二审过程中,法官仍然过度依赖一审的案卷笔录,而对新的证据和证人证言的审查不够重视。由于一审已经形成了详细的案卷笔录,二审法官在审查案件时主要依赖于这些笔录,难以对案件的事实形成新的认识。例如,在一些案件中,二审法官可能仅仅根据一审的案卷笔录就作出了维持原判的决定,而没有对上诉人提出的新证据进行充分的审查和质证。

证人出庭作证对于查明案件事实具有重要意义,但在我国的二审程序中,证人出庭率普遍较低。一方面,证人可能由于各种原因不愿意出庭作证,如担心受到报复、路途遥远等;另一方面,法律对证人出庭的保障机制不够健全,证人的权利和义务不明确,导致证人出庭的积极性不高。缺乏证人的当庭陈述和质证,使得二审的证据审查和质证环节更像流于形式,影响了实质审理的效果。

(四)裁判文书说理不充分

一些二审裁判文书说理部分过于简单,对于维持原判或者改判的理由阐述不充分。例如,只是简单地表述为"一审判决认定事实清楚,适用法律正确,予以维持",而没有对一审判决的事实认定和法律适用进行深入的分析和论证。这种简单的裁判方式无法让当事人和社会公众了解二审法院的裁判依据,也容易让人质疑二审的实质审理是否真正进行。对于上诉人和辩护人提出的争议问题,一些二审裁判文书没有进行充分的回应和解释,或者即使在判决结果中对这些问题进行了处理,但在说理部分没有详细说明法官的观点和理由,导致当事人对二审判决的公正性产生怀疑。

第二节　我国庭审中心主义的制度完善

庭审中心主义的实现需要切实发挥庭审的作用,真正做到"事实证据调查在法庭,定罪量刑辩论在法庭,裁判结果形成于法庭"。要达到此效果,需要针对前述导致庭审实质化不足的诸项问题,从庭审原则、组织、证据规则以及有关制度入手,合理构建,综合布局,完善我国现今的庭审程序。

一、完善庭审的组织原则

庭审的组织原则,是指参加庭审的主体需要遵循的结构关系原则。庭审中的主体就是控辩审三方,承担着三种不同职能,这三种职能综合作用的最终目的是发现案件真实,解决被告人的定罪量刑问题。控辩审三方的结构关系就是为这个目的服务的,促使三方各司其职、各尽其能、互不干扰。法官作为审判者,首先审判的职能要求法官要中立、不偏不倚、客观公正,这是对于控辩双方而言的;其次,法官要能够独立行使审判权,自主作出判决,这是对于法官与法院或者其他机关而言的;最后,法官要有职业保障,保证其能够安心司法,本着专业知识和良心办案,这是对于前述的中立和独立行使审判权而言的。对于控辩双方而言,二者要保持一个平等的地位才有平等对抗的可能,首先,要赋予二者诉讼主体地位;其次,诉讼地位平等并不等于就真的拥有同等的诉讼能力,辩方天然的弱势地位尤其要求在庭审中保障其诉讼权利,不仅要有积极的辩护权利,而且还要有消极的防御权利,这样才能实现与控方诉讼力量的平衡。在控辩审的三方关系模式中,等腰三角形是一种非常理想的结构模式,法官居于三角形的顶端,控辩双方居于两个底角,与法官的距离相等。我国的庭审应当打造并完善此种模式,从以下方面着力,建构好控辩审三方关系。

(一)法官审判权的完善

在前文,笔者分析了我国法官的审判权行使的影响因素,其中有审委会的问题,也有案件审批制度和案件承办人的问题等,对此,有必要对这些方面进行完善,使之更加符合刑事司法规律。

1. 完善审委会制度

对于审委会的存废,我国学界和实务界还有争论,持保留观点的人认为:“审判委员会对于中国基层法院独立行使审判权和司法公正就总体来说是利大于弊,是这种制约条件下的一种相对有利、有效且公正的司法制度,是第二等最好的。”①保留审委会的理由可以概括如下:审委会集体讨论案件,被贿赂或者买通的难度大,有助于防止司法腐败;审委会能够统一辖区内司法标准,防止法官滥用自由裁量权;基层法官的业务能力偏低,审委会能够提高判决质量;虽然审委会制度有弊端,但是一个保证实质正义获得的程序性制度。② 但持此观点的人也认为,随着条件的成熟,审委会也可以被废除。持废除观点的人认为,审委会应当被废除,基于以下理由:审委会决定案件违反了直接言词原则,导致审与判分离,损害了司法过程的完整性,增大了司法决定的随意性;审委会决定

① 苏力:《基层法院审判委员会制度的考察及思考》,载《北大法律评论》1998 年第 2 期。
② 参见苏力:《基层法院审判委员会制度的考察及思考》,载《北大法律评论》1998 年第 2 期。

案件违反了回避原则和公开原则,损害司法公正;审委会成员的业务能力参差不齐,难以保证案件的质量;审委会制度导致无人对案件负责,不利于错案追究。① 相较于前两种观点,还有一种折中的观点,即改革审委会,去其糟粕,留其精华,此观点认为:审委会制度有着很长的历史,经过法律确认,在实践中也发挥了积极作用。短期内并不适合废除审委会,而要先对其改良,时机成熟后再予取消。还有观点认为,我国现今的地区发展有差别,就现行体制和法官队伍总体状况而言,不宜取消,而应当对其加以适当改造。②

笔者认为,审委会在当前还有存在的合理性,在实践中可以适当限制审委会处理案件的范围,逐步弱化审委会在案件上的"审理者"的角色,理由如下:

第一,现今法官的业务能力逐渐提高,适用简易程序的案件增多。诚然,审委会确实在一定时期内为我国的审判事业发挥过积极作用,承担了部分办案压力,确保了审判质量,减少了司法腐败。但随着我国的快速发展,我国法官队伍的整体素质在不断上升,高素质的法官越来越多,尤其是在北广上等一线城市,这得益于我国近些年法学教育的发展。而审委会成员一般都是法院的领导,年龄比较大,专业的知识能力未必有新进法院的年轻法官突出,已经没有多少专业指导的必要性。况且审委会的部分成员决定案件并非完全从专业的角度,而会从政治、社会稳定、与其他机关的协调等方面来考量,受到干扰的程度并不一定比法官小。同时,我国适用简易程序、速裁程序的案件范围也在逐渐扩大,2012《刑诉法》也对简易程序、速裁程序进行了完善,以鼓励在实践中多适用简易程序、速裁程序,分解审判压力。简易程序、速裁程序由独任审判员审理,案情简单轻微,不需要报送审委会决定。随着轻罪治理理念的推进,如果简易程序、速裁程序会发展为刑事诉讼案件适用的主要选择,审委会的象征意义就会大于实质意义。

第二,审委会客观上增加了诉讼成本,降低了诉讼效率。现在法院受理的案件数量越来越多,每年都在递增,而法院审理案件的时间是一定的,让时间资源变得越来越宝贵。如果案件再交给审委会决定,需要走多道程序,合议庭先

---

① 参见余为青:《取消审判委员会势在必行》,载《阜阳师范学院学报(社会科学版)》2002年第2期。

② 参见刘善春等:《诉讼证据规则研究》,中国法制出版社2000年版,第132页。

要研究报送，然后送庭长、院长批准，承办法官再出具审理报告，然后才能到达审委会，而且并不是立即作出决定，还要确定开会时间，通知参会人员，这中间要耗费不少时间，人为地降低了审理效率。对于法院来讲，每走一道程序都要花费人力物力财力，办案成本增加。对于当事人来讲，在当前中国的国情下，部分案件的当事人会想办法"运作"案件，而且请托的关系并不止个别人，因为审委会的成员有多名，这反而增加了司法腐败的风险。对于社会公众来说，审和判是分离的，公众看到的审理和最后的判决被法庭背后的审委会人为地割裂开，判决结果和审理过程是脱节的，久而久之，公众便不会再对审理抱以关注，审理的司法教育功能弱化，公众对于司法公众的信仰也会下降，长远来看，社会也会为司法信仰的缺失埋单。

第三，审委会并不能保证案件质量，反而会削弱法官的责任意识和能力。如前所述，法官的专业素质在不断提升，审委会成员的专业能力可能存在还没有审判法官强的现象，这是其一；其二，审委会的组成带有浓重的行政色彩，成员多是按照行政级别来选任，作出决定时也不规范，通常都是举手表决。在上下级关系的现实下，上级领导的意见会影响下级，为了顾及情面或者不得罪领导，很多成员往往采取附和的态度，不敢坚持自己的意见，特别是不同的意见。而级别越高的领导考虑案件时所考量的因素越多，有时会与案件的法律问题脱钩，这在司法实践中是客观存在的。所以，审委会决定案件并不能保证案件的质量，有时反而会因为案外因素或者上级的因素影响案件的公正处理。作为长期在审委会下审判的法官，对于自己的角色也分为两种态度，一种是感到无奈，觉得自己是一块图章，对于案件没有真正的话语权，而自己作为参加审理的法官却对案件有着最为真实和深刻的认识，这种法官通常都是有责任感的法官；一种是无所谓，已经习惯甚至依赖的心理，当遇到稍微复杂或者难度较大的案件时，习惯往审委会报送，这样可以摆脱审理压力，图得轻松。可以说，长期存在的审委会对于法官的职业能力和职业责任感的削弱是潜移默化的。

第四，审委会使错案无法追究。为了加强法官的责任感，保证审判质量，我国法院实行错案追究制度，对办错案的责任法官要予以追责，审委会的存在使这一制度的落实成为泡影。审委会集体对于案件作出决定，如果要承担责任的话就要集体担责，但最后却是谁都不会担责，成了“人人负责、人人无责”。这也是一个老生常谈的话题，是审委会屡被诟病的一个地方。原因很简单，判决书上并不会署上审委会成员的名字，只有合议庭人员的名字，但合议庭又不是真正作出判决的人。这种情况下，又该如何追究责任呢？

2. 完善案件审批制度

案件审批制度也是一项削弱法官审判权的制度，作为一项行政制度，案件审批并没有法律依据，同时还违反了法律规定。我国相关法律规定，法院审理一审案件，由独任审判员、合议庭审理或者吸收人民陪审员审理。没有规定除此之外的任何审理形式，也即除此之外的任何审理形式都是违法的。案件审批要求合议庭将案件上报给庭长、院长，移交了审判权力，显然违法。即使院长、庭长参加合议庭审判，成员之间也是平等的关系，共同对案件作出判决。案件审批则完全体现了行政式的上下级关系，下级服从上级，实质上是行政命令。案件审批也违反了刑事诉讼的一系列基本原则，如回避原则，当事人无法对庭长、院长申请回避；又如直接言词原则，庭长、院长不参加庭审，只浏览庭审记录就违反了直接言词原则；再如审判公开原则，当事人对于庭长、院长来说是公开的，但庭长、院长对于当事人和社会公众来说是不公开的。案件审批制度也使得合议庭和庭长、院长之间的职权不清，容易导致合议庭的惰性，不利于其审批积极性的发挥。另外，和审委会制度一样，该制度也存在着错案追究落实难的问题。所以，应当进一步完善案件审批制度。

虽然，近年来司法实践中针对这个突出问题进行过尝试性改革，但是效果并不明显，且又有回归审批制的态势。例如，北京市高级人民法院 2016 年 3 月制定出台《关于完善审判责任制的实施办法》，取消层层请示、逐级审批案件制度，实行独任法官、合议庭办案责任制，实现“让审理者裁判、由裁判者负责”。2017 年修订《北京法院院庭长办案规定》，细化院庭长办案类型，明确院庭长办案方式和数量，对院庭长办案团队提出具体要求，并逐月公布办案任务完成情况，定期督察。2015 年 3 月，广州市中级人民法院根据广东省高级人民法院下发的《广东省健全审判权运行机制完善审判责任制改革试点方案》的要求，制定了审判权运行机制改革的实施意见，正式全面推进审判权运行机制改革工作，采取一系列配套措施保障，逐步取消案件审批制度。规定院长、副院长除了作为主持人签发由审委会讨论决定案件的裁判文书外,其余裁判文书一律由合议庭的审判长来签发,“院长、庭长原则上不再签发本人未参与审理案件的裁判文书”。2014 年海南成为全国首批七个司法体制改革试点省份之一,先后完成了法官员额制改革和法院人财物省级统管改革,取消了院庭长对案件的审批制度,实现了“审理者裁判”。2019 年 3 月 30 日,内蒙古自治区高级人民法院召开推进司法责任制改革工作全面落实动员大会,会议要求从 5 月 1 日起,除审委会讨论决定的案件外,院庭长不再审核签发本人未直接参加审理案件的裁判文书,改由审判长签发,真正把司法责任制落到实处。与之相反,2023 年 9 月 8 日,在国家法官学院 2023 年秋季开学典礼暨“人民法院大讲堂”上,最高人民法院院长张军以“深入践行习近平法治思想　奋力推进审判管理现代化”为题,强调以“阅核制”为抓手,落实院庭长监督管理责任。这可以说是该制度推进过程中的一个重要节点和广泛受到关注的时刻。各地法院也在不断探索和完善相关的具体实施办法和细则。在司法实践和理论探讨的不断推进中,对于阅核制的理解、适用范围、具体操作流程等方面的内容可能还是未来较有争议的问题。

(二)控辩平等的关系构造

控辩平等是指控辩双方具有平等的诉讼地位,享有对等的诉讼权利,承担对应的诉讼义务,在诉讼中平等武装、平等对抗。控辩平等存在于刑事诉讼的各阶段,以审判阶段最为重要,因为这关系着被告人的定罪量刑。控辩平等包括两个方面:形式上的平等和实质上的平等。形式上的平等就是表面上法律地位的平等,控辩双方都是诉讼主体,而不能像纠问式诉讼,被告人只是诉讼的客体、证据的来源。在审判阶段,形式上的平等需要法官给予控辩双方对等的权利保护,尤其是对于辩方。在庭审时,法官是庭审的主持者,根据等腰三角形的庭审结构,法官应该客观中立,与控辩双方保持相等的距离,对等保护控辩双方的诉讼权利。在证据调查中,对于双方提交给法庭的证据,法官应该给予同等的重视,不能偏向地侧重一方证据;在法庭辩论中,应该同等地听取双方的意见,不能限制或者剥夺一方的辩护权;在评议和判决的阶段,对于双方的证据和意见都要考虑，作出的判决应该建立在双方证据和意见的基础上。[①] 形式上的控辩平等只是程序性的平等，实质上的平等才是真正的平等。庭审中的实质平等表现为控辩双方能够平等对抗，拥有对等的攻防手段，这需要双方具有对等的权力和权利。控方拥有控诉权，辩方就应当有辩护权。辩方的辩护权可以积极地行使，主动反击，如提交证据反驳控方的指控，证明自己无罪；也能消极地防御，如享有沉默权，有权拒绝回答控方的问题，并且不得因此遭受不利的推定。控方有权传唤证人，辩方也有权传唤证人；控方由检察官代表国家提起公诉，被告人因为受到刑事诉讼的限制，有权选任律师帮助其辩护，没有律师时，国家应该为其指定。但是这样还不足以达到实质性的平等，控辩双方由于职能的不同，存在着天然的力量差，在诉讼中必须适当地向辩方倾斜才能有效地缩小差距，这需要赋予辩方一些原则性的特权，如无罪推定，被告人有罪的证明责任由控方承担，减轻辩方压力；非法证据排除，限制控方取证的方法，保护被告人；证据开示，通过证据交流强制控方公开对被告人有利的证据，防止控方搞证据突袭。

对于查明案件事实这一诉讼目的，控辩平等能够最大限度地发挥控辩双方的能力和动力，在积极而平等的对抗中合力推开真相的大门。对此，国外有学者认为："控辩双方的对抗是我们所能设计的发现真实的最好制度。因为真相能通过双方对同一问题的强有力的陈述而获得最好的发现。审判的目的在于揭示曾经发生过的事情，对抗制是达到这一目的的最好方式。"[②]

我国在1996年修正《刑事诉讼法》时对于庭审进行了一定程度的当事人化改造，控辩双方的对抗性有所加强，但由于传统的诉讼模式的影响，我国庭审距离控辩平等还有差距，主要表现为：

1. 传统的公检法关系模式让检法的诉讼距离更近。我国刑事诉讼的一项基本原则就是三机关分工负责，互相配合，互相制约，这种关系设定让检法两机关在实践中都带有追诉机关的色彩，两机关的诉讼距离相较于法院和被告人

---

① 参见谢佑平、万毅：《理想与现实：控辩平等的宏观考察》，载《西南师范大学学报（人文社会科学版）》2004年第3期。

② 熊秋红：《刑事辩护论》，法律出版社1998年版，第116页。转引自李玉华：《论控辩平等对抗》，载《政法论坛》2004年第2期。

要近得多，而实践中两机关也确实是配合大于制约，破坏了审判机关的中立性。这造成在庭审中，法官对于控辩双方提交的证据、表达意见以及给予表达意见的机会差别对待，法官更亲近于公诉人，更愿意采用公诉人的证据。

2. 我国检察机关法律定位的强势化。首先，根据我国刑事诉讼法的规定，检察机关不是诉讼中的一方当事人①，而是国家机关，我国的法院也是国家机关，这样的定位使检察机关和法院处在同一水平线上。相比较来说，被告人仍是普通公民，诉讼地位的定位不同导致丧失了平等的基础，国家机关和公民之间很难实现地位平等。在国外，"检察机关不是法官而是诉讼当事人，是刑事诉讼中的原告"②，只是当事人的一方，没有天然的地位优势。

其次，我国的检察机关还是法律监督机关，一方面行使追诉职能，另一方面行使监督职能。检察机关的监督职能不仅包括侦查，还包括审判，能够监督法院的审判活动，追究相关审判人员的责任，检察机关身兼运动员和裁判员的角色。对于法官而言，这是一种无形压力和掣肘，在进行审判时就会顾忌检察机关的监督而不敢得罪检察机关，对于检察机关的证据和意见会充分考虑而忽视被告人的证据和意见，有时甚至会牺牲被告人的权利从而迎合检察机关。

3. 庭审中辩方的权利虚弱。庭审中辩方的权利分为积极性的防御权和消极性的防御权。积极性的防御权包括提出证据权、选任律师辩护权、询问证人权、辩论权、最后陈述权；消极性的防御权主要是沉默权。但是实践中，被告人的律师帮助权落实情况并不乐观，指定辩护还需要大力加强，尤其是在贫困地区。律师的辩护权也亟须加强，困扰律师多年的会见难、阅卷难、调查取证难、证人出庭难依然还是实践中的顽疾。我国没有建立证据开示制度，辩方在自身收集证据能力不强的情况下又见不到控方的证据，特别是对被告人有利的证据，庭审的对抗能力弱。我国的证人出庭率低，辩方的质证权无从行使。对于消极的防御权，由于我国没有确立完全的无罪推定原则，被告人没有沉默权，要接受公诉人和法官的双重讯问。总之，从两方面的权利行使情况来讲，辩方在

① 根据我国《刑事诉讼法》第108条规定，当事人是指被害人、自诉人、犯罪嫌疑人、被告人、附带民事诉讼的原告和被告人，并不包括检察机关。

② [法]卡斯东·斯特法尼等：《法国刑事诉讼法精义》（下册），罗结珍译，中国政法大学出版社1999年版，第131页。

庭审中的权利相较于控方的诉讼能力,呈现虚弱的态势。

要实现庭审中的控辩双方平等,需要解决以上的问题。我国应当让三机关特别是检法两机关各司其职,拉开诉讼距离,回归各自的诉讼角色。在我国现今的体制及国情下,取消检察机关的国家机关定位和法律监督机关定位显然不现实,因为这涉及修改宪法,所以应当以加强辩方的诉讼权利为重点。应当确立完全的无罪推定原则和不得强迫自证其罪原则,赋予犯罪嫌疑人、被告人沉默权;扩大指定辩护的范围,切实解决律师辩护遇到的几大问题;探索建立证据开示制度;取消庭审中公诉人讯问被告人的规定,逐步弱化直至取消检察机关在审判程序中的监督权,确立检察机关当事人的诉讼身份;给予辩方更多的权利保障,法官要重视辩方的证据和意见,判决书中对于控辩双方的意见采纳情况进行充分的说明。①

二、完善庭审的审理原则

(一)直接言词原则

直接言词原则作为现代刑事诉讼的一项基本原则已被很多国家或地区所接受,如《德国刑事诉讼法》第 226 条、《日本刑事诉讼法》第 43 条等。直接言词原则能够让法官在法庭上直观地接触证据和控辩双方的意见,在此基础上作出裁判,而不是通过翻阅公诉机关提交的证据作出裁判,这就使审判机关不受侦查、公诉机关所收集、固定证据的制约;相反,审判能够对侦查、公诉进行审查制约,调整审判权与侦查权的关系,确立真正的庭审中心主义。对于查明案件事实来说,直接言词原则要求的法官亲历性、言词性能够排除非法证据,摆脱书面证据的案卷材料的桎梏,“是最为根本、毋庸置疑的保障手段”②。

虽然《刑事诉讼法》经历了三次修改,但截至目前,我国还没有完全确立直接言词原则,这不能不说是一个遗憾。直接言词原则对于审判程序,尤其是审理基础事实的一审来说极其重要,需要尽早确立以指导诉讼。在我国的司法实

① 参见李玉华:《论控辩平等对抗》,载《政法论坛》2004 年第 2 期。

② 初殿清:《直接言词原则的双重价值维度及其在我国的适用》,载《法学杂志》2014 年第 10 期。

践中，还存在一些与直接言词原则相违背的现象，需要加以解决。

1. 庭前审查中的法官预断与预审法官

庭前审查并不是庭审程序，但却是庭审的基础，决定着庭审的方式。庭前审查对于控方的指控进行形式化审查，符合程序要求的就要开庭审理。相对于庭审来说，庭前审查是一个独立的程序性审查，法官对于案件事实和证据的看法并不会受此阶段的影响。但是，我国的实践却并非如此，庭前审查对于法官产生预断的作用非常大，以致有法官在庭前审查阶段就对案件事实和证据形成了固定的看法，庭审只是法官用以肯定和确认自己先前看法的活动，或者有法官根本就不重视庭审的作用，致使庭审走过场，这种现象也被称为"先定后审"。① 在庭前审查中，有的法官和检察官就交换意见，有些影响比较大的案件，当地的政法委还会出面协调，这些都会使法官先入为主，形成被告人有罪的意见，庭审的必要性大大降低。

我国在1996年《刑事诉讼法》修正时，为了解决法官先定后审的问题，废除了卷宗移送主义，规定检察机关向法院提起公诉时，只移送起诉书、证据目录、证人名单和主要证据复印件或者照片②，以此来隔断庭前审查对庭审的影响。但是实践效果并不理想，反而导致了法官更依赖庭下阅卷作出判决的乱象，这主要是因为法官的业务能力以及相应的制度没有跟上。2012年修正《刑诉法》时恢复了卷宗移送主义，检察机关全卷移送证据和材料。

对此，有观点主张要废除庭前审查，笔者对此并不认同，庭前审查的目的是审查对于被告人的指控是否存在以决定是否需要审判而不是事先解决被告人的罪刑问题，庭前审查并不必然引起先定后审。世界上不少国家都规定有庭前审查，如美国的大陪审团审查起诉制度和法国的预审制度等。其实引起先定后审的根本原因是庭审法官在庭审前就接触了证据，不可避免地产生了有罪判决的倾向，所以要实现庭审前庭审法官与证据的切割。我国可以尝试在庭审审查中设置专门的预审法官负责审查，预审法官不得担任庭审法官。我国曾经确立过类似的制度，1956年最高人民法院在《刑事程序审判总结》中规定由预审庭

---

① 参见卞建林：《直接言词原则与庭审方式改革》，载《中国法学》1995年第6期。

② 参见1996《刑事诉讼法》第150条。

对公诉案件进行审查，以决定是否交付庭审，当时产生了不错的效果。

2. 集中审理原则与庭审更新

集中审理原则是直接言词原则的衍生原则，是指“法院开庭审理案件，应在不更换审判人员的条件下连续进行，不得中断审理的诉讼原则”①。集中审理原则主要包括以下内容：一个案件由一个审判庭自始至终地审理下去，案件终结之前，审判庭不能审理其他案件；审判庭成员应在审理时一直在场（包括负责审理的法官、陪审员以及在庭旁听的法官、陪审员）且不能更换，否则需要重新进行审理；证据调查和法庭辩论要在控辩审三方都在场的情况下，在法庭上集中进行；庭审应当持续不间断地进行，除非有法定事由出现，庭审结束后应快速作出判决。②

集中审理原则能够保证庭审快速、高效地进行，保障被告人的迅速审判权，实现控辩双方平等对抗，排除法官偏见，防止案件久拖不决，实现诉讼的实体公正和程序公正。我国台湾地区有学者对此评价道：“在此审理密集原则下，可促使法官在对其审理诉讼客体之内容记忆尚极清新时，即行判决，一方面可及早结案，另一方面亦可以免因中断后，续行审理时，因为法官对于诉讼客体已是记忆模糊，而未能作成公平合理之判决。”③集中审理原则也成为世界上不少国家的审理原则，如法国④、日本⑤、意大利⑥等。相比较来说，我国虽然有审判的期限之规定，但没有明确规定集中审理原则，实践中违反集中审理原则的现象也很普遍。例如，合议庭交叉审理案件，一个案件中止审理后，合议庭成员又参加其他案件的审理；审理中更换审判员或者人民陪审员比较随意，缺少程序规

---

① 中国大百科全书出版社编辑部编：《中国大百科全书》（法学卷），中国大百科全书出版社1984年版，第29页。转引自陈卫东、刘计划：《论集中审理原则与合议庭功能的强化——兼评〈关于人民法院合议庭工作的若干规定〉》，载《中国法学》2003年第1期。

② 参见陈卫东、刘计划：《论集中审理原则与合议庭功能的强化——兼评〈关于人民法院合议庭工作的若干规定〉》，载《中国法学》2003年第1期。

③ 林山田：《刑事诉讼程序之基本原则》，载中国政法大学刑诉法教研室编：《程序法论》，第360页。

④ 《法国刑事诉讼法》第307条规定：“审理不得中断，应当持续进行至重罪法院作出裁定，宣布审判结束为止。在法官和被告人必要的用餐时间内，审理可以暂停。”

⑤ 《日本刑事诉讼规则》第179条之二规定：“法院对需要审理2日以上的案件，应当尽可能连日开庭，连续审理。”

⑥ 《意大利刑事诉讼法》第477条规定：“法官只能根据绝对的必要性中断法庭审理。”

范;延期审理普遍,延期的时间再长都不会更新审判;法庭的当庭宣判率较低等。

以上问题都在破坏着诉讼的公正和高效,侵害了被告人的迅速审判权,也阻碍着直接言词原则的实现。我国最高人民法院2002年8月12日公布了《关于人民法院合议庭工作的若干规定》,对审判中的审判员以及人民陪审员的更换作了规范,但没有建立更换审判员和人民陪审员后的更新审判制度,没有做到制度的衔接和配套,不能发挥制度间的综合联动作用,无助于解决违反集中审理的实践问题。虽然,2021《高法解释》第214条规定,“开庭审理和评议案件,应当由同一合议庭进行”。第301条第1款规定“庭审结束后、评议前,部分合议庭成员不能继续履行审判职责的,人民法院应当依法更换合议庭组成人员,重新开庭审理。”此外,最高人民法院《关于进一步加强合议庭职责的若干规定》第5条还规定:“开庭审理时,合议庭全体成员应当共同参加,不得缺席、中途退庭或者从事与该庭审无关的活动。……”但是,对于开庭审理过程中,更换非主审法官的合议庭成员或者人民陪审员是否需要重新开庭,并没有具体规定。因此,笔者认为,可以借鉴其他国家或地区的成熟经验①,建立我国的庭审更新制度,在审判员和人民陪审员更换的情况下,根据需要进行庭审更新;在延期审理或者中止审理较长时间的情况下再开庭审理的,也要进行庭审更新,重新进行证据调查和法庭辩论,以保证诉讼的公正。

(二)证据裁判原则

证据裁判原则是指“诉讼中司法人员认定案件事实必须以证据为依据”②,证据裁判原则也是现代刑事诉讼的一项基本原则,如《日本刑事诉讼法》第317条之规定以及《法国刑事诉讼法》第427条之规定③。证据裁判原则包括正反两方面的内容:一方面,认定案件事实必须依据证据;另一方面,如果没有相关

---

① 比如日本规定了庭审更新的情形和具体的更换程序;意大利规定了庭审中止审理后10天就要进行庭审更新;我国台湾地区则规定庭审中止审理不得超过15天,否则也要更新庭审。

② 陈光中:《证据裁判原则若干问题之探讨》,载《中共浙江省委党校学报》2014年第6期。

③ 《日本刑事诉讼法》第317条规定,“认定事实应当依据证据”;《法国刑事诉讼法》第427条规定:“除法律另有规定外,罪行可通过各种证据予以确定……法官只能以提交审理并经双方辩论的证据为依据作出判决。”

证据，不得对有关的案件事实进行确认。在这里，“没有证据”既包括没有任何证据的情形，也包括有证据但证据并不充分的情形。证据裁判原则是对神判方式的否定与进步，是诉讼文明的体现；证据裁判原则也是无罪推定的体现，既然有证据始能推定被告之犯罪事实，即亦表示被告受到无罪推定之保护，在确认能够推定其犯罪事实的证据之前，被告应受无罪之推定，此即无罪推定原则之展现。① 证据裁判原则也能防止法官的主观臆断，增强判决的科学性和正当性，有助于查明案件事实。

我国刑事诉讼法并没有确立证据裁判原则，但2021《高法解释》规定了此原则以指导审判②，在贯彻证据裁判原则时，需要明确以下几个问题：

1. 何为“案件事实”？

《刑事诉讼法》第198条第1款规定：“法庭审理过程中，对与定罪、量刑有关的事实、证据都应当进行调查、辩论。”这里规定了证据要证明的案件事实的范围，但对于“事实”本身则语焉不详。

笔者认为，案件事实应当包括以下几个内容：

(1)客观的案件事实。这是指在过去发生的本来事实，不以人的意志为转移、改变的事实，是一种自然事实。如甲基于仇恨在一个夜晚用毒药杀死了乙，被丙目击举报后归案，甲杀死乙这件事情本身就是客观的案件事实。

(2)控辩双方主张的事实。这是指控方在法庭上向法院指控的事实以及辩方在法庭答辩时所辩称的事实。控辩双方主张的事实不一定与客观的案件事实相符，如在前述案件中，控方指控甲毒杀了乙，这是控方主张的事实；但被告人甲辩称是乙自己不小心喝下了毒药，自己去救乙时乙已经死亡，这里乙自己喝下毒药，甲去救乙就是甲主张的事实。

(3)认定的事实。这是指法院经过庭审后，根据证据和辩论作出的判决中认定的事实。例如，法院经过审理，认定甲杀害了乙，但不是用毒药，而是看乙自己服毒后没有死亡就用手掐死了乙。认定的事实是法律上的事实，也不一定与客观的案件事实一致，但却是三种事实里唯一产生法律效力的事实。

---

① 参见林钰雄：《刑事诉讼法》，中国人民大学出版社2005年版。

② 2021《高法解释》第69条规定：“认定案件事实，必须以证据为依据。”

最好的结果当然是认定的事实与客观的案件事实一致,但是由于人的认识能力是有限的,还有其他因素如时间、证据灭失、证人记忆模糊等的影响,最后的认识事实不一定与客观的案件事实一致,这更需要在庭审中贯彻证据裁判原则,用最能够发现客观的案件事实的手段——证据来达到客观事实与法律事实的统一。

2. 裁判的证明标准

我国的法定证明标准为“案件事实清楚,证据确实充分”,这是一个笼统的标准,审判实践中很难把握。2018 年修正《刑事诉讼法》时对此进行了细化①,引入了英美法系中的排除合理怀疑。但何为“排除合理怀疑”,又是一个待解决的问题。在实行排除合理怀疑标准的国家,对此标准也没有清晰明了的界定。一般认为,排除合理怀疑并不是指充分的确定,而只是一种高度的盖然性,“即最大限度地接近确定性,尚未达到‘确定性’的程度,用概率来表示就是95%以上确定即可”。② 这样的标准能否适应我国的司法实践还有待观察,毕竟长期以来我国实行的是确实充分的标准,和英美法系国家的证明传统也不一样。对于排除合理怀疑,全国人大常委会法工委的理解是:“‘排除合理怀疑’是指对认定的事实,已没有符合常理的、有根据的怀疑,实际上达到确信的程度。”③这里的“确信”要比“确实”程度低一些,只要法官根据证据达到相信被告人有罪或无罪的程度即可,至于是否一定与客观案件事实相符则是未必。另外,高法解释中也有对证明标准的理解,如 2021《高法解释》第 140 条第 4 项规定对被告人定罪要“根据证据认定案件事实足以排除合理怀疑,结论具有唯一性”,这里的“排除合理怀疑”和“唯一性”是并列关系还是递进关系抑或是包容关系呢。很显然,唯一性标准并不比排除合理怀疑低,所以二者不是包容关系;唯一是只有一个,仅有一个,除此无二的意思,和排除合理怀疑相近,二者中间用逗号隔开,所以应当是并列关系。但是,这样一个证明标准是否适用于所有

① 《刑事诉讼法》第 55 条第 2 款规定:“证据确实、充分,应当符合以下条件:(一)定罪量刑的事实都有证据证明;(二)据以定案的证据均经法定程序查证属实;(三)综合全案证据,对所认定事实已排除合理怀疑。”

② 陈光中:《证据裁判原则若干问题之探讨》,载《中共浙江省委党校学报》2014 年第 6 期。

③ 全国人大常委会法制工作委员会编:《关于修改中华人民共和国刑事诉讼法的决定条文说明、立法理由及相关规定》,北京大学出版社 2012 年版,第 53 页。

的刑事案件呢,笔者认为并不尽然。对于案件性质轻微、简单,被告人已经认罪的案件,适用排除合理怀疑即可;只有对于那些案情重大、复杂、被告人拒绝认罪或者控辩双方有很大争议的案件才能适用排除合理怀疑加唯一性的证明标准,否则就是无端地增加了证明的难度。在张氏叔侄强奸再审案中,原审认定张氏叔侄实施了强奸犯罪行为。然而,随着时间推移和对证据的进一步审查,发现原有的证据存在诸多问题,原审证明标准根本达不到唯一性的标准。例如,部分证人证言存在诱导性询问的痕迹,且关键物证的提取和保管过程不符合规范。这些证据都没有排除,也没有排除合理怀疑。根据证据裁判原则,这些存在问题的证据不能作为认定案件事实的依据。再审法院在重新审视证据的基础上,最终认定张氏叔侄无罪。

3. 刑事证据规则体系的建立

证据裁判原则要求以证据作为裁判的基础,而对证据的收集、固定、保存、举证、质证、认证等一系列活动,则需要一定的规则加以规范,否则刑事诉讼中的证据运用就无从展开,这种规范证据的收集、审查、判断的规则就是证据规则。[①] 证据规则的作用,首先在于规范刑事诉讼中的一系列有关证据的行为,使这些行为有序、平稳、规范、合法地进行;证据规则保障了当事人的诉讼权利,如传闻证据规则能够保障被告人的对质权;证据规则还能遏制公权力的滥用,制约司法腐败和蛮横,如非法证据排除规则能够遏制侦查权力,保护被告人的人身权利;证据规则能够提高证据的可靠性,有助于发现案件真实。

与国外庞大繁杂的证据规则相比,我国的刑事诉讼证据规则还没有建立起体系,单个的各种证据规则也需完备,总体上呈现规定较少、原则性强、可操作性差的特点,还不能完全满足实践中各种诉讼活动的指导需求,尤其是对于庭审来说,庭审中的举证、质证、认证过程都是针对证据的活动,而与此相关的证据规则不是空白就是只具备证据规则的框架,如传闻证据规则的缺失是导致证人出庭率低的主要原因;非法证据规则虽然初步确立,但实践效果差(前文有所论述);口供补强规则还需进一步完善等。

对于我国证据规则体系的构建,学者进行了大量的研究,提出了各种设想

① 参见陈光中主编:《证据法学》,法律出版社2013年版,第231页。

和建议,由于成果较多,笔者就不再作详细介绍,也不欲就如何构建我国的证据规则体系进行专门的阐述。笔者在此只介绍一种个人比较赞同的观点,此种观点对于庭审中心主义的建立颇有针对性。此观点认为,刑事证据规则的根本目的在于服务证明活动,所以其构建应当围绕证明活动和诉讼进程。证明活动分为取证、举证、质证、认证,证据规则也相应分为取证规则、举证规则、质证规则、认证规则。取证规则主要包括:询问规则、讯问规则、搜查规则、辨认规则、勘验规则、检查规则、实验规则、鉴定规则、证据保全规则、法院取证规则等。举证规则主要包括:无罪推定规则、举证责任分配规则、举证责任转移规则、举证责任倒置规则、免于举证规则、审前证据交换规则、举证方法规则、举证程序规则、举证时限规则、补充举证规则等。质证规则主要包括:作证义务规则、免证权规则、强制出庭规则、出庭宣誓规则、证人陈述规则、意见证据规则、主询问规则、交叉询问规则、质证程序规则、保护证人规则等。认证规则主要包括:认证程式规则(当庭认证规则、合议认证规则)、采用标准规则(关联性规则、客观性规则、合法性规则)、非法证据排除规则(包括例外规则)、传闻证据排除规则(包括例外规则)、最佳证据规则(包括次佳证据规则)、补强证据规则、品格证据规则、司法认知规则、采信标准规则(确实性规则、充分性规则)、公开“心证”规则等。①

三、完善证据开示制度

证据开示也叫“证据交换”,是指控辩双方在法庭调查前向对方展示己方证据的制度。证据开示被广泛应用于英美法系国家,是对抗式庭审中一项重要的制度。证据开示是一种收集证据的手段,通过交换控方获取没有收集到的关于被告人的证据信息,辩方则会获取控方收集的证据信息。对于辩方来说,证据开示的最大价值就是获取对被告人有利的证据。控辩双方开示交换的证据包括:一是双方将要在庭审中使用的证据,无论是物证、书证还是拟出庭证人的必要个人信息等,这是证据开示的主要内容;二是与案件有关的信息,如被告人答辩无罪的,要向辩方开示答辩无罪的内容(如不在犯罪现场)以及证明此内

① 参见何家弘:《中国刑事证据规则体系之构想》,载《法学家》2001年第6期。

容的证据。另外，控方还要向辩方开示其已经收集但不准备使用的证据，虽然控方并不会在法庭上使用这种证据，但是这些证据依然可能会对被告人有着重要的价值，特别是无罪证据。

证据开示对于刑事诉讼具有很重要的价值，对于控辩审三方都有着积极的意义，主要体现为以下几方面。

（一）证据开示对于诉讼的价值

证据开示制度能促进诉讼公正，提高诉讼效率，从而保证诉讼质量。

1. 促进诉讼公正

刑事诉讼的一个基本原则是公开原则，公开原则不仅包括审判公开，还包括控诉公开和辩护公开。[①] 控诉公开是控方要将指控的罪名和理由向辩方公开，以方便辩方辩护；辩护公开则相反，是辩方将自己的辩护材料向控方公开，这是为了防止双方搞证据突袭，保证控辩有序进行。由于控辩双方都参与了证据开示，所以满足了程序参与原则，提升了双方对于判决的信服度。控辩双方所担负的诉讼职能不同，决定了双方收集证据能力的差别。控方代表国家，依靠公权力收集证据；而辩方只是公民个体，能力有限。如果不能依靠制度的强制让辩方获知对方的证据情况，那么辩方不可能与控方进行平等的较量，刑事诉讼就会沦为失衡的竞技场。为了切断法官与庭审前证据的联系，有的国家设立了起诉状一本主义，防止法官产生预断。但是这同时导致辩方不知悉控方的证据，控辩失衡，而证据开示解决了这个弊端。

2. 提升诉讼效率

首先，通过证据开示，控辩双方互相了解了对方的证据，控方会在此基础上有的放矢，准确地提起公诉，避免因掌握不到关键证据（如对无罪被告人来说，其不在犯罪现场的证据）而发生错误，使之前进行的诉讼活动功亏一篑；辩方在掌握了控方证据的基础上，可以有针对性地准备辩护，提高辩护的质量。双方围绕有争议的事实和证据展开诉讼活动，不再漫无目的地对抗，从而缩短了

---

① 参见潘金贵：《论刑事证据开示制度的价值基础——基于公正与效率的分析》，载《广西民族学院学报（哲学社会科学版）》2004 年第 2 期。

诉讼时间,节省了诉讼资源,提高了诉讼效率。其次,证据开示后,控辩双方可以根据证据的情况决定适用简易程序或者辩诉交易,简化审判,更高效地处理案件。对此,国外有学者指出:“经过证据开示,对被指控案件的全面正确的估计会产生更多的有罪答辩。欲作出有罪答辩的被告人,一旦对指控其犯罪的案件的严重程度有正确的估计,很可能比较迅速地作出有罪答辩。这肯定会提高司法运作的效率。”①

在前文已经介绍英美法系国家的证据开示制度,这里就不再赘述。英美法系国家实行证据开示与其诉讼模式和相关证据规则体系分不开,反对证据开示的观点认为,证据开示会产生威胁证人、影响证人出庭的风险;庭前进行证据开示会弱化庭审中的证据调查和法庭辩论等。② 虽然我国的诉讼模式与当事人主义诉讼模式有很大差别,也没有建立证据规则体系,但是我国要加强庭审对抗的司法改革趋势决定了证据开示对于构建我国快速、高效、高质量的庭审是非常有必要的,尤其是在控辩双方收集证据能力悬殊的情况下,证据开示无疑是一个提高控辩双方对抗平等性的捷径。

(二)我国证据开示制度的构建

1. 我国现有的有关证据开示的规定

我国《刑事诉讼法》以及《高法解释》《高检规则》都对于控辩双方相互交换证据作了规定,如《刑事诉讼法》第 40 条规定:“辩护律师自人民检察院对案件审查起诉之日起,可以查阅、摘抄、复制本案的案卷材料。其他辩护人经人民法院、人民检察院许可,也可以查阅、摘抄、复制上述材料。”第 42 条规定:“辩护人收集的有关犯罪嫌疑人不在犯罪现场、未达到刑事责任年龄、属于依法不负刑事责任的精神病人的证据,应当及时告知公安机关、人民检察院。”高法解释和高检规则对于律师查阅证据的地点和方式作了细化,如 2021《高法解释》第 53 条:“辩护律师可以查阅、摘抄、复制案卷材料。……人民法院应当提供方

---

① David Sunman, Advancing Disclosure: *Can the Rules for Advance Information in the Magistrate's Court be improved*?, Criminal Law Review, Vol, November, 1998. 转引自潘金贵:《论刑事证据开示制度的价值基础——基于公正与效率的分析》,载《广西民族学院学报(哲学社会科学版)》2004 年第 2 期。

② 参见龙宗智:《刑事诉讼中的证据开示制度研究(上)》,载《政法论坛》1998 年第 1 期。

便，并保证必要的时间。……复制案卷材料可以采用复印、拍照、扫描、电子数据拷贝等方式。”2019《高检规则》第49条第1、2款规定：“辩护律师或者经过许可的其他辩护人到人民检察院查阅、摘抄、复制本案的案卷材料，由负责案件管理的部门及时安排，由办案部门提供案卷材料。因办案部门工作等原因无法及时安排的，应当向辩护人说明，并自即日起三个工作日以内安排辩护人阅卷，办案部门应当予以配合。人民检察院应当为辩护人查阅、摘抄、复制案卷材料设置专门的场所或者电子卷宗阅卷终端设备。必要时，人民检察院可以派员在场协助。”这些规定都具有证据开示的色彩，但严格地说，更大程度是辩护律师的阅卷权，所以还需要建立系统完整的证据开示。

2. 我国证据开示制度的构建

第一，证据开示的原则。我国证据开示应当采取全面开示、对等开示。全面开示，是指控辩双方应当将自己收集到的所有证据都向对方开示，不管是将要在庭审中使用的还是不准备使用的。对等开示就是说证据开示是控辩双方共同的责任而非单方责任，即证据开示的主体应该是检察机关和辩护律师，这有利于控辩平等。“证据展示应是双向的，如果仅由控方向辩方展示，必然使公诉天平失衡，对控方有失公正，对查明案情，是有害无益的。”①

第二，证据开示的范围。证据开示到底可以开示哪些证据，是证据开示的实质性内容。从宏观角度来说，应当是双方收集到的所有证据，包括准备在庭审中使用的证据以及不准备使用的证据，尤其是控方，应当开示对被告人有利的证据。具体来说，对于控方，在侦查、起诉阶段收集的所有证据都应当开示。当然，这里的证据应当与案件事实有关联，如果是诉讼过程中的一些程序性文件，即使包含有证据的内容，也没有必要进入开示的范围。总体来说，就是要包括侦查机关移送的案卷材料和公诉部门补充侦查的案卷材料。对于与被告人定罪量刑有关的证据要强制开示，双方无争议的，可以不开示。对于一些程序性的证据，双方可以自愿开示，一方请求时，才可以强制开示。对于辩方，根据无罪推定和不得强迫自证其罪的精神，只需要开示准备在庭审中使用的证据，但是能够证明被告人无罪、不在犯罪现场等有利于被告人的证据，必须开示。

---

① 覃卫、王会甫：《试行庭前证据展示制度的操作思考》，载《中国刑事法杂志》2001年第5期。

对于涉及国家秘密、商业秘密以及个人隐私的证据,可以不开示,但双方有争议且对被告人的定罪量刑有直接影响的,应当由法院决定是否可以开示。

此外,所有与定罪量刑有关的证据均应开示。例如,现在颇具争议的同步录音录像的开示问题。2013 年最高人民法院刑事审判第二庭《关于辩护律师能否复制侦查机关讯问录像问题的批复》,该批复针对广东省高级人民法院的请示作出答复。内容为:“根据《中华人民共和国刑事诉讼法》第三十八条和最高人民法院《关于适用〈中华人民共和国刑事诉讼法〉的解释》第四十七条的规定,自人民检察院对案件审查起诉之日起,辩护律师可以查阅、摘抄、复制案卷材料,但其中涉及国家秘密、个人隐私的,应严格履行保密义务。你院请示的案件,侦查机关对被告人的讯问录音录像已经作为证据材料向人民法院移送并已在庭审中播放,不属于依法不能公开的材料,在辩护律师提出要求复制有关录音录像的情况下,应当准许。”不过该批复具有一定的局限性,其表达的意思是如果同步讯问录音录像已经当庭播放了,就可以复制,但并没有规定如果没有播放,是否可以复制。而且根据最高人民检察院法律政策研究室《关于辩护人要求查阅、复制讯问录音、录像如何处理的答复》,案卷材料包括案件的诉讼文书和证据材料,而讯问犯罪嫌疑人录音、录像不是诉讼文书和证据材料,属于案卷材料之外的其他与案件有关的材料,未经许可辩护人无权查阅、复制。现行的一般规定及实践做法是,多数法院依据 2021 年 3 月 1 日施行的《高法解释》第 54 条规定,认为对作为证据材料向人民法院移送的讯问录音录像,辩护律师申请查阅的,人民法院应当准许,但对于复制未再作明确要求,所以通常不允许辩护人复制同步录音录像。由于缺乏明确的规定,部分司法机关还存在错误认识,即所有录音录像都不允许辩护人复制,如现场勘查、指认、辨认的同步录音录像以及搜查的同步录音录像等。实务中一般认为,同步录音录像是侦查机关对犯罪嫌疑人、被告人所作的审讯记录的音像载体,其功能主要在于证实讯问过程的合法性①。笔者认为,在案所有证据均应予以开示,包括同步录音录像。理由是要保持控辩平等,公诉人掌握的证据材料,辩护人均应当拥有。同理,辩

① 参见左大鹏:《同步录音录像的双重证据性质及其审查判断》,载《黑龙江省政法管理干部学院学报》2022 年第 3 期。

护人收集的所有证据，公诉人也应当拥有。辩护人复制同步录音录像是办理案件的需要，一旦辩护人将同步录音录像用于非法用途，就可以依据《律师法》等相关法律予以处理，情节严重的甚至涉嫌违法犯罪。有法院允许辩护人去法院办公区查看同步录音录像，这种做法虽然是一种进步，但是同步录音录像时间较长，而法院有正常的上班时间，辩护人每天按照法院上班时间去查看同步录音录像，一是会耗费大量时间，有些案件按照法院上班时间完整查看同步录音录像，可能要按月计算。二是占用法院的司法资源，一般情况下，律师查看同步录音录像时，会有书记员在旁“监督”。而且也耗费辩护人的时间成本，律师每天都去法院“上班”查看同步录音录像，不仅耗费大量的路途成本，如果辩护人是外地的，还将产生不必要的住宿、餐饮等成本。而如果允许辩护人复制同步录音录像，律师不仅可以随时随地查看同步录音录像，而且可以反复查看，对办理案件的帮助是非常大的。要确定一个司法理念，辩护人对案件的梳理不仅是履行辩护职责，更加有助于法官查明案情，尤其是对证据合法性、客观性的判断起到帮助作用。

第三，开示的时间和地点。为了保证庭审顺利进行，开示的时间宜放在庭前准备阶段。庭前会议制度主要解决庭审中的一些程序性问题，笔者认为可以把证据开示放在庭前会议中进行，这样一来法院就不用单独召集人员进行证据开示，节省了时间。而且还可以和其他证据问题如非法证据一起解决，能够提高诉讼效率。开示的地点主要在法院，我国重新实行卷宗移送主义后，控方要把所有的证据移送给法院，所以法院是最理想的开示场所，法官可以对开示中出现的问题随时作出裁定。对于检察机关没有移送的不准备在庭审中使用的证据，辩方可以请求到检察院的相关部门开示，也可以申请法院调取证据在法院进行开示。

第四，违反证据开示的制裁。任何一项制度都要有制裁措施，才能获得有效的落实。同步录音录像对辩方开示的核心是辩护律师查阅、复制同步录音录像的权利①，如果不对证据开示设置制裁措施，对于控方来说，就没有约束，证据开示就难以展开。为此，需要对违反证据开示的主体进行制裁。根据违反的

① 参见余沁：《同步录音录像口供功能的证成及适用》，载《证据科学》2023年第1期。

程度轻重以及证据的重要性,可以设置“递进式”制裁,有学者如此建议:要求违反开示的一方庭下开示,给对方一定的准备时间,开示后的证据才能提交庭审;决定延期审理,证据开示后再恢复审理;对于没有开示的证据,不得进入庭审使用;因违反证据开示而给对方造成经济损失的,要承担经济责任。[①] 这几项制裁措施中,禁止未经开示的证据进入庭审使用是最严厉的。为了使控辩双方,特别是控方不以例外为由违反开示义务,应赋予法院司法审查权,对例外事由进行审查,作出相关裁定。

四、强化关键证人出庭作证制度

(一)证人出庭作证的反思

提到我国的证人作证制度,恐怕很多专业人士或者学者的第一印象就是证人出庭作证率低,所以要增加证人出庭作证的比例,越高越好。学界有许多的论文在探讨这个问题,也给出了非常多的建议和对策,笔者在此就不作列举。这里,笔者想探讨两个问题:为什么证人要出庭作证?所有案件证人出庭作证有必要吗?

1. 证人为什么要出庭作证?

学界对于证人出庭作证的价值可谓有多重阐述,如直接言词原则的要求、传闻证据规则的要求、平等武装原则的要求、诉讼公正的要求等,这些确实都是证人出庭作证的积极作用。证人出庭作证最直接、最根本的目的还是客观再现案件事实。审判就是一种发现案件事实的活动,控辩审三方在法庭上的一切行为的目的就是发现案件真实,解决被告人的罪责问题。司法诉讼与其他纠纷解决方式的本质区别就在于由中立的法官作出权威的判决,当事人双方必须服从遵守,它不像私力救济可以凭借个人的强力而不讲证据,也不像家庭会议一样可以依靠家长的威严和成员之间的亲情而化解矛盾。司法诉讼是一场充满理性和竞技技巧的比赛,比赛的结果是残酷的,因为输的一方要么面临着冤屈无

① 参见龙宗智:《刑事诉讼中的证据开示制度研究(下)》,载《政法论坛》1998年第2期。

法洗刷、正义得不到伸张的职业耻辱和舆论谴责,要么面临着自己人身自由甚至生命被剥夺。控辩双方极力追求案件事实或者掩盖案件真相,这一切都由法官最后定夺。对于法官而言,他并不会承受控辩双方可能遭受的诉讼后果,但是职业道德和良心要求他要尽力发现案件事实,不冤不纵。而无论是法官还是控辩双方,借以发现案件事实的工具或者手段只有证据,证据的真实性或者可靠性就成为关键。证人也叫人证,被看作是发现案件事实的一种重要手段,这种手段要在法庭上才能最大程度地保证其可靠性。在庭下,证人容易受到各种干扰和威胁,改变其证言。所以,证人出庭作证的最重要作用就是保证证言的可靠性。

无论是直接言词原则还是传闻证据规则,都指向一个问题:被告人的对质权。被告人在庭审中享有同对自己不利的证人对质的权利,是被告人辩护权的一项衍生权利,被告人的辩护权则是追究被告人刑事责任时必须给予被告人的一项诉讼权利,否则刑事诉讼就成了任意迫害。如果说被告人对于和案件有利害关系的法官可以申请回避以防不公的话,那么被告人与对自己不利的证人对质的权利也应当被保障,两者的机理殊途同归。虽然,有时即使对被告人有利的证人出庭也不会改变被告人被判有罪的事实,但起码实现了程序公正,使被告人对于判决能够信服,减少上诉的可能,早日恢复破损的社会关系。证人出庭的权利保障功能,既为刑事司法的国际标准所明文确立,也被域外主要国家的刑事诉讼立法所普遍遵循①。

2. 所有证人都有出庭作证的必要吗?

如果不计算时间成本和经济成本,很显然所有的证人出庭作证接受质询,被告人的所有诉讼权利都得到落实是最理想的诉讼图景。但是,诉讼的价值有多种,公正是首位,其他如效率、权威等位居其下。现实生活中,多重因素的交织使得诉讼的价值发生了微调,公正依然在首位,但是为了同步实现其他诉讼价值,公正可以被适当地牺牲。例如,被告人因涉嫌一项重罪被关押,但是关押的环境让被告人很痛苦,为了尽早摆脱这个环境,被告人宁可承认犯罪,选择简

① 参见鲍文强:《庭审实质化下强化证人出庭的规范再造》,载《国家检察官学院学报》2024 年第 5 期。

易程序实现迅速审判,而不再等待适用更为复杂、耗时更长的普通程序,那么这时证人出庭就没有必要。在这里,被告人牺牲了部分公正而选择了效率,实现迅速审判。实践中很多案件都是如此,被告人自己都不太在意证人是否出庭,特别是在被告人已经认罪的案件中,再强令证人出庭实属多此一举。所以,并非所有证人都要出庭。

(二)强化我国的关键证人出庭作证

1. 为何我国的证人出庭难

司法实践中,受刑事证人素质或现行法律的影响,刑事诉讼证人出庭率长期处于低位①。笔者认为,造成我国证人出庭难的原因主要有两个:一是法官、公诉人、辩护律师都倾向于证人不出庭;二是在我国现行的审理制度下,证人没有出庭的必要。

第一个原因可能比较让人不能接受,按照学理分析,证人出庭有如此多的好处,尤其是对辩方来说,为什么控辩审三方都倾向于证人不出庭呢?原因很简单,各方都认为证人出庭会给己方带来麻烦或风险。对于法官来说,证人出庭涉及很多程序和工作(如通知证人、保护证人等),这会增加其工作量。对于公诉人来讲,除了面临前述法官面临的增加工作量问题外,还担心证人被律师问出破绽从而影响本方的证明力。对于最希望证人出庭的辩论律师来讲,证人出庭虽然提供了质询的机会,但是控方证人作证后,通常不会改变证言,对其进行询问反而会激化证人对辩护律师及被告人的反对情绪,很多证人会更加坚定地坚持自己的证言,这也不是辩护律师想看到的;同样,辩护律师也担心本方的证人被公诉人问出漏洞,对证人出庭的意愿也不强烈。既然控辩审三方都不太希望证人出庭,证人自然就很少出庭,这是导致我国证人出庭率低的现实原因之一。

第二个原因是我国的审判制度不需要证人出庭。我国没有英美法系国家庭审中的当事人对抗传统,法官作出判决主要依靠庭下翻阅案卷材料而不是庭

① 参见赵万里:《中国刑事诉讼中证人出庭作证难现状的分析与改善》,载《河南经济报》2024年9月7日,第10版。

审中的法庭调查和法庭辩论，证人出庭的基础就不存在了。即使证人出庭，法官也是用证人的当庭陈述去印证证言笔录，两者冲突时，法官更相信证言笔录而不是证人的当庭陈述。加之法官的判决还受其他因素影响，证人出庭作证对判决的影响力几乎为零。所以，我国的审判制度中没有证人作证的基础和必要性需求，多年的实践证实了这一点。

2. 现阶段只需强化关键证人出庭作证

根据以上分析，笔者认为现阶段我国并不需要证人大面积出庭，一是没有制度基础，二是没有审理需要，三是要考虑经济成本。我国刑事诉讼法也采取了此种思维，确立了让部分证人出庭作证的制度，作为以后证人出庭作证制度的探索和过渡。2018《刑诉法》第 192 条第 1 款规定："公诉人、当事人或者辩护人、诉讼代理人对证人证言有异议，且该证人证言对案件定罪量刑有重大影响，人民法院认为证人有必要出庭作证的，证人应当出庭作证。"该条款规定了在法定情形下，证人应当出庭作证。需注意，这里的证人出庭作证需要同时满足三个条件，缺一不可，而且最后证人是否要出庭作证由法院决定。《高法解释》和《高检规则》都对此作了相关的细化，该制度具备了可行性。并且，对于拒绝出庭作证的，《刑事诉讼法》和《高法解释》还规定了强制性的处罚措施①，为证人出庭提供了强有力支持。笔者认为，应当在此规定的基础上再予以细化，对何种情况才算"公诉人、当事人或者辩护人、诉讼代理人对证人证言有异议"、何为"对案件定罪量刑有重大影响"、"有必要出庭"的情形具体有哪些等予以明确，法院的自主裁量权没有清晰的界限，导致实践中的落实前景不乐观。笔者认为，应该加强对这些方面的细化规定，赋予控辩双方更多的决定权，加强对不出庭证人的处罚力度。先做好关键证人出庭作证制度，再逐步迈向普遍的证人作证制度。在薄熙来受贿、贪污、滥用职权案中，关键证人出庭作证对案件的审理起到了至关重要的作用。例如，一些涉及贿赂交易的证人出庭，直接面对被告人进行质证，使得案件事实更加清晰地呈现出来。这些证人的证言为认

---

① 《刑事诉讼法》第 193 条规定："经人民法院通知，证人没有正当理由不出庭作证的，人民法院可以强制其到庭，但是被告人的配偶、父母、子女除外。证人没有正当理由拒绝出庭或者出庭后拒绝作证的，予以训诫，情节严重的，经院长批准，处以十日以下的拘留。被处罚人对拘留决定不服的，可以向上一级人民法院申请复议。复议期间不停止执行。"

定犯罪事实提供了重要依据。而对于一些边缘性的证人,其证言对案件的核心事实影响不大,且考虑到诉讼效率等因素,可能就不需要出庭作证。这体现为在具体案件中,需要根据证人证言对案件定罪量刑的影响程度及诉讼的综合价值来判断证人是否有必要出庭。

五、完善交叉询问制度

交叉询问是一种主要针对证人的质询方法,主询问方通过交叉询问让法官或者陪审团相信自己的主张;而反询问方通过交叉询问找出证人的错误,推翻证人的证言,或者使法官、陪审团对证人产生怀疑,动摇对方证据的可靠性。关于英美法系的交叉询问程序和规则,笔者在前文已有介绍,此处不再赘述,直接就我国的交叉询问制度进行探讨。

宽泛地讲,我国存在对证人进行交叉询问的规定①,但总体来说,规定比较粗疏,条文不多,主要有以下问题:

第一,审问与询问并存,询问主体多,次序比较混乱。我国对证人进行询问的主体比较多,包括审判长、公诉人、被害人、被告人、诉讼代理人。这么多的主体就出现了主询问和反询问的次序问题。如被害人及其诉讼代理人的询问到底是主询问还是反询问,因为被害人及其诉讼代理人的询问是在公诉人询问之后进行的,但公诉人提出的证人并不是被害人提出的证人,这时就无法界分被害人及其诉讼代理人询问的性质。

第二,询问规则不合理。根据2021《高法解释》第261条第1款规定,我国绝对禁止对证人的诱导性询问,这与英美法系国家中的询问规则不同。对于主询问,其主要目的是让本方证人说出事实,证明自己的主张,所以不能采用诱导性询问;但对于对方证人的反询问,主要目的是推翻对方证人证言的可靠性,发现其中虚假的地方,当然可以采用诱导性询问。我国一概禁止诱导性询问,抑制了反询问的功能。

---

① 2021《高法解释》第261条第1款规定:“向证人发问应当遵循以下规则:(一)发问的内容应当与本案事实有关;(二)不得以诱导方式发问;(三)不得威胁证人;(四)不得损害证人的人格尊严。”

第三，询问的内容混乱，没有目的性。我国对于证人询问的内容没有明确的规定，司法实践中对于证人的询问没有针对性，犹如漫天撒网。主询问的一方通常向证人说："把你知道的情况说一下。"然后证人就按照事前交代的开始陈述；反询问时，有时证人会拒绝回答问题，甚至双方产生争吵。在询问过程中，对方还会频频举手反对。[①] 询问过程混乱，没有效用，连起码的形式都不规范。

在笔者代理的某起职务侵占案的庭审中，被害人及其诉讼代理人在公诉人询问证人之后也对证人进行了询问。由于我国没有明确区分这种询问的性质，导致在后续的庭审过程中，对于证人证言的可信度判断出现了混乱。同时，在询问过程中，由于禁止诱导询问的规定，抑制了反询问的功能，没有根据主询问和反询问的不同目的进行区分。为此，在我国强化关键证人出庭制度的情况下，及时完善交叉询问制度，才能与证人出庭相衔接，将证人出庭的功效发挥至最大。具体包括：

第一，调整询问主体，明确各个主体询问的性质。笔者认为，在一般的刑事案件中，被害人及其诉讼代理人不应该对证人进行询问。我国庭审中的职权主义色彩浓厚，法官可以询问证人，公诉人也可以询问证人，这两方的询问对于质证来讲已经足够了，没有必要再让被害人及其诉讼代理人进行询问。当然，在附带民事诉讼的刑事案件中，原、被告及其诉讼代理人可以询问，这是基于当事人的诉讼地位。另外，要明确询问的性质，我国的交叉询问分为主询问、反询问和补充询问（法官进行的询问），在询问过程中，应以主询问和反询问为主，以法官的补充询问为辅，主询问和反询问是对立统一的。

第二，建立合理的交叉询问规则。交叉询问规则具有评价证据和认定事实之功效，是有效实现质证权的制度载体，与发现案件真相、职权主义传统并不冲突[②]。我国庭审改革的方向是加强控辩双方对抗，但如前文所述，我国交叉询问的规则并不科学，没有界分清楚主询问和反询问的具体功能，采取了"一刀切"式的禁止规则规定。因此，要废除对于反询问不能采取诱导性询问的

① 参见陈岚：《我国刑事审判中交叉询问规则之建构》，载《法学评论》2009年第6期。

② 参见李锟：《刑事审判交叉询问规则的实践反思》，载《地方立法研究》2022年第2期。

规定。

第三,规范询问过程,确立反询问受制于主询问范围的规则。在交叉询问过程中,我国经常存在你问你的、我问我的,主询问和反询问不是围绕特定的事实和证据进行,导致询问混乱,效率低下。对此,应当确立反询问受制于主询问范围的规则,即反询问的内容应当限定在之前主询问的询问范围内,不得自行更改或者超出此范围,以保证询问的统一性和有序性。另外,法官的补充询问也应当尽量与主询问的范围保持一致,实现对证人的“一事一问”“一证据一问”。

六、推进判决说理制度

(一)我国判决说理问题的原因分析

前文论述了我国刑事判决说理制度存在的问题,包括文书制作粗糙、繁简不当,重证据罗列,轻证据和法理分析等现象,以及刑事判决说理呆板僵化、不系统、不科学和缺乏制度规范等问题[①],这些问题的出现主要有两个方面的原因:宏观层面和微观层面。

1. 宏观层面的原因

宏观层面的原因,是指超越了诉讼层面的社会因素,主要有政治和文化传统两方面。政治对于判决说理的影响是根本性的,它通过设定法院在国家权力体系中的地位来决定法官的地位,以此来影响判决书的功能和风格。例如,美国实行三权分立原则,司法权可以制约立法权和行政权,为了对立法权和行政权提出合理的制约理由,法院需要进行充分的说理展现其行为的正当性,故美国判决书的风格都比较张扬,善于说理。而与此相反的是法国,法国资产阶级革命后,司法权势微,法院分为行政法院和普通法院,法院的地位大不如前,法官同样如此。“法国法院几乎从不承认其在作出判决中具有任何评价性和创造性,而将判决作为认知性的适用现行法律的活动。”相反,美国最高法院公开承认,适用制定法并不仅仅是认知性地确定和适用现行法律,而可能需要创造

① 参见杨帆、蓝章湖:《我国刑事判决说理存在的问题与解决路径——以地方基层法院刑事判决说理为例的分析》,载《南京社会科学》2019年第7期。

性的判断。[①] 而在政治上，我国是有着两千多年封建专制历史的国家，司法权以及法院都是统治阶级的工具，行政权大于司法权，这个观念虽然在如今大大改观，但传统遗留的惯性还在。所以法官的创造性并不大。另外，在文化上，我国一向都提倡隐忍、谦逊。在公务机关中，工作人员要稳重、内敛，压制个性张扬，在言语、待人接物、文字风格等方面都是如此，体现在判决书中就是俗话说的"四平八稳"，没有个性的发挥空间。以彭宇案为例，一审判决书在说理方面存在严重不足。从宏观层面看，我国行政权大于司法权的传统观念在一定程度上影响了法官的判断和说理。在缺乏判例制度激励以及审判权被审委会等制度架空的情况下，法官在判决书中只是简单地认定彭宇与老人的碰撞事实，却没有充分的证据和合理的逻辑推理来支撑这一认定。判决书的模板化也使得法官在说理时缺乏个性和深度，未能充分回应社会公众对案件事实和法律适用的关切，最终导致该判决引发了广泛的社会争议，损害了司法公信力。

2. 微观层面的原因

微观层面的原因，是指具体诉讼制度的因素。首先，我国没有判例制度。判例制度对于判决书的说理起着激励作用。判决书不仅要说明具体案件定罪量刑的理由，以使当事人及社会信服；还会成为以后案件的指导，对整个历史都会产生影响。在判例制度下，法官的责任感和荣誉感有大幅度的提升，作为理性的人，任何人都期望在自己的领域内获得荣誉，法官就会愿意在判决书上花费精力和时间去作出令人信服足以载入史册的判决。不仅西方的法官如此，我国古代也有很多司法官撰写的判决书形式优美，内容深刻，极具文学性和观赏性。明代冯梦龙在《醒世恒言》中记载了一篇明代乔太守的判词。故事中存在几对男女因各种阴差阳错的情况而产生了婚姻纠葛，乔太守对这些复杂的婚姻关系进行判决。判决词为："弟代姊嫁，故伴嫂眠。爱女爱子，情在理中。一雌一雄，变出意外。移干柴近烈火，无怪其燃；以美玉配明珠，适获其偶。孙氏子因姊而得归，搂处子不用逾墙；刘氏女因嫂而得夫，怀吉士初非衒玉。相悦为婚，礼以义起。所厚者薄，事可权宜。使徐雅别婿裴九之儿，许裴政改娶孙郎之

---

① 孔祥俊：《法律解释方法与判解研究》，人民法院出版社2004年版。转引自魏胜强：《当面说理、强化修辞与重点推进——关于提高我国判决书制作水平的思考》，载《法律科学（西北政法大学学报）》2012年第5期。

配。夺人妇人亦夺其妇,两家恩怨,总息风波。独乐乐不若与人乐,三对夫妻,各谐鱼水。人虽兑换,十六两原只一斤;亲是交门,五百年决非错配。以爱及爱,伊父母自作冰人;非亲是亲,我官府权为月老。已经明断,各赴良期。”该判词充分展现了乔太守的智慧和对人情世故的理解,在不违反传统伦理道德的前提下,巧妙地解决了复杂的婚姻纠纷,使众人皆大欢喜,也体现出判词在处理案件时的灵活性和对人情的考量。其次,法官判决一定程度上存在理性不足,审委会等制度下,法官虽参加庭审,但最终裁判极大地受制于审委会意见。最后,我国裁判书采用的样式为最高法院模板,限制了法官的主观能动性。

(二)如何推进判决说理制度

“法律人的技艺,就是论证。”对这种技艺掌握得越好,就越容易成功。[①] 推进判决说理制度,需要解决以上问题,但是从现实性来说,宏观层面的问题短期内难以解决,所以现在可以先从微观层面做起,逐步改善,直至时机成熟再作全面改善。

1. 尝试建立具有我国特色的判例制度

建立我国的判例制度并不是要完全仿效判例法国家的做法,这不现实也不可能;而是要在我国诉讼体制的基础上,充分发挥最高人民法院和高级人民法院的指导作用。“在一国内部,裁判文书在创制先例方面的功能随裁判审级升高而逐渐增强,因为审级越高的法院在统一法制方面的作用越重要,体现政策性或立法性意旨的特征越明显,因而裁判文书在阐述理由时越有可能越过个案自身的事实而对法律关系进行全面的利益考量。”[②]最高人民法院和高级人民法院的一项主要职能就是指导下级法院的审判工作,这是它们建立判例制度的法律正当性来源。最高人民法院和高级人民法院聚集了全国或地区的优秀法律人才,有能力对案件进行高水平的说理论证,将同类型案件的判决书整理并撰写成册,将为下级人民法院的判决书撰写工作提供良好的学习素材。目前,我国推行的指导案例制度虽然是一个明显的进步,但也只是对类案判决的指

① 周光权:《判决充分说理与刑事指导案例制度》,载《法律适用》2014 年第 6 期。

② 傅郁林:《民事裁判文书的功能与风格》,载《中国社会科学》2000 年第 4 期。

导,说理部分仍然有待加强。①

2. 让参加庭审的法官真正作出判决

取消审委会等架空审判法官判决权的制度,还权于审判法官。前文已有论述,不再赘述。另外,在判决书的署名上,不能再格式化地写上合议庭成员、书记员的名字,而要写上真正制作判决书的人的名字,以此倒逼由审判法官制作判决书而不是由书记员或者其他人员制作。

3. 鼓励判决书适当的个性化,摆脱千篇一律地模板化、格式化

我国的刑事判决书用常见的 A4 纸打印出来,一般都是 3—5 页,字数在 3000—5000 字,理由大约占五分之一篇幅,且内容雷同。为此,需要加强案件事实如何与证据相联系的说理论证(如法官如何根据被告人的辩解认为被告人无罪),加强程序法理由的论证(如不公开审理的理由),加强对量刑的说理(如法官如何认定被告人的犯罪情节、动机、立功等)。对此部分的说理,可以适当允许法官用个性化的语言来阐释法律的证据,如法官可以从人道和伦理的角度阐释对被告人减轻处罚的理由,少数民族聚居区的法官还可以根据地区特色采用为当地少数民族所接受的语言风格和文字习惯来进行说理等。总之,判决书要打破模板化、格式化,实现释理多样化、人性化、实用化。②

4. 规范法庭调查程序

针对法庭调查虚化问题,需要规范法庭调查程序,明确不同主体在法庭调查中的职责和权利,如审判长、公诉人、辩护人等在询问证人、审查证据等方面的具体规则。建立合理的询问规则,区分主询问和反询问,允许在反询问中适当采用诱导性询问,以更好地挖掘证据的真实性和可靠性。同时,加强对证人出庭作证的保障和管理,提高证人出庭率,确保证人证言能够在法庭上得到充分的审查和核实。

---

① 我国目前建立的刑事指导案例制度中,入选的许多指导性案例"本院认为"部分说理明显不足,难以真正发挥指导功能。

② 实践中,我国也不乏精彩的判决书。如广东惠州市惠阳区人民法院作出的许霆案判决书,共计 12,265 字,判决说理 7000 余字。法官在说理部分突破传统,将说理分为"罪与非罪""此罪与彼罪""刑罚的衡量""最后的说明"四个独立部分并各自成段,不仅超越了传统判决文书格式,还创造性地加入法官判决心得,被不少学者和律师誉为"一份伟大的判决书"。参见周芳芳:《论刑事判决说理的"私人订制"——从一份"伟大"的判决书说起》,载《东方法学》2016 年第 3 期。

5. 强化判决说理制度

为了解决判决说理不足的问题,需要强化判决说理制度。法官在判决书中应详细阐述判决的依据和理由,包括对案件事实的认定过程、证据的分析和采信情况、法律的适用依据等。鼓励法官在说理过程中运用个性化的语言和方式,结合案件的具体情况进行深入分析,使判决更具说服力和公信力。同时,建立判例制度,为法官提供参考和借鉴,激励法官提高判决说理的质量。

七、严格落实和完善被害人出庭制度

(一)被害人出庭的相关依据

根据《刑事诉讼法》第 108 条第 2 项规定,“当事人”包括被害人,明确了被害人在刑事诉讼中的当事人地位,这是其出庭的基础法律身份认定。作为当事人,被害人享有申请回避权(对审判人员、检察人员和侦查人员等有权申请回避,并有权对驳回申请回避的决定申请复议)、委托代理权(有权委托诉讼代理人)、申诉控告权(对司法机关工作人员的某些违法行为进行申诉或控告,对已经发生法律效力的判决、裁定提出申诉)等权利。人民法院确定开庭日期后,应当将开庭的时间、地点通知人民检察院,传唤当事人(包括被害人),传票和通知书至迟在开庭三日以前送达。公诉人在法庭上宣读起诉书后,被害人可以就起诉书指控的犯罪进行陈述。在庭审中经审判长许可,被害人有权向证人、鉴定人发问,并且有权对证据和案件情况发表意见,还可以与辩护人等进行辩论。对于涉及商业秘密的案件,被害人有权申请不公开审理。与此同时,刑事诉讼法赋予了被害人参与庭审权,但在具体规则中没有对被害人出庭的相关程序、保障措施等进行细化和明确,导致在实践中存在较大的自由裁量空间,影响了被害人出庭权利的实现。对于证人,经人民法院通知,没有正当理由不出庭作证的,人民法院可以强制其到庭,但对于被害人,却没有类似的强制出庭规定,这在一定程度上导致被害人出庭率较低。

(二)被害人出庭的司法现状

作为刑事诉讼的当事人,被害人出庭对于实现庭审实质化具有重要意义。

虽然我国法律规定了被害人出庭制度,但受我国立法不够完善、法院重视不足以及被害人自身原因等因素综合影响,司法实践中公诉案件被害人出庭作证的比率很低,即便出庭作证也未能通过庭审对裁判结果的形成产生实质影响①。笔者曾作为一起职务侵占罪被害单位的诉讼代理人向法院递交手续,被法官拒绝。理由是职务侵占罪是公诉案件,既然有了公诉人,就不需要诉讼代理人,只有刑事附带民事诉讼的案件才可以委托诉讼代理人参加庭审。笔者出示相关的具体规定,法官研究并请示后才接收笔者的委托手续,并表示笔者是该院第一例非刑事附带民事诉讼案件的被害人的诉讼代理人参加庭审的案件。该法院显然存在错误认识,而这种错误认识不是只在该法院存在,据悉很多地方法院都存在这种错误认识。另外,所有案件的被害人均应被通知到庭,这也是法律的明确规定,并非只通知刑事附带民事诉讼案件的被害人到庭。另外,法律虽然规定法院应通知被害人出庭,但在实践中,对于参与庭审至关重要的起诉书,按规定只需向被告人和辩护人送达副本,无须向被害人送达,这损害了被害人的知情权,导致其在庭审中难以有针对性地实现诉讼权利。这个问题在司法实践中较为普遍,应予以纠正。

被害人出庭确实存在一些问题。例如,被害人出庭需要多次反复回忆并陈述被害经历,会加深其心理创伤,引起精神上的二次伤害,所以不愿出庭。又如,部分被害人可能作了虚假陈述或者部分虚假陈述从而不敢出庭作证与被告人对质,或者不敢出庭接受辩护人询问。虽然法律规定了被害人认为因在诉讼中作证,本人或者其近亲属的人身安全面临危险的,可以向人民法院、人民检察院、公安机关请求予以保护,但司法机关对被害人的保护力度相较于证人更弱,且在一些普通案件中需要被害人申请且司法机关认为确有必要方提供保护,这使得被害人因担心自身安全问题而不敢出庭。

(三)被害人出庭的制度完善

司法机关、社会组织等应为被害人提供专业的心理辅导服务,帮助其缓解心理压力,增强其出庭时的心理承受能力。同时,建立专门的被害人援助机构,

① 参见王小光、李琴:《被害人出庭作证的实证分析和制度构建》,载《法律适用》2017年第1期。

为被害人提供全方位的支持和帮助,鼓励其勇敢维护自己的合法权益。加强对被害人的诚信教育,让其认识到虚假陈述的法律后果。在案件侦查和审查起诉阶段,司法机关应严格审查被害人陈述的真实性,对于存在虚假陈述的被害人依法进行处理,维护司法公正。

法院应严格按照法律规定,及时、准确地向被害人送达开庭通知和起诉书副本等相关法律文书,保障被害人的知情权和参与权。建立健全通知送达的监督机制,对于未按规定通知被害人的行为进行严肃问责。司法机关应加大对被害人的保护力度,制定详细的被害人保护制度和措施。在案件审理过程中,对于存在安全风险的被害人,采取必要的保护措施,如提供安全场所、安排专人保护等。对于因作证而遭受报复的被害人,依法严厉打击报复行为,为被害人提供充分的法律保障。法院应树立正确的司法理念,积极支持被害人出庭,充分认识到被害人出庭对于查明案件事实、维护司法公正的重要意义。建立被害人出庭的激励机制,对于积极出庭的被害人给予适当的表彰和奖励,提高被害人出庭的积极性。

此外,立法机关应进一步细化刑事诉讼法中关于被害人出庭的相关规定,明确被害人出庭的条件、程序、权利保障等具体内容,减少法律适用的模糊性和不确定性。借鉴证人强制出庭制度,对于一些重大案件或者被害人陈述对案件定罪量刑有重大影响的案件,规定被害人有出庭的义务。同时,对于无正当理由不出庭的被害人,制定相应的法律责任,提高被害人出庭的积极性和主动性。

八、完善人民陪审员制度

2018 年 4 月 27 日,第十三届全国人大常委会第二次会议通过《人民陪审员法》。该法第 22 条规定:“人民陪审员参加七人合议庭审判案件,对事实认定,独立发表意见,并与法官共同表决;对法律适用,可以发表意见,但不参加表决。”这一规定被认为旨在消除法律“外行”对职业法院的依附性,解决陪审虚化的问题[①]。但长期以来，在寻求审判中心改革落脚点的过程中，人民陪审员制度的功能一直未能得到切实凸显，尚未摆脱其实质化不足之困境[②]，对其作用进行进一步加强已迫在眉睫。

（一）优化选任机制

1. 拓宽选任范围

打破地域、行业、身份等限制，面向社会各阶层广泛选任人民陪审员。可以通过多种渠道宣传人民陪审员制度，鼓励不同职业、年龄、文化程度的公民积极参与报名。例如，在农村地区，可以增加农民代表的选任比例；在城市，可以注重选任企业职工、个体经营者、自由职业者等群体中的合适人员，确保人民陪审员的构成具有广泛的代表性，能够真实反映社会大众的意见和诉求。

2. 完善选任标准

建立科学合理的选任标准体系，除了考察基本的年龄、学历、政治素质等条件外，更要注重候选人的法律素养、社会阅历、道德品质和沟通能力等方面的素质。可以通过笔试、面试、社会调查等多种方式对候选人进行综合评估，选拔出真正具有陪审能力和责任心的人员担任人民陪审员。同时，适当增加具有法律专业背景或相关工作经验的人员比例，但也要注意保持不同专业背景人员的平衡，以充分发挥各自的优势。

在某地一起侵犯著作权案件的审理过程中，选任的人民陪审员是一名社区工作者。由于缺乏系统的法律培训，以及对法律素养要求不高的选任标准，该人民陪审员在庭审过程中对一些法律术语和证据规则理解困难，无法有效地参与到案件的审理中。例如，在对证人进行询问时，由于不清楚相关法律规定，无法提出关键问题，影响了对案件事实的查明。这表明优化选任机制，提高人民陪审员的法律素养和综合能力是完善人民陪审员制度的重要环节。

---

① 蒋秋玲：《庭审实质化压力下的事实认定过程——兼论陪审员参审职权改革》，载《江西警察学院学报》2024年第1期。

② 参见林铮汉：《人民陪审员制度：何以成为"撬动"审判中心的"支点"》，载《西安石油大学学报（社会科学版）》2024年第4期。

(二)健全参审机制

1. 强化人民陪审员的职责意识

加强对人民陪审员的培训和教育,使其明确自己的职责和权利,充分认识到自己在审判中的重要作用。可以通过案例分析、模拟庭审等方式,提高人民陪审员的参与意识和责任感,鼓励他们积极主动地参与案件审理,敢于发表自己的意见和观点。同时,法官也应尊重人民陪审员的意见,在庭审过程中给予他们充分的发言机会,营造良好的庭审氛围,共同推动案件的公正审理。

2. 合理安排参审时间

法院在安排案件审理时,应充分考虑人民陪审员的工作和生活的实际情况,尽量提前通知参审时间,并合理安排庭审日程,避免与人民陪审员的本职工作发生严重冲突。对于一些预计审理时间较长的复杂案件,可以采取分段审理的方式,让人民陪审员有足够的时间参与案件的各个环节,同时也减轻他们的压力。此外,可以利用现代信息技术手段,如在线阅卷、视频会议等,为人民陪审员提供更加便捷的参与审判方式,提高参审率。

(三)完善培训与管理

1. 改进培训内容和方式

(1)丰富培训内容。除了法律基础知识外,增加审判实践技能、心理学知识、沟通技巧等方面的培训。例如,开设案件分析方法课程,指导人民陪审员从证据中梳理案件事实,运用法律逻辑进行推理判断;开展庭审技巧培训,包括如何提问、如何听取当事人陈述和辩论等;熟悉事实认定的规则,如举证责任分配、口供补强等证据规则,让其熟稔如何通过控辩双方举证、质证认定法律事实。[①] 同时,普及一些心理学知识,帮助人民陪审员更好地把握当事人的心理状态,提高调解和沟通能力。

(2)创新培训方式。采用多样化的培训方式,提高培训效果。除了集中授

① 参见叶青、徐明敏:《司法民主视域下人民陪审员制度的实践检视和路径展望——以人民陪审员全过程实质参审为切入》,载《中共中央党校(国家行政学院)学报》2023年第1期。

课外，可以组织观摩庭审、案例讨论、模拟审判等活动，让人民陪审员在实践中学习和成长。例如，定期组织人民陪审员观摩典型案件的庭审，庭审结束后由法官进行现场讲解和分析，让人民陪审员更加直观地了解庭审程序和审判技巧；开展案例讨论活动，选取一些具有代表性的案例，让人民陪审员分组讨论，分析案件的争议焦点和处理方法，培养他们分析问题和解决问题的能力；还可以进行模拟审判，让人民陪审员扮演不同的角色，亲身体验审判过程，提高他们的实战能力。

2. 建立规范的管理机制

（1）完善管理制度。制定详细的人民陪审员管理制度，明确考勤、考核、奖惩等方面的规定。建立人民陪审员工作档案，记录其参与审判的案件数量、质量、表现等情况，作为考核和评价的依据。同时，加强对人民陪审员的日常监督管理，确保他们按时参加培训和庭审，遵守审判纪律和职业道德规范。

（2）建立考核评价机制。要针对性地设计人民陪审员考核方案①，定期对人民陪审员的工作进行考核评价，考核内容包括业务能力、工作态度、参审效果等方面。考核结果分为优秀、合格、不合格三个等级，对于考核优秀的人民陪审员给予表彰和奖励，对于考核不合格的人民陪审员进行培训或调整。通过考核评价机制，激励人民陪审员不断提高自身素质和工作能力，提升人民陪审员队伍的整体水平。

由法院开展一系列有针对性的培训活动，首先，通过集中授课的方式向人民陪审员讲解相关的法律基础知识，然后组织观摩庭审。庭审结束后，法官详细讲解庭审过程中的关键环节和注意事项，包括如何判断证据的有效性、如何理解当事人的诉求等。接着，开展案例讨论活动，选取几起具有代表性的案例，让人民陪审员分组讨论，分析案件的争议焦点和处理方法。最后模拟审判，让人民陪审员亲自参与模拟案件的审理过程，扮演不同的角色，体验审判的全过程。

① 参见赵恒：《认罪认罚案件审判活动中人民陪审员制度适用的挑战及其应对》，载《交大法学》2024 年第 2 期。

（四）完善保障机制

1. 提高经济待遇

适当提高人民陪审员的经济补贴标准，与其劳动付出相适应。可以根据当地的经济发展水平和物价指数，合理确定人民陪审员的补贴金额，并建立动态调整机制，确保经济补贴的合理性和及时性。同时，对于人民陪审员因参与审判工作而产生的交通、餐饮等费用，应给予合理的报销，解除他们的后顾之忧，提高他们参审履职的积极性。

2. 加强安全保障

建立健全人民陪审员安全保障机制，加强对人民陪审员的人身安全保护。法院应与公安机关等相关部门建立协调配合机制，对于可能存在安全风险的案件，提前制定安全预案，采取必要的安全防护措施，加强对陪审员的履职保障、法律保护。① 例如，在庭审过程中，加强法庭安保力量，对情绪激动的当事人进行有效管控；对于一些特殊案件，为人民陪审员提供必要的安全护送服务等。同时，加强对人民陪审员的安全知识培训，提高他们的自我保护意识和能力。在某些刑事案件的审理中，人民陪审员人身可能面临着一定的安全风险。法院应保障人民陪审员的安全，在庭审现场安排专门的安保人员，对进出庭审现场的人员进行严格管控。同时，对人民陪审员的个人信息进行了严格保密，避免其受到骚扰和威胁。此外，法院还应适当提高人民陪审员的经济补贴，弥补他们因参与审判所耗费的时间和精力。这些保障措施使得人民陪审员能够更加安心地参与审判工作，确保了审判活动的顺利进行。

九、提高二审开庭率

（一）明确开庭标准与规范

最高人民法院应进一步细化刑事诉讼法中关于应当开庭审理的情形的解

① 参见最高人民法院政治部法官管理部：《〈人民陪审员培训、考核、奖惩工作办法〉的理解与适用》，载《人民司法》2020年第4期。

释,明确刑事二审开庭审理适用范围。[①] 例如,列举出可能影响定罪量刑的具体情形,像关键证据存在重大矛盾、主要证人证言前后不一致、新证据足以改变案件定性等,减少法官在判断是否开庭时的自由裁量空间,使标准更具可操作性。应建立案例指导制度,最高人民法院和高级人民法院发布具有典型意义的二审开庭审理案例,为下级人民法院提供参考,以统一司法裁判尺度。通过案例明确不同类型案件中应当开庭的具体情况,确保类似案件得到类似处理。

(二)提升司法工作人员专业素养与责任意识

定期组织针对法官、检察官等司法工作人员的专业培训。培训内容包括二审开庭审理的法律规定、庭审程序规范、证据审查技巧、争议焦点归纳等方面,尤其要强调二审开庭的重要性和意义,提高司法工作人员对二审开庭的重视程度和业务水平。建立科学合理的考核机制,将二审开庭率纳入司法工作人员的考核指标体系。对应当开庭而未开庭审理的案件进行重点审查,如发现司法工作人员存在不当行为,应及时予以纠正并追究相应责任,以增强司法工作人员的责任感。

(三)优化庭前准备工作

在二审程序中,加强庭前证据交换。要求双方当事人在规定时间内提交新证据,并进行证据交换。法官在庭前对双方提交的证据进行审查,梳理争议焦点,明确庭审重点。对于证据较多、案情复杂的案件,组织庭前会议,让双方当事人对证据进行质证和辩论,为开庭审理做好充分准备,提高庭审效率。法官在庭前认真阅读案卷材料,与双方当事人及其代理人进行沟通,准确归纳争议焦点。争议焦点的归纳要具体、明确,能够涵盖案件的核心问题,以便在开庭审理时围绕争议焦点进行调查和辩论,使庭审更有针对性。

(四)加强当事人权利保障和救济

明确当事人在二审程序中有权申请开庭审理,并规定法院应当对当事人的

---

① 参见杨丽梅:《庭审实质化下刑事二审开庭审理问题探讨》,载《江西警察学院学报》2025 年第 1 期。

申请进行审查并作出决定。当事人申请开庭审理的,应当说明理由和依据。法院在审查当事人申请时,应当充分考虑当事人的意见和案件具体情况,如当事人提出的理由成立,应当决定开庭审理。当事人对法院不开庭审理的决定不服的,可以向上一级人民法院提出申诉。上一级人民法院应当对申诉进行审查,并在规定的时间内作出答复。如果上一级人民法院认为应当开庭审理,可以指令下级人民法院开庭审理,或者直接提审案件,以保障当事人的合法权益。

(五)优化司法资源配置

根据二审案件数量和开庭审理的需求,合理增加二审法院的法官和辅助人员数量,确保有足够的人力来处理二审开庭案件。同时,加强对法官助理、书记员等辅助人员的培训和管理,提高其业务水平和工作效率,为二审开庭审理提供有力的人员保障。充分利用现代信息技术,提高二审开庭审理的效率。例如,采用远程视频庭审、电子证据展示等技术手段,减少当事人和证人的路途奔波,提高庭审的便捷性和效率。同时,加强法院信息化建设,实现案件信息的数字化管理和共享,提高司法资源的利用率。

(六)强化部门间协作配合

人民法院应当为检察人员、辩护律师阅卷、参与庭审提供便利条件,充分保障律师依法行使辩护权;检察机关应依法及时查阅、调阅案卷材料,依法出庭履行法定职责,完善审理中、后的法律监督①;司法行政机关要指导辩护律师依法出庭行使辩护权,提升辩护质效。对于被告人人数较多、多地羁押的案件,人民法院要加强与公安机关的沟通协调,公安监管部门积极支持配合。建立健全公检法司之间的常态化沟通协调机制,定期召开联席会议,共同研究解决刑事案件二审开庭工作中遇到的问题和困难,形成工作合力。

---

① 参见杨丽梅:《庭审实质化下刑事二审开庭审理问题探讨》,载《江西警察学院学报》2025 年第 1 期。

十、提高庭审直播率

近年来,我国庭审直播发展迅速。全部法院接入中国庭审公开网,截至2023年年底,庭审直播总数达22,573,288件,全国法院系统的院均庭审直播率达到33.2%。[①] 根据最高人民法院《关于人民法院直播录播庭审活动的规定》第2条规定,法院可以选择公众关注度较高、社会影响较大、具有法制宣传教育意义的公开审理的案件进行庭审直播、录播。对于下列案件,不得进行庭审直播、录播:涉及国家秘密、商业秘密、个人隐私、未成年人犯罪等依法不公开审理的案件;检察机关明确提出不进行庭审直播、录播并有正当理由的刑事案件;当事人明确提出不进行庭审直播、录播并有正当理由的民事、行政案件;其他不宜庭审直播、录播的案件。

笔者认为,应继续扩大庭审直播的适用范围,即原则上应该均实行庭审直播,例外情形除外。例外情形包括涉及国家秘密、个人秘密、商业秘密的案件,当事人不同意庭审直播的案件以及涉及未成年人的案件。庭审直播对促进审判公正具有多方面的重要作用。

1. 增强公众监督

庭审直播使审判过程面向社会大众公开,任何关注案件的人都可以通过直播平台观看庭审。这种广泛的公众监督能够对法官、律师、当事人等诉讼参与人的行为形成约束,更有助于庭审公开功能性目标(提升司法公信力)的实现[②]。例如,法官在庭审中的言行举止、对审判程序的执行、对证据的审查判断等都处于公众的监督之下,促使法官更加审慎地行使审判权,确保审判的公正性。公众在观看庭审直播过程中,对于可能存在的不公正行为或程序问题,可以通过合法的渠道及时反馈,如向法院相关部门反映或提出质疑。这有助于法院及时发现并纠正审判过程中的问题,保障当事人的合法权益。

---

① 参见杨子潇:《庭审直播"以公开促公正"的限度——兼论全景敞视主义的应用边界》,载《法学家》2024年第2期。

② 参见杨帆:《比较法视野下庭审公开的制度功能》,载《中外法学》2023年第3期。

2. 提升法官素质

由于庭审过程被直播,法官会更加注重自身专业知识的积累和审判技能的提升。他们需要在庭审前做充分的准备,熟悉相关法律法规和案件事实,以便能够准确、熟练地主持庭审,引导诉讼参与人进行辩论并依法作出裁判。例如,为了在庭审直播中更好地应对各种突发情况和复杂的法律问题,法官会不断学习和研究新的法律规定和审判实践,提高自己的专业水平。庭审直播将法官的工作置于公众的视野之下,法官的每一项决策、每一个行为都会受到公众的评判。这种压力会促使法官增强责任意识,更加认真地对待每一个案件,严格按照法律规定和程序进行审判,确保裁判结果的公正性和权威性。

3. 保障当事人权利

庭审直播时,当事人双方的诉讼行为都公开透明地展示在公众面前。这有助于防止一方当事人利用不正当手段影响审判结果,保障双方当事人在庭审中的平等地位和权利。例如,如果一方当事人试图通过贿赂法官或其他不正当方式获得有利的裁判结果,在庭审直播的监督下,这种行为的风险会大大增加,从而维护了另一方当事人的合法权益。当事人知道庭审过程会被公开,会更加自觉地遵守庭审纪律和诉讼程序,规范自己的言行举止和举证、质证等诉讼行为。这有助于提高庭审的效率和质量,保障审判活动的顺利进行。

4. 促进司法统一

对一些具有典型性、代表性的案件进行庭审直播,可以为其他法官处理类似案件提供参考和借鉴。直播过程中,法官对法律的适用、对证据的认定等都展示在公众面前,这有助于形成统一的裁判标准和尺度,减少不同法官之间因个人理解和判断差异而导致的裁判结果不一致的情况。庭审直播也是一种生动的法治教育形式,通过直播可以向社会公众普及法律知识,增强公众的法治意识。公众在观看庭审直播的过程中,可以了解到法律的具体适用和司法程序,从而更好地理解和尊重司法判决,在全社会形成良好的法治氛围,为审判公正创造有利的社会环境。

十一、充分保障辩护律师辩护权

在呼格吉勒图案、张氏叔侄案和聂树斌案等案例中，辩方权利未得到充分保障是一个突出问题。确立无罪推定原则和不得强迫自证其罪原则是保障辩方权利的基础。无罪推定原则要求在未经法院依法判决有罪之前，被告人应被视为无罪，控方承担证明被告人有罪的责任。不得强迫自证其罪原则保障被告人在庭审中保持沉默的权利，不被强迫提供不利于自己的证据，保证案件的证据质量，保护个人尊严和隐私，防止错案发生。[①] 这两个原则的实施可以有效防止冤错案的发生，确保庭审的公正性。上述案例也反映出律师辩护权受限的问题。应加强律师在刑事诉讼中的地位和权利，包括保障律师的会见权、阅卷权、调查取证权等。例如，进一步明确律师在各个诉讼阶段的权利范围和行使方式，简化律师行使权利的程序，为律师提供更好的执业环境。同时，加强对律师的培训和管理，提高律师的专业素质和职业道德水平，使其能够更好地为被告人提供有效的辩护。

（一）优化庭前会议制度

明确庭前会议的启动标准和程序，确保在重大、复杂案件中能够及时召开庭前会议，为辩护律师提供充足的准备时间。扩大庭前会议的参与主体，除了法官、检察官和辩护律师外，可以邀请相关的专家、学者或其他专业人士参与，为解决案件中的专业问题提供参考意见。在庭前会议中，充分听取辩护律师对案件证据、法律适用等方面的意见，对有争议的问题进行深入讨论和协商，争取在庭前解决部分争议，提高庭审效率。建立庭前会议的记录和反馈机制，将庭前会议中达成的共识和未决事项记录在案，并在庭审中予以体现，确保庭前会议的成果得到有效落实。

---

① 参见樊崇义：《不得强迫自证其罪原则的理解与运用》，载《人民法治》2019 年第 13 期。

（二）强化证据开示制度

进一步明确证据开示的范围和时间节点，确保辩护律师在庭前全面了解案件证据。检察机关应当在规定的时间内，向辩护律师开示所有与案件有关的证据材料，包括有利于和不利于被告人的证据。建立证据开示的监督机制，对未依法进行证据开示的行为进行处罚，保障辩护律师的知情权。法院可以对证据开示情况进行监督，对存在问题的证据开示行为及时予以纠正。赋予辩护律师在证据开示过程中的异议权和申请补充开示的权利。如果辩护律师对检察机关开示的证据有异议，可以向法院提出申请，要求检察机关进行解释或补充开示。

（三）保障辩护律师的庭审权利

确保辩护律师在庭审中有充分的发言时间和机会，不得随意限制或打断辩护律师的发言。法官应当认真听取辩护律师的意见，对辩护律师提出的合理请求予以支持。保障辩护律师的质证权和辩论权。在庭审中，辩护律师有权对控方证据进行质证，提出质疑和反驳意见。同时，辩护律师应当有充分的时间和机会进行辩论，阐述自己的辩护观点。建立庭审中的互动机制，促使法官与辩护律师之间积极进行沟通和交流。法官可以在庭审中向辩护律师提问，听取辩护律师的解释和说明；辩护律师也可以向法官提出问题，请求法官进行解释或说明。强化庭审中的辩论和质证环节，鼓励控辩双方进行充分的辩论和质证，进而揭示案件事实和解决法律问题。法官应当引导控辩双方围绕争议焦点进行辩论，对关键问题进行深入分析和探讨。建立庭审中的专家辅助人制度，对于涉及专业技术问题的案件，可以邀请专家辅助人出庭，为法官和辩护律师提供专业意见。专家辅助人可以对案件中的专业问题进行解释和说明，协助辩护律师进行质证和辩论。

（四）加强裁判文书的说理

法官在裁判文书中应当充分阐述对辩护律师意见采纳或不采纳的理由，对案件事实的认定和法律适用进行详细的分析和说明。裁判文书的说理应当具有针对性和说服力，让辩护律师和当事人能够理解裁判的依据和理由。建立裁判文书反馈机制，辩护律师可以对裁判文书提出意见和建议，法院应当认真听取并进行回应。如果辩护律师认为裁判文书存在说理不充分或错误的地方，可以向法院提出申诉或上诉，要求法院进行审查和纠正。辩护律师对一审判决不服的，可以依法向上一级人民法院提出上诉。法院应当保障辩护律师的上诉权，及时受理上诉案件，并进行公正审理。辩护律师认为审判过程中存在违法行为或侵犯当事人合法权益的情况，可以向有关部门提出申诉。有关部门应当认真审查申诉事项，及时作出处理并回复辩护律师。

（五）改善律师执业环境

加强对律师执业权利的保护，建立健全律师执业权利保障机制。对侵犯律师执业权利的行为进行严肃查处，保障律师依法履行职责。法院应当为辩护律师提供必要的办公设施和便利条件，如设立律师阅卷室、休息室等。同时，加强对律师在法院内的人身安全保障，确保律师能够安心履行职责。建立律师投诉处理机制，对律师在执业过程中遇到的问题和困难及时进行处理和解决。律师可以向有关部门投诉反映执业过程中遇到的问题，有关部门应当及时调查和处理，并向律师反馈处理结果。

第三节　对认罪认罚制度的再思考

认罪认罚从宽制度从2016年开始试点到2018年10月被写入《刑事诉讼法》并正式施行，在这一过程中充满了理论争议和实践分歧。① 近年来，随着刑事诉讼改革的不断深入，认罪认罚从宽制度作为简化刑事诉讼程序、提升诉讼效率的关键措施，在中国刑事司法体系中逐步推行。该制度的核心在于通过被告人自愿认罪和对量刑的协商，促使案件快速解决，减少司法资源的消耗。然而，认罪认罚制度在实践中也引发了关于程序正义、量刑合理性以及被告人权利保障等方面的争议。因此，有必要从以审判为中心的刑事政策角度，对认罪

① 参见熊秋红：《认罪认罚从宽制度的实践分歧及其回应》，载《比较法研究》2024年第5期。

认罚制度进行再思考,探讨如何在确保公正审判的前提下,合理运用这一制度。

一、认罪认罚制度的基本概念与目标

认罪认罚从宽制度指的是被告人在自愿、知情的情况下,认罪并接受检察机关提出的量刑建议,从而获得从宽处理的刑事政策。这一制度旨在简化审判程序,节省司法资源,提升审判效率。同时,认罪认罚制度也力求实现对被告人权利的保障,使其通过认罪换取较轻的刑罚,以实现宽严相济的刑事政策。认罪认罚制度使大量简单、轻微的刑事案件得到快速处理。90%左右的认罪认罚案件属于简单案件,通过该制度可以实现“繁简分流、快慢分道、简案快审、繁案精审”,让法官有更多精力审理重大、疑难、复杂的不认罪认罚的案件,整体上提高了刑事诉讼的效率,适应重大、疑难、复杂案件实质化审理与认罪认罚案件简化快速审理的不同需要,保证这些案件能够得到更充分的审理和裁判,提升了司法资源的利用效率,提高了审判中心所要求的庭审实质化水平。① 认罪认罚制度强调控辩双方的协商,犯罪嫌疑人、被告人自愿认罪并认可检察机关的量刑建议,减少了庭审中的对抗,有助于构建和谐的司法关系。这种协商机制在一定程度上也促进了被告人的权利保障,使其能够在自愿的基础上获得从宽处理的机会。该制度的实施要求检察机关提高侦查取证和审查起诉的质量,因为认罪认罚从宽制度并不是降低证明标准,而是在证据充分、事实清楚的前提下进行的。这实际上对审判的权威性起到了保障作用,确保了审判结果的公正性和公信力。

以审判为中心的刑事诉讼结构中,审判环节应当是证据展示与事实审查的核心。然而,认罪认罚制度通过程序简化,将一部分案件从正式的审判环节中分流,直接影响了审判程序的设置和实施。这一机制的设计初衷是提高效率,但在实践中,其对审判中心主义的刑事政策构成了挑战。

---

① 参见卞建林、张可:《构建中国式认罪协商制度:认罪认罚从宽制度的反思与重构》,载《政法论坛》2024年第4期。

二、认罪认罚制度对以审判为中心刑事政策的影响

(一)程序公正与被告人权利保障

认罪认罚制度要求被告人自愿认罪并接受量刑建议,然而在实际操作中,如何确保被告人认罪的完全自愿性和知情性是一个关键问题。部分被告人在认罪时可能面临权利不对等的情况,特别是在缺乏律师辩护或对量刑了解不足的情况下,认罪认罚的公平性和合法性可能受到质疑。这种情况下,认罪认罚制度可能会弱化审判环节的证据审查和辩论机制,影响程序公正。笔者办理的部分案件,检察院用刑期的"优惠"使得被告人认罪认罚。例如,在某职务犯罪案件中,检察院对被告人进行讯问时表示,如果签署认罪认罚,量刑建议为有期徒刑 10 年,不签署认罪认罚为有期徒刑 13 年,而且不签署认罪认罚,也不能认定自首。笔者在与检察官进行沟通时,强调被告人对事实的认可,不签署认罪认罚不影响自首的认定。但是公诉人表示,不签署认罪认罚就是不认罪,不认罪就不能认定自首。此外,部分无罪案件也通过认罪认罚制度进行了消化。对于部分事实不清、证据不足的案件,尤其是已经批捕的案件,检察官为了起诉并获得法院的有罪判决,会极力劝被告人认罪认罚,在刑期上予以极大优惠。被告人在不认罪认罚将面临高刑期或者无罪以及认罪认罚面临低刑期的选择中,由于我国公诉案件的无罪判决率极低,绝大部分被告人在两个选项之间,最终选择认罪认罚,从而获得极低的刑期。

(二)认罪认罚对诉讼程序的影响

认罪认罚制度通过简化程序实现诉讼效率的提升,但这一程序简化可能会削弱以审判为中心的诉讼结构,并关系到我国刑事诉讼模式的未来安排①,特别是对于证据的全面审查和控辩双方的辩论。若被告人在认罪过程中未能充分了解自己的权利,或因程序的简化而放弃某些审判程序中的权利,将对刑事

---

① 参见孙道萃:《认罪认罚从宽制度的再完善:以轻微犯罪治理为场域》,载《内蒙古社会科学》2024 年第 2 期。

政策中程序公正原则产生负面影响。

(三)量刑公正性与从宽政策的适用

认罪认罚制度允许检察机关与被告人协商量刑建议,以此换取被告人的认罪态度。这一量刑协商机制在实际操作中是否能确保公正性备受争议。以笔者代理的一起职务侵占案件为例,时值认罪认罚从宽制度实施的前两年,认罪认罚适用率作为考核指标,基层人民检察院甚至要求适用率达到90%。笔者代理的这个职务侵占案,最开始检察院的量刑建议是有期徒刑7年,笔者认为案件存在重大问题、事实不清,尤其是涉案金额不准确,且嫌疑人存在自首情节,拒绝认罪认罚。检察院为了完成考核指标,提出可以认定自首,但是量刑为有期徒刑5年。笔者不同意,公诉人联系称如果签署认罪认罚,建议有期徒刑两年六个月。后当事人签署了认罪认罚协议。案件开庭时,检察院发表的公诉意见就是有期徒刑两年六个月,笔者仍坚持做无罪辩护,最终法院对被告人宣判缓刑,当庭释放。检察院从最初量刑建议有期徒刑7年,到有期徒刑5年,再到有期徒刑两年六个月,可见认罪认罚制度对量刑的重要性,也体现了随意性。虽然,近几年,认罪认罚不再是考核指标,但是认罪认罚对量刑的影响仍然比较明显。

(四)认罪认罚适用的制度保障

以审判为中心的刑事司法政策强调法官在审判中的中立性和裁判权威性。认罪认罚制度下,尽管程序有所简化,但法官的角色依然至关重要。为了保持审判的公正性,法官应在认罪认罚程序中起到更为积极的主导作用,对认罪认罚协议进行严格审查,确保认罪出于自愿,以及量刑建议合理。法官不仅要审查被告人的认罪动机,还应确保检察机关与被告人之间的协商过程没有出现权力压制、诱导等不公正情况。法官应根据案件的事实和法律要求,对认罪认罚案件的量刑决定作出独立判断,并在必要时拒绝不合理的量刑建议,从而保障司法的公正性。

认罪认罚制度要求被告人在知情的情况下作出认罪决定,因此,确保被告人享有充分的法律辩护是不可或缺的一环,尤其是在认罪认罚程序中,律师的参与不仅有助于保障被告人的权利,还能够为案件的量刑协商提供专业建议,防止被告人由于对法律的不熟悉而在量刑谈判中处于不利地位。法律援助的覆盖面和质量需要得到进一步提升,确保所有参与认罪认罚程序的被告人都能够获得有效的法律辩护。此外,律师的辩护权应当在认罪认罚协议谈判和法庭审查阶段得到充分保障,避免认罪认罚制度过度依赖检察机关的主导,而削弱被告人的辩护机会。

为了确保认罪认罚制度在实践中发挥积极作用,刑事政策制定者应当设立制度实施的跟踪评估机制。该机制可以通过定期分析认罪认罚案件的数据和审判结果,评估制度对被告人权利保障、量刑合理性和审判效率等方面的影响,并根据评估结果调整政策方向。

三、认罪认罚制度的未来发展方向

认罪认罚制度的核心在于量刑协商,这要求刑事政策在保障司法公正的前提下,进一步优化量刑协商机制,搭建多方沟通平台。[①] 未来的发展方向可以是在量刑协商过程中引入更加明确的量刑指导规则,确保量刑协商的透明度与公平性。通过参考数据模型和历史案例,制定更加具体的量刑指导标准,减少量刑协商过程中可能出现的随意性。此外,AI 技术可以帮助法官和检察机关进行类似案件的对比分析,确保量刑协商结果与刑事政策中的公正性原则相符。

(一)量刑建议要有幅度

根据当前的规定,对于常见罪名,检察机关应当提出精准的量刑建议;对于非常见罪名,检察机关可以提出幅度量刑。而根据规定,法院对检察机关的量刑建议一般应当采纳,如果不同意检察机关的量刑建议,应当先建议检察机关调整量刑建议,检察机关不调整的,法官依据在案证据予以判决。一般情况下,

① 参见闫召华:《认罪认罚案件量刑建议制度的实践检讨与立法完善》,载《南京师大学报(社会科学版)》2024 年第 3 期。

检察机关提出具体的量刑建议甚至附加刑如罚金金额，最终获法院全部采纳。法院实际上是为检察机关的量刑建议做了一份背书。而且，很多认罪认罚的案件，检察院的量刑建议就是最终的判决结果。另外，在幅度量刑方面，检察机关的量刑幅度较低，给法官的裁量空间较小。这个问题对以审判为中心的制度带来了不小的挑战。笔者认为，检察机关应当对所有案件进行幅度量刑，而且幅度范围要高，即在刑法规定的范围内选择一个幅度，如故意伤害致人重伤的案件，法定刑为 3 年以上 10 年以下有期徒刑，检察机关根据案件具体情况，可以提出有期徒刑 4—7 年等，而非直接建议有期徒刑 5 年。

（二）确定认罪认罚制度的适用范围与条件

在认罪认罚制度实施的过程中，刑事政策可以探索在不同类型的案件中引入这一制度，同时对认罪认罚的适用条件进行精细化设计。认罪认罚从宽制度的适用，更加强调在落实宽严相济刑事政策的基础上，实现预防犯罪、保障人权以及化解社会矛盾等制度功能。[①] 例如，轻微刑事案件和涉案金额较小的经济犯罪案件可能更适合采用认罪认罚程序，而对于严重刑事案件则应当更加谨慎地适用认罪认罚程序。刑事政策可以根据案件的社会危害性、复杂性和证据的充分性，区分适用认罪认罚制度的不同层次。例如，对于轻罪案件，可以更多地考虑采用认罪认罚程序；而对于重罪案件，则应强化审判程序中的证据审查和审判透明度，防止简单化处理。

（三）强化公众参与与司法监督

认罪认罚制度的推广不能忽视公众对司法程序的参与和监督。刑事政策可以探索引入更加公开透明的认罪认罚审查程序，确保公众能够对重大案件的认罪认罚处理方式进行监督，增强司法公信力。在公开透明的基础上，认罪认罚程序的判决和量刑建议可以通过互联网或媒体适当公开，接受社会的监督。同时，司法系统应当加强与公众的沟通，消除由于认罪认罚程序简化导致的"宽纵"误解，提升司法的社会认同感。

① 参见周新：《重罪案件适用认罪认罚从宽制度研究》，载《比较法研究》2021 年第 4 期。

（四）坚持证据裁判原则

在认罪认罚案件中，司法机关应始终严格坚持证据裁判原则，确保案件事实清楚、证据确实充分。不能因为被告人认罪认罚而降低证明标准，对于证据的收集、审查和认定要严格按照法定程序进行，防止冤错案的发生。建立健全被告人反悔机制，明确被告人在何种情况下可以反悔以及反悔后的处理程序，保障被告人的合法权益。加强对庭审过程中被告人认罪认罚自愿性和合法性的审查，法院不仅要形式上审查具结书的签署，还要通过庭审询问、调查等方式实质性审查被告人的认罪认罚是否真实自愿。法院要保持审判的独立性和中立性，严格依法对案件进行审理和裁判，不受检察机关量刑建议的过度影响。对于案件的事实认定、罪名确定和量刑等问题，要依据法律和证据作出独立判断。

在未来的发展中，认罪认罚制度需要在确保被告人权利保护、量刑公正性和司法透明度的基础上，继续优化其程序设计。刑事政策的制定者应通过技术手段提升量刑合理性，加强司法透明度与公众监督，并确保制度的公正性与效率并存。最终，通过合理的制度安排，促使认罪认罚制度更好地服务于以审判为中心的刑事政策，实现司法公正与效率的双重目标。

结　语

我国刑事诉讼制度正朝着庭审中心主义的方向不断改革和完善。当前,我国已经确立了以审判为中心的刑事诉讼制度。虽然司法实践中仍然面临诸多问题,但已迈出了巨大的一步。随着以审判为中心制度的不断完善,强调以庭审为中心的刑事诉讼制度指日可待。

通过对真实案例的分析,我们深刻认识到庭审虚化问题的严重性以及完善相关制度的紧迫性。在未来的发展中,我们要不断强化证据裁判原则,完善证据开示制度,保障辩方权利,规范法庭调查和判决说理制度,加强二审实质审理,同时积极应用现代技术,加强公众参与和监督,借鉴国际先进经验。只有这样,我们才能逐步实现庭审中心主义的目标,提高我国刑事诉讼的公正性和效率,保障当事人的合法权益,推动我国刑事司法制度不断进步。

庭审中心主义的建构是一个长期而复杂的过程,需要我们不断反思和探索,以适应社会发展和司法实践的需要。我们相信,通过持续的努力和改革,我国的刑事诉讼制度将更加完善,司法公正将得到更好的保障。人工智能和大数据正逐渐渗透到司法领域,尤其是在刑事审判中,它们的潜在应用为提高案件处理效率、减少人为错误、确保公平性提供了新可能。然而,这些技术的应用也伴随着诸如隐私、偏见等一系列法律和伦理问题。在未来,如何在保有法律公平性的同时,将科技更好地融入审判制度,成为司法改革的重点课题。

从 2013 年的庭审中心主义到现今的审判中心主义,我们欣喜地看到改革者越来越重视刑事诉讼的科学性、规律性和民主性,我国的刑事诉讼庭审模式和诉讼模式都在朝着正确的方向迈进。实现庭审中心主义只是刑事诉讼制度改革中的一个步骤,实现审判中心主义才是最终目的。

长远来看,无论是实现庭审中心主义还是审判中心主义,都是路漫漫而修远，唯靠各方志士不懈求索与推动。

最后，本书没有对监察体制改革对审判为中心的影响进行探讨，这个问题具有时代背景，比较复杂，后续若有机会，再予专论。

主要参考文献

一、中文书籍类

1. 陈光中主编:《〈中华人民共和国刑事诉讼法〉修改条文释义与点评》,人民法院出版社 2012 年版。

2. 陈光中等:《中国现代司法制度》,北京大学出版社 2020 年版。

3. 陈光中主编:《刑事诉讼法》,北京大学出版社 2013 年版。

4. 陈光中主编:《证据法学》,法律出版社 2013 年版。

5. 樊崇义主编:《刑事诉讼法学》,中国政法大学出版社 2020 年版。

6. 樊崇义主编:《2012 刑事诉讼法:解读与适用》,法律出版社 2012 年版。

7. 樊崇义主编:《走向正义:刑事司法改革与刑事诉讼法的修改》,中国政法大学出版社 2011 年版。

8. 卞建林:《刑事诉讼的现代化》,中国法制出版社 2003 年版。

9.《美国联邦刑事诉讼规则和证据规则》,卞建林译,中国政法大学出版社 1996 年版。

10. 卞建林主编:《中国诉讼法治发展报告(2012—2013)》,中国政法大学出版社 2014 年版。

11. 卞建林、刘玫主编:《外国刑事诉讼法》,中国政法大学出版社 2008 年版。

12. 刘玫等:《刑事诉讼法》,高等教育出版社 2014 年版。

13. 刘玫:《传闻证据规则及其在中国刑事诉讼中的运用》,中国人民公安大学出版社 2007 年版。

14. 顾永忠等:《刑事辩护:国际标准与中国实践》,北京大学出版社 2012

年版。

15. 顾永忠主编:《中国疑难刑事名案程序与证据问题研究》,北京大学出版社 2008 年版。

16. 杨宇冠:《非法证据排除规则研究》,中国人民公安大学出版社 2002 年版。

17. 杨宇冠等:《公正高效权威视野下的刑事司法制度研究》,中国人民公安大学出版社 2013 年版。

18. 汪海燕:《刑事诉讼模式的演进》,中国人民公安大学出版社 2004 年版。

19. 汪海燕:《我国刑事诉讼模式的选择》,北京大学出版社 2008 年版。

20. 吴宏耀、种松志主编:《中国刑事诉讼法典百年:1906 年—2012 年》,中国政法大学出版社 2012 年版。

21. 宋英辉等:《刑事诉讼原理》,北京大学出版社 2014 年版。

22. 宋英辉等:《外国刑事诉讼法》,法律出版社 2006 年版。

23.《日本刑事诉讼法》,宋英辉译注,中国政法大学出版社 2000 年版。

24. 张建伟:《司法竞技主义:英美诉讼传统与中国庭审方式》,北京大学出版社 2005 年版。

25. 张建伟:《证据法要义》,北京大学出版社 2009 年版。

26. 陈瑞华:《刑事诉讼中的问题与主义》,中国人民大学出版社 2013 年版。

27. 陈瑞华:《刑事诉讼的前沿问题》,中国人民大学出版社 2013 年版。

28. 陈卫东主编:《〈人民检察院刑事诉讼规则(试行)〉析评》,中国民主法制出版社 2013 年版。

29. 陈卫东主编:《模范刑事诉讼法典》,中国人民大学出版社 2005 年版。

30. 熊秋红:《转变中的刑事诉讼法学》,北京大学出版社 2004 年版。

31. 李玉华:《刑事证明标准研究》,中国人民公安大学出版社 2008 年版。

32. 吴洪淇:《证据法的理论面孔》,法律出版社 2018 年版。

33. 李奋飞:《程序合法性研究:以刑事诉讼法为范例》,法律出版社 2011 年版。

34. 刘计划:《控审分离论》,法律出版社 2013 年版。

35. 周欣:《侦查权配置问题研究》,中国人民公安大学出版社 2010 年版。

36.《马克思恩格斯全集》(第 1 卷),人民出版社 1965 年版。

37. 中国人民大学法律系国家法教研室、资料室编:《中外宪法选编》,人民出版社 1982 年版。

38. 张伟主编:《国际人权文书》,中国财富出版社 2013 年版。

39.《世界著名法典汉译丛书》编委会编:《十二铜表法》,法律出版社 2000 年版。

40. 国学整理社辑:《诸子集成》第 2 册,中华书局 1954 年版。

41.《太平御览》第 1 册,中华书局 2011 年版。

42. 睡虎地秦墓竹简整理小组编:《睡虎地秦墓竹简》,文物出版社 1990 年版。

43. [法]孟德斯鸠:《论法的精神》(上卷),商务印书馆 1982 年版。

44. [法]卢梭:《社会契约论》,何兆武译,商务印书馆 1980 年版。

45. 罗文干:《狱中人语》(上编),民国大学出版部 1925 年版。

46. 周枏:《罗马法原论》,商务印书馆 1994 年版。

47. 戴炎辉:《中国法制史》,三民书局 1998 年版。

48. 瞿同祖:《瞿同祖法学论著集》,中国政法大学出版社 1998 年版。

49. 周一良、吴于廑:《世界通史》(中古部分),人民出版社 1964 年版。

50. 北京政法学院诉讼法教研室编辑:《刑事诉讼参考资料》(第 2 辑)(下册),中国政法大学出版社 1980 年版。

51.《意大利刑事诉讼法典》,黄风译,中国政法大学出版社 1994 年版。

52. 张晋藩:《中国法律的传统与近代转型》,法律出版社 1997 年版。

53. 张晋藩总主编,蒲坚主编:《中国法制通史》(第一卷),法律出版社 1999 年版。

54. 程汉大主编:《英国法制史》,齐鲁书社 2001 年版。

55. 程汉大、李培峰:《英国司法制度史》,清华大学出版社 2007 年版。

56. 顾培东:《社会冲突与诉讼机制》,法律出版社 2015 年版。

57. 陈桂明:《诉讼公正与程序保障:民事诉讼程序之优化》,中国法制出版社1996年版。

58. 蔡定剑:《历史与变革——新中国法制建设的历程》,中国政法大学出版社1999年版。

59. 刘善春等:《诉讼证据规则研究》,中国法制出版社2000年版。

60. 锁正杰:《刑事程序的法哲学原理》,中国人民公安大学出版社2002年版。

61. 李义冠:《美国刑事审判制度》,法律出版社1999年版。

62. 张兆凯主编:《中国古代司法制度史》,岳麓书社2005年版。

63. 张培田、张华:《近现代中国审判检察制度的演变》,中国政法大学出版社2004年版。

64. 林乾、赵晓华:《百年法律省思》,中国经济出版社2001年版。

65. 王运生、严军兴:《英国刑事司法与替刑制度》,中国法制出版社1999年版。

66. 徐静村主编:《刑事诉讼法学》,法律出版社1997年版。

67. 常怡主编:《民事诉讼法学》,中国政法大学出版社1999年版。

68.《德国刑事诉讼法典》,李昌珂译,中国政法大学出版社1995年版。

69. 陈朴生:《刑事证据法》,台北,三民书局1979年版。

70. 陈计男:《民事诉讼法论》(上),台北,三民书局2006年版。

71. 蔡墩铭:《刑事诉讼法论》,台北,五南图书出版公司1993年版。

72. 龙宗智:《相对合理主义》,中国政法大学出版社1999年版。

73. 龙宗智:《刑事庭审制度研究》,中国政法大学出版社2001年版。

74. 左卫民:《刑事诉讼的中国图景》,三联书店2010年版。

75. 孙长永:《日本刑事诉讼法导论》,重庆大学出版社1993年版。

76. 叶孝信主编:《中国法制史》,北京大学出版社2000年版。

77. 马跃:《美国刑事司法制度》,中国政法大学出版社2004年版。

78. 金邦贵主编:《法国司法制度》,法律出版社2008年版。

79. 邵建东主编:《德国司法制度》,厦门大学出版社2010年版。

80. 郭建等:《中国法制史》,上海人民出版社2006年版。

81.《德国刑事诉讼法典》,宗玉琨译注,知识产权出版社2013年版。

82. 齐树洁主编:《英国民事司法改革》,北京大学出版社 2004 年版。

83. 彭勃:《日本刑事诉讼法通论》,中国政法大学出版社 2002 年版。

84. 汪振林:《日本刑事诉讼模式变迁研究》,四川大学出版社 2011 年。

85. [英]丹宁:《法律的正当程序》,李克强等译,法律出版社 1999 年版。

86. [英]亨利·梅因:《古代法》,沈景一译,商务印书馆 1996 年版。

87. [美]迈克尔·D. 贝勒斯:《法律的原则——一个规范的分析》,张文显等译,中国大百科全书出版社 1996 年版。

88. [美]马丁·P. 戈尔丁:《法律哲学》,三联书店 1987 年版。

89. [美]约翰·罗尔斯著:《正义论》,何怀宏等译,中国社会科学出版社 2003 年版。

90. [美]彼得·斯坦、约翰·香德:《西方社会的法律价值》,王献平译,中国人民公安出版社 1990 年版。

91. [美]哈罗德·J. 伯尔曼:《法律与革命——西方法律传统的形成》,贺卫方等译,中国大百科全书出版社 1993 年版。

92. [美]约翰·H. 威格摩尔:《世界法系概览》(上),何勤华等译,上海人民出版社 2004 年版。

93. [美]米尔建·R. 达马斯卡:《漂移的证据法》,李学军等译,中国政法大学出版社 2003 年版。

94. [美]爱伦·豪切斯泰勒·斯黛丽、南希·弗兰克:《美国刑事法院诉讼程序》,陈卫东、徐美君译,中国人民大学出版社 2002 年版。

95. [美]理查德·扎克斯:《西方文明的另类历史》,李斯译,海南出版社 2002 年版。

96. [美]马丁·夏皮罗:《法院:比较法上和政治学上的分析》,张生、李彤译,中国政法大学出版社 2005 年版。

97. [美]伯纳德·施瓦茨:《美国法律史》,王军等译,中国政法大学出版社 1990 年版。

98. [美]格伦顿等:《比较法律传统》,米健等译,中国政法大学出版社 1993 年版。

99. [美]罗纳尔多·V. 戴尔卡门:《美国刑事诉讼——法律和实践》,张鸿巍等译,武汉大学出版社 2006 年版。

100. [法]迭朗善译:《摩奴法典》,商务印书馆 2009 年版。

101. [法]勒内·达维德:《当代主要法律体系》,漆竹生译,上海译文出版社 1984 年版。

102. [法]卡斯东·斯特法尼等:《法国刑事诉讼法精义》(上册),罗结珍译,中国政法大学出版社 1999 年版。

103. [德]特奥多尔·蒙森:《罗马史》(第 1 卷),李稼年译,商务印书馆 1994 年版。

104. [德]拉德布鲁赫:《法学导论》,米健、朱林译,中国大百科全书出版社 1997 年版。

105. [德]罗森贝克、施瓦布、戈特瓦尔德:《德国民事诉讼法》(上册),李大雪译,中国法制出版社 2007 年版。

106. [德]克劳斯·罗科信:《刑事诉讼法》,吴丽琪译,法律出版社 2003 年版。

107. [意]贝卡里亚:《论犯罪与刑罚》,黄风译,中国法制出版社 2002 年版。

108. [意]朱塞佩·格罗素著:《罗马法》,黄风译,中国政法大学出版社 1994 年版。

109. [奥]茨威格:《良心反对暴力》,张全岳译,作家出版社 2001 年版。

110. [德]托马斯·魏根特:《德国刑事诉讼程序》,岳礼玲、温小洁译,中国政法大学出版社 2004 年版。

111. [日]穗积陈重:《法律进化论:法源论》,黄尊三等译,中国政法出版社 1997 年版。

112. [日]田口守一:《刑事诉讼法》,刘迪等译,法律出版社 2000 年版。

二、中文论文类

1. 陈光中、李作:《论以审判为中心与刑事第一审程序的完善》,载《比较法研究》2024 年第 5 期。

2. 陈光中:《〈刑事诉讼法〉再修改中辩护制度的完善》,载《河北学刊》2024年第3期。

3. 陈光中:《〈刑事诉讼法〉再修改的若干重要问题探讨》,载《政法论坛》2024年第1期。

4. 陈光中、步洋洋:《审判中心与相关诉讼制度改革初探》,载《政法论坛》2015年第2期。

5. 樊崇义:《具有中国特色的现代化轻罪治理的理论与实践》,载《警学研究》2024年第1期。

6. 樊崇义:《以证据为中心的刑事指控体系的建构》,载《人民检察》2024年第1期。

7. 樊崇义:《我国刑事诉讼制度建构的定力和前瞻》,载《人民检察》2022年第1期。

8. 卞建林、张可:《构建中国式认罪协商制度:认罪认罚从宽制度的反思与重构》,载《政法论坛》2024年第4期。

9. 卞建林:《排除非法证据的制度反思》,载《当代法学》2023年第3期。

10. 杨宇冠、李涵笑:《论中国特色人权刑事司法保障的逻辑进路》,载《中共中央党校(国家行政学院)学报》2021年第5期。

11. 熊秋红:《刑事诉讼法治发展的回顾与展望》,载《中国法治》2023年第12期。

12. 顾永忠:《试论庭审中心主义》,载《法律适用》2014年第12期。

13. 刘玫、郑曦:《关于两个“证据规定”的评析》,载《西部法学评论》2010年第5期。

14. 张建伟:《刑事诉讼司法解释的空间与界限》,载《清华法学》2013年第6期。

15. 蒋惠岭:《重提“庭审中心主义”》,载《人民法院报》2014年4月18日。

16. 胡铭:《刑事司法改革视野下的庭审中心主义》,载《中国刑事诉讼法学研究会2014年年会论文集》。

17. 卞建林:《直接言词原则与庭审方式改革》,载《中国法学》1995年第6期。

18. 左卫民:《中国刑事诉讼模式的本土构建》,载《法学研究》2009 年第 2 期。

19. 陈瑞华:《二十世纪中国之刑事诉讼法学》,载《中外法学》1997 年第 6 期。

20. 陈瑞华:《案卷笔录中心主义——对中国刑事审判方式的重新考察》,载《法学研究》2006 年第 4 期。

21. 陈瑞华:《论彻底的事实审——重构我国刑事第一审程序的一种理论思路》,载《中外法学》2013 年第 3 期。

22. 龙宗智、左卫民:《特色与问题——庭审方式与评析》,载《现代法学》1996 年第 4 期。

23. 龙宗智:《刑事诉讼中的证据开示制度研究(上)》,载《政法论坛》1998 年第 1 期。

24. 龙宗智:《刑事诉讼中的证据开示制度研究(下)》,载《政法论坛》1998 年第 2 期。

25. 孙长永:《审判中心主义及其对刑事程序的影响》,载《现代法学》1999 年第 4 期。

26. 李玉华:《论控辩平等对抗》,载《政法论坛》2004 年第 2 期。

27. 初殿清:《直接言词原则的双重价值维度及其在我国的适用》,载《法学杂志》2014 年第 10 期。

28. 陈卫东、刘计划:《论集中审理原则与合议庭功能的强化——兼评〈关于人民法院合议庭工作的若干规定〉》,载《中国法学》2003 年第 1 期。

29. 樊崇义、吴宏耀:《论证据裁判原则》,载《法律应用研究》2001 年第 6 期。

30. 吴宏耀:《认罪认罚从宽制度的体系化解读》,载《当代法学》2020 年第 4 期。

31. 郑曦:《刑事诉讼中程序惯性的反思与规制》,载《中国法学》2021 年第 3 期。

32. 冯英菊:《审判中心观与刑事证据规则的构建》,载《法学杂志》2003 年第 5 期。

33. 李文伟:《论德国刑事诉讼中直接言词原则的理论范畴》,载《山东社会科学》2013 年第 2 期。

34. 陈岚:《我国刑事审判中交叉询问规则之建构》,载《法学评论》2009 年第 6 期。

35. 闵春雷:《证据裁判原则的新展开》,载《法学论坛》2010 年第 4 期。

36. 谢佑平、万毅:《刑事控审分离原则的法理探析》,载《西南师范大学学报(人文社会科学版)》2002 年第 3 期。

37. 谢佑平、万毅:《理想与现实:控辩平等的宏观考察》,载《西南师范大学学报(人文社会科学版)》2004 年第 3 期。

38. 谢佑平:《历史视野和文化语境下的刑事诉讼模式》,载《复旦学报(社会科学版)》2003 年第 4 期。

39. 谢佑平:《理想与现实:评修改后〈刑事诉讼法〉》,载《现代法学》1996 年第 2 期。

40. 王迎龙:《认罪认罚自愿性困境实证研究》,载《环球法律评论》2023 年第 6 期。

41. 谢丽珍:《司改背景下审判公开的应然与实然——以刑事诉讼为视角》,载《沈阳工业大学学报(社会科学版)》2016 年第 1 期。

42. 叶扬、周煜川:《审判中心主义视角下有效辩护的实现》,载《湖北警官学院学报》2017 年第 6 期。

43. 李辞:《认罪认罚从宽制度下的辩护形态》,载《理论学刊》2021 年第 10 期。

44. 褚宁:《审判中心语境下检察监督在冤假错案防范中的制度构建》,载《中共郑州市委党校学报》2016 年第 6 期。

45. 郭旭:《非法证据排除规则典型案例分析——以 J 省 D 市司法实践为样本》,载《法学杂志》2015 年第 1 期。

46. 赵培显:《庭审质证规则的问题及完善》,载《中国检察官》2018 年第 9 期。

47. 于增尊:《效率追求如何契合公正:刑事诉讼期限立法的基本原则》,载《法学杂志》2019 年第 5 期。

48. 徐磊:《认罪认罚从宽制度视角下供述自愿性激励保障模式研究》,载《广西民族大学学报(哲学社会科学版)》2018 年第 2 期。

49. 胡莲芳:《刑事诉讼构造的系统化研究——兼析传统“三方诉讼构造”对刑事诉讼实践的分析缺陷》,载《法学论坛》2021 年第 3 期。

50. 万毅、林喜芬:《现代刑事诉讼法的“帝王”原则:程序法定原则重述》,载《当代法学》2006 年第 1 期。

51. 袁海勇:《线性结构基础上之双三角结构:对我国刑事诉讼结构之再认识》,载《西南政法大学学报》2002 年第 4 期。

52. 于晓青:《司法的特质与理念》,载《现代法学》2003 年第 2 期。

53. 杨浙京、程新生:《论审判公开原则》,载《人民司法》1994 年第 4 期。

54. 杜文忠:《神判起源考略》,载《思想战线》2002 年第 6 期。

55. 常新枝:《商代女杰——妇好》,载《成都教育学院学报》2005 年第 3 期。

56. 汪建成:《证据制度之历史演变》,载《烟台大学学报(哲学社会科学版)》1988 年第 1 期。

57. 何家弘:《从司法证明模式的历史沿革看中国证据制度改革的方向》,载《法学家》2005 年第 4 期。

58. 何家弘:《刑事庭审虚化的实证研究》,载《法学家》2011 年第 6 期。

59. 何家弘:《中国刑事证据规则体系之构想》,载《法学家》2001 年第 6 期。

60. 任强:《罗马的公犯诉讼及其惩罚》,载《华东政法学院学报》2007 年第 1 期。

61. 罗旭南:《纠问式诉讼概念探微》,载《海南大学学报(人文社会科学版)》2005 年第 2 期。

62. 胡健:《论奠定中世纪教皇制基础的格里高利一世改革》,载《湖南科技大学学报(社会科学版)》2006 年第 2 期。

63. 王军:《英诺森三世与中世纪“世界教会王国”的形成》,载《北方论丛》1999 年第 2 期。

64. 姜小川:《中国古代刑讯制度及其评析》,载《证据科学》2009 年第 5 期。

65. 吴雯雯:《宗教裁判所的纠问式司法审判程序》,载《首都师范大学学报(社会科学版)》2005 年(S1)。

66. 姚莉:《论当事人主义审判模式》,载《法学家》1998 年第 6 期。

67. 易延友:《对抗式刑事诉讼的形成与特色——兼论我国刑事司法中的对抗制改革》,载《清华法学》2010 年第 2 期。

68. 王敏远:《我国刑事诉讼法修改述评》,载《法学家》1996 年第 4 期。

69. 徐益初:《试析我国刑事诉讼结构的特点及其完善》,载《法学评论》1992 年第 3 期。

70. 潘金贵:《论刑事证据开示制度的价值基础——基于公正与效率的分析》,载《广西民族学院学报(哲学社会科学版)》2004 年第 2 期。

71. 程味秋:《庭审方式之比较——兼论我国完善后的庭审方式》,载《政法论坛》1996 年第 4 期。

72. 肖建国、肖建光:《审判委员会制度考——兼论取消审判委员会制度的现实基础》,载《北京科技大学学报(社会科学版)》2003 年第 3 期。

73. 彭海清:《论刑事判决书的说理》,载《湘潭大学学报(哲学社会科学版)》2007 年第 5 期。

74. 苏力:《基层法院审判委员会制度的考察及思考》,载《北大法律评论》1998 年第 2 期。

75. 余为青:《取消审判委员会势在必行》,载《阜阳师范学院学报(社会科学版)》2002 年第 2 期。

76. 黄松有:《渐进与过渡:民事审判方式改革的冷思考》,载《现代法学》2000 年第 4 期。

77. 彭东钫:《刍议废除审判委员会制度的可行性》,载《西部法学评论》2009 年第 1 期。

78. 武东侠、张泽军:《探析案件承办人制度》,载《知识经济》2008 年第 12 期。

79. 尹洪茂、丁孝君:《试论合议机制与承办人制度的冲突与协调》,载《山东审判》2001 年第 4 期。

80. 覃卫、王会甫:《试行庭前证据展示制度的操作思考》,载《中国刑事法杂志》2001 年第 5 期。

81. 魏胜强:《当面说理、强化修辞与重点推进——关于提高我国判决书制作水平的思考》,载《法律科学(西北政法大学学报)》2012 年第 5 期。

82. 傅郁林:《民事裁判文书的功能与风格》,载《中国社会科学》2000 年第 4 期。

三、英文类

1. Sheppard v. Maxwell, 384 U. S. 333(1966).

2. Gilbert v. California, 388 U. S. 263(1967).

3. Apodaca v. Oregon, 406 U. S. 404(1972).

4. Batson v. Kentucky, 476 U. S. 79(1986).

5. United Statde v. Robinson, 485 U. S. 25(1988).

6. R. v. B in Criminal Law Review, 2000.

7. Simon Roberts & Michael Palmer, *Dispute Process: ADR and the Primary Forms of Decision Making*, 2nd ed., New York, Cambridge University Press, 2005.

8. A. Esmein, *A History of Continental Criminal Procedure*, trans by John Simpson, Little Brown and Company, 1913.

9. Henry Kamen, *The Spanish Inquisition: A Historical Revision*, Yale University Press, 1977.

10. Henry Charles lea, A History of the Inquisition of the Middle Ages, Vol, I.

11. L. W. Levy, *The Palladium of Justice: Origins of Trial by Jury*, Ivan R. Dee, 1999.

12. S. H. Bailey, et al., *Smith, Bailey and Gunn on The Modern English Legal System*, Sweet & Maxwell, 2002.

13. Gary Slapper & David Kelly, *The English Legal system*, Cavendish Publishing Limited, 2004.

14. Joseph. Senna & Larry J. Siegel, *Essentials of Criminal Justice*, Wadsworth Publishing Company, 1998.

15. Joshua Dressler, Alan C. Michael, Understanding Criminal Procedure, Matthew Bender & Company, 2006.

16. James B. Freeman, *Dialectics and the Macrostructure of Arguments*: *A Theory of Argument Structure*, California: Foris Publications, 1991.

17. Douglas N. Walton, *Argumentation Schemes for Presumptive Reasoning*, Erlbaum, Lawrence Erlbaum Associates, 1996.

后　记

《庭审中心主义："以审判为中心"的现实路径》一书即将出版，在此特别感谢法律出版社的大力支持！

本书是两位作者多年来对推进以审判为中心的刑事诉讼制度改革系统性的思考和总结。自 2014 年党的十八届四中全会通过的《中共中央关于全面推进依法治国若干重大问题的决定》明确提出"推进以审判为中心的诉讼制度改革，确保侦查、审查起诉的案件事实证据经得起法律的检验"以来，改革稳步推进，成绩有目共睹。当然，存在的问题也不容忽视。在刑事诉讼中，庭审实质化、辩护权保障、非法证据排除、认罪认罚从宽等，都需要不断地完善。我们认为，推进以审判为中心的刑事诉讼制度改革是一项长期性、系统性的工程，可以分"三步走"：第一步，先在刑事诉讼活动中解决庭审实质化的基础性问题，即构建符合我国国情的"庭审中心主义"，切实发挥审判在事实认定、证据采信和法律适用中的决定性作用，同时做好相关制度规则的配套；第二步，在实现"庭审中心主义"的基础上的，科学处理监察委与公检法之间的关系，扭转侦查中心主义、检察中心主义、监察中心主义的各种倾向，让刑事诉讼活动更加符合司法规律；第三步，完善法律体系，形成具有中国特色的刑事诉讼模式，在法律职业共同体中牢固树立适应时代的法治思维，形成符合中国式现代化要求的法治文化。三个步骤从"近"到"远"，从"小"到"大"，从"实"到"虚"，层层递进，环环相扣。本书探讨的是第一个步骤，我们认为只有先解决眼前的现实问题，才有可能不断深化此项改革。

如今的世界是一个科技属性越来越强的世界，科学技术的发展同时为法治领域的研究和改革提供了助力。如社会广泛关注的 AI 的出现为法治改革带来了新的机遇。AI 在法律检索与分析、法律文书生成与审查、司法辅助决策等方面的应用，可以提高法治建设的效率和准确性，促进公平正义。在推进以审判为中心的刑事诉讼制度改革的进程中，如何让以 AI 为代表的新技术为改革赋能，是一个摆在我们面前的既现实有趣又有挑战性的一道必答题。

写作是一个痛并快乐的事情。在本书的出版过程中，包括老师领导、家人亲属、同学朋友、业界同仁在内的许多人给了我们大力的支持与帮助，汇聚成我们前行的不竭动力。在此特别感谢中国政法大学终身教授陈光中先生对本书的指导。作为著名法学家、法学教育家、新中国刑事诉讼法学重要的开拓者和奠基者，陈先生在 70 多年的学术生涯中，始终求真务实、脚踏实地，为培养法学人才、发展诉讼法学特别是刑事诉讼法学、改革和健全中国刑事司法制度、加强刑事司法人权保障、开展国内外诉讼法学交流等作出了重大贡献，是我们学习的榜样。囿于篇幅，很遗憾不能一一致谢所有人，但每个人我们都会铭记于心！

凡是过往，皆为序章。我们对推进以审判为中心的刑事诉讼制度改革的思考，不会因为本书的出版而停止。

九层之台，起于累土。我们每一项司法制度的完善与进步，必将筑起法治中国的巍巍大厦。

耿振善　魏景峰

2024 年 11 月于北京